W0348926

K.

Felicitas Mayall

Fliegende Hunde

Begegnungen mit
Australien

Mit Fotos von Paul Mayall

Kindler Verlag

1. Auflage September 2013
Copyright © 2013 by Rowohlt Verlag GmbH,
Reinbek bei Hamburg
Alle Rechte vorbehalten
Satz Berling PostScript, InDesign,
bei Pinkuin Satz und Datentechnik, Berlin
Druck und Bindung CPI – Clausen & Bosse, Leck
Printed in Germany
ISBN 978 3 463 40646 6

Für Diana

Wir leben in einer Zeit der Verrücktheit
Ai Weiwei

Vorwort

Wie nähert man sich einem Kontinent, der sich seit Jahren in geradezu atemberaubendem Tempo verändert, dessen Bewohner unbeirrbar an den Fortschritt glauben und sich noch immer als Pioniere fühlen? Von überall her streben Menschen nach Australien, unter Lebensgefahr in zerbrechlichen Booten oder ganz legal mit Einwanderungsantrag, als junge Abenteurer mit Arbeitsvisa für ein paar Monate oder als Investoren, die das ganz große Geld machen wollen. Alle sind inzwischen da, sämtliche Großkonzerne und auch die organisierte Kriminalität. Der Begriff «Land der unbegrenzten Möglichkeiten» passt heute eher zu Australien denn zu den USA. Schlagworte.

Und doch: Wer weiß denn in Europa, was in Australien passiert? Wer kennt den Namen des Premierministers, der – erstaunlich für dieses Macholand – während unserer Reise noch eine Frau war? Innerhalb von vier Wochen erschien in der größten deutschen Tageszeitung eine einzige Meldung über Australien. Siebzehn Zeilen lang. Inhalt: Australien will die Aborigines als Ureinwohner anerkennen. Nach über zweihundert Jahren. Etwas mehr erfährt man, wenn Wahlen stattfinden oder das Great Barrier Reef in Gefahr ist, wenn ein katastrophales Buschfeuer ausbricht oder ein besonders heftiger tropischer Wirbelsturm tobt. Manchmal wird auch kurz gemeldet, wenn jemand von einem Krokodil ertränkt oder von einem Hai getötet wurde.

Genau hinzusehen, das hatten wir – mein australischer Lebensgefährte, der Fotograf Paul Mayall, und ich – uns für diese erneute Reise durch den Westen, den Norden und die Mitte Australiens vorgenommen. Seit vielen Jahren hatten wir uns immer wieder an diesem Kontinent abgearbeitet, uns ihm ausgesetzt bis zur totalen Erschöpfung.

Australien ist, lässt man die Städte und den Zivilisationsgürtel entlang der Ost- und Südwestküste einmal hinter sich, ein hartes Land. Dort, wo sich die Bevölkerung ballt und vor den Schrecken und Herausforderungen des Outback geschützt wähnt, ist der Fünfte Kontinent, der als letzter kolonisiert wurde, europäisch-amerikanisch-westlich vertraut. Uns hat immer das andere Australien interessiert, das ursprüngliche – oder das, was davon übrig geblieben ist.

Nicht der Australienmythos, den die bunten Werbeprospekte der Tourismusunternehmen verkaufen und der in Europa – und vermutlich nicht nur dort – so lebendig ist: der Mythos von Freiheit, Weite, unberührter Natur und überwältigender Freundlichkeit, *easy going*. Und auch nicht das Klischee von zutraulichen Kängurus, lächelnden, tanzenden und malenden Aborigines, Crocodile Dundees, braun gebrannten Surfern, dem Uluru bei Sonnenuntergang (genossen mit einem Glas Prosecco in der Hand) und der Sydney Harbour Bridge, die stets so fotografiert wird, dass man die riesigen Leuchtbuchstaben «Allianz» auf einem der Wolkenkratzer knapp dahinter nicht sieht. Crocodile Dundee, alias Paul Hogan, hat übrigens einst genau diese Brücke mehrfach neu gestrichen und nie im Outback Krokodile besiegt. Er hatte nur die geniale Idee zu diesem Film. So ist das mit den Mythen.

Wir machten uns also auf den Weg, um den Veränderungen in Australien nachzuspüren. Die Voraussetzungen waren, angesichts einer Hitzewelle und katastrophaler Buschbrände, nicht besonders günstig. Aber günstige Voraussetzungen gibt es im australischen Sommer selten. Bei unserer letzten Reise begleiteten uns die Überschwemmungen in Queensland und der Wirbelsturm Jasie. Vermutlich war es gerade deshalb eine ganz besondere Zeit, die bei Temperaturen zwischen 40 und 50 Grad nicht nur uns an unsere Grenzen führte, sondern auch Land und Leute. Wir hatten eine allgemeine Beunruhigung bemerkt, gespürt, dass etwas dabei war, sich zu verändern. Das Klima? Die Gesellschaft? Die Welt? Der Wirtschaftsboom in Westaustralien und das, was wir von Freunden und Verwandten hörten, machte uns Sorgen. «Macht euch auf was gefasst!» So lautete der Tenor. Wir fürchteten um unsere Orte des Rückzugs, Paradiesorte, wie wir sie auf früheren Reisen getauft hatten.

Jede Art von Paradies scheint bereits verloren, ehe wir auch nur anfangen zu suchen, aber so schnell wollten wir nicht aufgeben! Was Paradiese angeht, sind wir hartnäckig, schon deshalb, weil wir sie auf Erden vermutlich mit größerer Gewissheit finden als später, wenn wir sie verlassen haben.

Und wir haben unsere Paradiese wiedergefunden – trotz allem. Noch gibt es sie, bedroht von allen Seiten, beschützt von wenigen. Und so befanden wir uns bald auch auf einer «Suche nach der verlorenen Zeit», wie die meisten Heimkehrer, die lange fort waren und ihr Land nun mit anderen, staunenden und fremden Augen betrachten, ihre vertraute Vergangenheit nicht wiederfinden können. Auch davon zu erzählen ist uns ein Anliegen.

Australien ist ein Kontinent voll gesellschaftlicher Widersprüche – auf der einen Seite modern, fortschrittsgläubig, extrem materialistisch und wohlhabend, auf der anderen rückständig, arm, weltfremd und spießig. Überzivilisation und Wildnis prallen hier aufeinander. Viele der weißen Einwohner zeichnet etwas Ruheloses aus, eine eigenartige Bereitschaft, ihr bisheriges Leben hinzuschmeißen und etwas Neues anzufangen. Beinahe so, als hätte die Auswanderung ihrer Vorfahren irgendein uraltes Nomaden-Gen aktiviert oder eine dauerhafte Wurzellosigkeit begründet, einen Mangel an Traditionen, an Kultur. Die eigentlichen Nomaden aber, die Aborigines, wurden sesshaft gemacht – zwangsweise – und leben zum großen Teil unter ähnlichen Bedingungen wie die Menschen im ärmsten Land Afrikas: überfordert von den Ansprüchen einer modernen westlichen Gesellschaft, immer noch diskriminiert und zumeist ohne wirkliche Chancen. Ihre über Jahrtausende gewachsene Kultur aber wird von der weißen Gesellschaft erfolgreich vermarktet. Ein Widerspruch unter vielen anderen. Bergbaugesellschaften beuten den roten Kontinent aus, als hätten sie noch einen zweiten in Reserve. Der ökologische Fußabdruck der Australier ist einer der größten der Welt, die Wasservorräte schwinden, die Versalzung der landwirtschaftlichen Flächen nimmt rapide zu, die Hitzeperioden werden länger und unerträglicher, und wenn es regnet, dann gleich sintflutartig.

Das alles sind Fakten, die diesem Kontinent jedoch nicht gerecht werden, denn er ist noch immer atemberaubend und begeisternd, gerade in Momenten, in denen niemand damit rechnet. Westaustralien ist besonders weit vom Rest der Welt entfernt und wird nur von einem Bruchteil der Australienreisenden besucht, die fast ausschließlich in den Osten und zum Uluru strömen. Aber der Westen hat die Fähigkeit, jenes «Nomaden-Gen» auch in Menschen wachzurufen, die nicht einmal ahnen, dass alle unsere Urahnen Nomaden waren. Er verführt zu Lebensreisen, zur Lust am

Ausgesetztsein, zum Verschwinden im großen Nichts, zum Ertragen von Härten, die ein Reisender in Europa niemals hinnehmen würde – und er kann ganz leicht vom Paradies geradewegs in die Hölle führen.

Felicitas Mayall / Paul Mayall

Crocodile Roll

«Komm sofort zurück!» Die Stimme meines Gefährten war ein schneidender Alarmruf. «Zurück! Sofort! Bist du lebensmüde?»

Zwischen hohen Schilfhalmen stand ich am Ufer des Victoria River und schaute über die träge braune Wasserfläche, die kaum zu fließen schien. Neugierig war ich einem schmalen Trampelpfad von der Straße zum Fluss hinab gefolgt und hatte alle Warnungen vergessen, die Paul mir einbläute, seit wir einen gewissen Breitengrad im Norden überschritten hatten. Den Breitengrad der Salzwasserkrokodile.

Ausführlich hatte er mir die Gefährlichkeit dieser Urweltmonster geschildert, ihre trügerische Bewegungslosigkeit, die innerhalb von Zehntelsekunden in einem Blitzangriff explodieren kann. Fünf, sechs Meter lang könnten die *salties* werden und gewaltige Kräfte entwickeln. Niemals würden sie ein Opfer wieder freigeben, nachdem sie es einmal zu fassen bekommen hatten. Geradezu genüsslich hatte er beschrieben, was geschah, wenn das Maul zuschnappte.

«Die fressen dich nicht sofort. Sie ziehen dich unter Wasser und rollen sich mit dir herum, bis du ertrunken bist. Dann verstauen sie dich in einer ihrer Vorratskammern unter Wurzeln und warten, bis du schön mürbe geworden bist.»

Auf der Fahrt hatte er mir das lustige Lied des australischen Countrysängers John Williamson über diese gar nicht lustige Mordmethode vorgespielt. «Crocodile Roll» hieß es, und wir hatten laut mitgesungen.

Rückwärts gehend entfernte ich mich vom Flussufer, fluchtbereit, mit klopfendem Herzen, das schlammige Wasser nicht aus den Augen lassend.

Nichts geschah, kein aufgerissener, zahnbewehrter Rachen verfolgte mich. Paul lehnte an unserem etwas klapprigen Hilux und sah mir düster entgegen.

«Folge hier im Norden nie einem Pfad ans Wasser», sagte er. «Vielleicht kommen Tiere regelmäßig an den Fluss, um zu trinken. Krokodile beobachten das und warten. Sie sind verdammt geduldig, und es ist ihnen völlig egal, ob sie ein Känguru, ein Kalb oder einen Touristen erwischen.»

«Ich hab's kapiert.»

Es ist nicht angenehm, als Greenhorn dazustehen, aber in Australien hört man besser auf einen Einheimischen – selbst wenn man mit ihm verheiratet ist. Denn der Fünfte Kontinent ist samt seiner phantastischen Landschaften, roten Wüsten, geheimnisvollen Felsformationen, endlosen wilden Küsten, seinen Traumstränden, Regenwäldern und Korallenriffen kein schlichter Ableger südlicher europäischer Länder, in dem man sich bewegen könnte wie an den Stränden des Mittelmeers. Der Sehnsuchtsort Australien ist ein Kontinent, auf dessen roter Erde der Mensch sich achtsam bewegen sollte. Wachsam und mit sehr lebendigen Sinnen.

Wer nicht bereit ist, sich mit den Überlebensregeln im Outback zu befassen, sollte lieber in den Städten bleiben, die Weine im Barossa Valley probieren oder sich an der Goldcoast fühlen wie an der Costa Brava. Dort also, wo die Natur einigermaßen gezähmt wurde. Doch selbst die Millionenstadt Sydney beherbergt ein Wesen namens Trichterspinne, das mitunter tödlich sein kann, obwohl Menschen eigentlich nicht zu seinen Beutetieren gehören. Auch am berühmten Bondi Beach kommen ab und zu Haie vorbei, in letzter Zeit immer häufiger. Tröstlicherweise werden trotz allem aber auch in Australien mehr Menschen von Autos überfahren als von Spinnen, Schlangen oder Haien umgebracht – und es ertrinken auch mehr.

Das Land ist voll von absurden Geschichten, die in den Trinkhallen der Hotels die Runde machen. In diesen Hotels kann man zwar auch Zimmer mieten, doch in erster Linie sind sie Kneipen. Im Outback gibt es noch immer uralte Pubs in angestaubten viktorianischen Häusern, die den Anbruch der modernen Zeit überstanden haben. Man müsste sie alle unter Denkmalschutz stellen und ihre Gäste gleich mit.

Als Paul mich so eindringlich vor den Krokodilen warnte, waren wir im nördlichsten Teil Westaustraliens unterwegs, und im einzigen Pub der kleinen Stadt Wyndham erzählte uns ein fröhlicher Alter namens Steve, dass kürzlich eine Frau des Nachts ihren Hund am Fluss spazieren führte. Irgendwann habe sie einen Ruck gespürt und nur noch die abgebissene Leine in der Hand gehabt.

«Crocodiles», sagte er, *«salties!»*, und riss bedeutungsvoll die Augen auf. Sehr hellblaue Augen unter weißen Brauen, die aussahen, als hätte die Sonne sie gebleicht und borstig gemacht. «Hier geht man nachts nicht am Fluss entlang, wenn man ein bisschen was im Hirn hat. Ist noch nicht lange her, da hat ein Truckie hier im Pub zu viel getrunken und wollte wohl unten am Anleger seinen Rausch ausschlafen. Am nächsten Morgen war nur noch sein Hut da.» Er warf mir einen schnellen Blick zu, um die Wirkung seiner Geschichte zu prüfen, lachte ziemlich dreckig, bestell-

te ein neues Bier und ging damit in den Wettsalon hinüber, wo schwarze, weiße und gelbe Stadtbewohner einträchtig dabei waren, ihr Geld zu verspielen.

Das Wyndham Hotel war ausgebucht – es gab ohnehin nur fünf Zimmer –, und so fuhren wir mit unserem Wagen auf den Mount Bastion am Stadtrand. Dort oben, auf dem Parkplatz vor der Aussichtsplattform, verbrachten wir die Nacht, umbraust von Schwärmen winziger Mücken, deren Sirren selbst durch die geschlossenen Scheiben drang. Aber wir befanden uns weit weg von jeder Art Gewässer und waren damit jedenfalls vor *salties* sicher.

Am Morgen weckte uns ein wildes Kreischen, als hätten Dämonen oder Kobolde unseren Wagen umzingelt. Erschrocken fuhren wir von unseren Sitzen auf und starrten auf eine Wolke überdimensionaler Fledermäuse, die über uns kreiste. Endlich landete eine nach der anderen in den Eukalyptusbäumen, unter denen wir genächtigt hatten, und hängte sich kopfüber an einen Ast. Erst jetzt konnte ich erkennen, dass die Fledermäuse Hundeköpfe hatten. Hundeköpfe mit spitzen Schnauzen und rötlichem Fell.

«Flying Foxes», sagte Paul sachlich. «Die veranstalten immer so einen Aufruhr, wenn sie schlafen gehen.»

Aufruhr war das richtige Wort, denn sobald einer dieser schwarzen Segelflieger mit Hundekopf sich an einen Ast gehängt hatte, begann sein Nachbar zur Rechten oder Linken ein Riesengeschrei, fing an zu schubsen und mit dem Greifhaken am Flügel zu attackieren. Dazu bleckte er seine spitzen Zähnchen. Der ganze Schlafbaum, dieser majestätische alte Eukalyptus, verwandelte sich in einen Kampfplatz hängender, kreischender, schwarzer Lappen. Irgendwie passten die Köpfe nicht zum Körper, zu den großen Flügeln – als hätte sich die Evolution einen schlechten Scherz erlaubt und eine Art Wolpertinger zusammengebaut.

Fast eine Stunde lang schauten wir ihnen zu, immer wieder in Gelächter ausbrechend. Dann ging die Sonne auf, und sie verstummten, die fliegenden Hunde, falteten sich zusammen und wurden zu friedlich schlafenden, schwarzen Ledersäcken. Ende des Nachbarschaftsstreits in der Baumhaussiedlung.

Wir dagegen bemerkten erst jetzt unsere Kopfschmerzen, die steifen Glieder, die wir jedoch sofort vergaßen, als wir auf das Reich der Krokodile blickten, das sich bis zum Horizont erstreckte. Ganz nah bei Wyndham vereinigen sich fünf Flüsse, die wie silberglänzende Schlangenkörper aus den blaugrünen Bergen des Kimberley Plateaus durch das flache Sumpfland herangekrochen kommen: Der King, der Pentecost, der Durack, der Forrest und der Ord enden hier im Cambridge Golf, der wiederum in den Joseph Bonaparte Golf in der Timorsee mündet. Seltsame Namen, koloniale Stempel auf der Landkarte.

Sedimente aus den Kimberleys färben die Schlammbänke der Ufer und Sumpflagunen rotbraun, lila und ocker, herausgefiltert und festgehalten von den Wurzeln der Mangrovenbüsche. Vogelscharen bilden im flachen Wasser winzige Ornamente. Watvögel, weiße Reiher und storchenähnliche Jabirus. Feuchtwarm und schwer die Luft.

Wyndham entstand während des Goldrauschs Ende des 19. Jahrhunderts. Im eigentlichen Sinne «gegründet» wurden die Outback-Siedlungen nicht, sie bildeten sich eben dort, wo irgendetwas von Wert gefunden wurde. Wenn es nichts mehr zu holen gab, dann verließ man sie wieder, und sie wurden zu Geisterstädten. Die Natur nahm sich ihrer an und zerlegte sie nach und nach.

Wyndham blieb dieses Schicksal erspart, weil dort eine große Fleischfabrik gebaut wurde, in der die Rinder der Viehzüchter geschlachtet und verarbeitet wurden, die sich in den Savannen der Kimberleys ausbreiteten. Heute ist Wyndham ein stiller Ort für Angler und Pensionäre, der im Zentrum eine Überraschung bereithält, die uns staunen ließ: Aus einem verwilderten Park erheben sich dunkle Riesen, Statuen aus Bronze und Draht. Eine Traumzeitfamilie, königlich, stolz, unbesiegbar. Der Mann steht aufrecht, in der Hand seinen Speer. Er schaut über die Häuser der Stadt hinweg in die Ferne. Frau und Kind ruhen im Gras. Dingo und Känguru scheinen Teil der Familie zu sein. Alle monumental und kraftvoll. Die ersten Australier.

Ich habe sie mehrmals umkreist, fühlte mich klein neben der Hoheit, die sie verkörperten, und fragte mich, woher die Kolonialherren ihre Überheblichkeit gegenüber diesen freien Menschen genommen haben. Wie war es möglich, Australien zur *terra nullius*, zum unbewohnten Land, zu erklären? Der große südliche Kontinent *war* bewohnt. Über 300 kleine Völker lebten hier, sprachen ebenso viele Sprachen und Dialekte. Die meisten waren Nomaden, aber durchaus nicht alle. Im Norden und Südwesten mussten sie nicht permanent wandern, denn es gab Nahrung im Überfluss. Ihre Spiritualität und Philosophie war hochkomplex, ebenso die Regeln des Zusammenlebens. Sie waren Meister des Überlebens in einer erbarmungslosen Umwelt. Aber als Menschen und Bewohner Australiens, als «Bürger» wurden sie erst in der zweiten Hälfte des 20. Jahrhunderts anerkannt. Diskriminiert werden sie bis heute, obwohl in den letzten Jahren viel von Versöhnung *(reconciliation)* die Rede ist.

Die Skulpturengruppe von Wyndham ist ein Geschenk der Aborigine-Kommune Jarook Ngarni an die Stadt, zum 200-jährigen Jubiläum der Kolonialisierung Australiens und zum «Gedenken an jene, die uns auf den heutigen Tag vorbereitet haben». Eine seltsame Widmung, irgendwie zweideutig. Sie könnte den Weißen ebenso gelten wie den Schwarzen.

Aber dann fanden wir doch eine Inschrift, die deutlicher wurde: *Der Geist der Aborigines wird in diesem zeitlosen schönen Land für immer überleben.*

Diese Begegnungen sind eine Weile her. Die fliegenden Hunde aber erschienen mir wie ein Symbol für den Streit zwischen Vergangenheit und Fortschritt, für die Konflikte zwischen Neuankömmlingen und vermeintlich echten weißen Australiern, zwischen denen, die seit 50000 Jahren da sind, und denen, die vor 220 Jahren erstmals einen Fuß auf den Kontinent setzten – und seitdem auf dem Weg zum friedlichen Miteinander Schritt für Schritt vorankommen. Unsere neue Suche nach all diesen Widersprüchen und Veränderungen beginnt – wie immer – mit einem langen Flug.

Der verbannte Kontinent

Land of Lags and Kangaroo,
Of Possums and the scarce Emu,
The Farmer's Pride but the Prisoner's Hell,
Land of Sodom – Fare-thee-well!

«Eigentlich eine geniale Idee», sagt Paul und versucht, seine langen Beine irgendwie unter dem Sitz seines Vordermanns auszustrecken.

«Was?»

«Na ja, alle unbequemen Landsleute einfach auf einen anderen Kontinent zu verbannen, und zwar so weit weg, dass sie mit Sicherheit nicht wieder nach Hause können.»

«Funktioniert aber nicht mehr», antworte ich. «In Ermangelung unentdeckter Kontinente.»

«Irgendwie schade.»

«Dass man unbequeme Landsleute nicht mehr verbannen kann?»

«Dass es keine unentdeckten Kontinente mehr gibt.»

«Kommt auf die Einstellung an.»

«Was hat das mit Einstellung zu tun?» Paul zieht seine Beine wieder an und stöhnt. «Nächstes Mal fliege ich Business Class, auch wenn ich es mir nicht leisten kann.»

«Alles verändert sich dauernd und muss neu entdeckt werden.»

«Aber du bist nicht die Erste, die etwas sieht. Es ist immer schon jemand vor dir da gewesen. Heute ist nichts mehr leer oder unberührt.» Er zieht seine Schultern hoch und lässt sie wieder fallen, beginnt mit kreisender Fußgymnastik.

«Ich glaube nicht, dass irgendwer irgendwas genauso sieht wie ein anderer Mensch. Außerdem war Australien seit mindestens 50000 Jahren niemals leer und unberührt.»

«Aber als die Engländer vor 220 Jahren kamen, war es wesentlich unberührter als heute und völlig unentdeckt. Jedenfalls für Europäer!» Er nimmt von der Flugbegleiterin zwei erstaunlich kleine Wasserbecher aus durchsichtigem Plastik mit Aluminiumdeckel entgegen, reicht einen an mich weiter und leert seinen in einem Zug.

«Falls du davon ausgehst, dass nur Weiße irgendwas entdecken können ... entdeckt wurde Australien eigentlich von den Vorfahren der Aborigines.»

Paul runzelt die Stirn und dreht den Plastikbecher in seiner Hand. «Was haben vor 50000 Jahren eigentlich die Engländer gemacht?»

«Keine Ahnung. Die gab's damals noch gar nicht.»

«Aber es gab in Europa und auch in England Menschen!»

«Altsteinzeit.»

«Was?»

«Die haben damals gefroren und Steine behauen.»

«Und die Aborigines?»

«Denen war heiß, und sie haben Steine behauen.»

«Immerhin besser als frieren.»

«Deshalb wandern immer noch so viele Engländer, Iren und Deutsche nach Australien aus. Das Wetter ist nämlich in Mitteleuropa nicht besser geworden.»

Paul fängt an zu grinsen. «Klingt einleuchtend. Aber jetzt bist du vom Thema abgekommen.»

«Ich wollte ja nur sagen, dass Australien für mich jedes Mal ein unentdeckter Kontinent ist.»

«Wow!» Er spielt den Erstaunten.

«Du weißt genau, dass es so ist.»

«Und du weißt, dass es bei mir auch so ist, obwohl ich dort geboren wurde.»

Er rollt sich irgendwie zusammen und tut so, als wäre er innerhalb von Sekunden eingeschlafen, während ich durch das kleine Fenster auf die mondbeschienene Wolkenlandschaft schaue. Mit sanftem Rauschen sind wir unterwegs durch Zeit und Raum, sieben Stunden einholend, die uns später fehlen werden. Dem Tag nachjagend, der auf der anderen Seite der Erde bereits angebrochen ist.

Australien und Neuseeland sind für mich die seltsamsten Länder der Erde. Westlich-europäisch, dabei aber so weit von ihrem Kulturkreis entfernt, dass selbst ein Flug immer noch unerträglich lange dauert. Verbannung bis heute, obwohl schon lange keine Strafgefangenen mehr hingeschickt werden. Kolonien ebenfalls bis heute, denn die Zahl der Ureinwohner war zu gering, ihre Kultur zu ursprünglich, um sich gegen die Weißen durchzusetzen. Ihre direkten Nachbarn, Indonesien und die Philippinen, befreiten sich von den Kolonialherren, den Holländern und Portugiesen. Aborigines und Maori hatten keine Chance. Und trotzdem lebt die weiße Bevölkerung dort noch immer in einer Art Verbannung, so weit weg, dass Ereignisse in Europa kaum eine Rolle spielen.

Vor der Erfindung des Luftverkehrs waren die Schiffe wochenlang, anfangs sogar monatelang unterwegs, ehe sie von England oder Holland aus eine der australischen Küsten erreichten. Viele der Sträflinge, die im 18. und 19. Jahrhundert auf den neuen Gefängniskontinent verfrachtet wurden – Amerika hatte sich selbständig gemacht, England brauchte also eine neue Kolonie für seine unliebsamen Bürger –, überlebten diesen Transport nicht, starben an Typhus oder Lungenentzündung. Viele Opfer gab es auch unter den hoffnungsvollen Siedlern und den Soldaten, die den roten heißen Kontinent für ihre Majestät in Besitz nehmen mussten, oder jedenfalls Teile seines Randes – zunächst.

Satellitenbilder, die bei Nacht aufgenommen wurden, zeigen sehr deutlich, dass sich die Menschen noch heute vor allem an den Küsten Australiens drängen. Lichterketten mit hellen Clustern an der Ostküste dünnen nach Norden und Westen immer mehr aus, und die mächtige Mitte ruht im Dunkeln. Nur ein winziger Punkt leuchtet dort wie das Notsignal eines Abenteurers: Alice Springs, die einzige Stadt im Zentrum des Kontinents.

Noch fliegen wir über dem Indischen Ozean dahin, weit entfernt vom ältesten Kontinent der Erde, der die seltsamsten Tiere beherbergt und die wahrscheinlich älteste Kultur. Australien war einst Teil des riesigen Urkontinents Gondwana, der auch Afrika, Vorderindien, Südamerika und die Antarktis umfasste. Erst im Mesozoikum, dem Mittelalter der Erdgeschichte, brach Gondwana allmählich auseinander. Damals begann sich das organische Leben ganz langsam so zu entwickeln, wie wir es heute kennen. Australien aber wurde der eigenwilligste der neuen Kontinente, eine riesige Insel ohne Verbindung zum Rest der Welt. Der verbannte Kontinent.

Die Zeit hat seine Berge abgetragen und verwittern lassen, neue falteten sich nicht auf, und Vulkane gab es keine. Stürme, Regen und Sand modellierten die seltsamsten Felsskulpturen. Der australische Schriftsteller Archie Weller sagte mir einmal, dass für ihn diese Felsformationen die Kathedralen seines Landes seien. Uluru ist die größte und mächtigste von allen – das spirituelle Zentrum in einem lebendigen Gewebe von Legenden und Liedern, den *songlines*, auf denen die Menschen sich einst bewegten wie auf unsichtbaren Wegen.

Inzwischen nehmen Wissenschaftler an, dass die Ureinwohner sogar wesentlich länger als die bisher angenommenen 50 000 Jahre über die australische Erde wanderten. Die ersten von ihnen begegneten vermutlich noch Riesenkängurus, Riesenwombats, Riesenechsen und anderen Monstern, drangen in eine Schreckenswelt vor, die wir nur aus Fantasyfilmen kennen. Es war der reale Jurassic Park. Wahrscheinlich haben diese ersten Australier zumindest zur Ausrottung dieser Riesentiere beigetragen. Menschen eben – auch sie.

Die Luft ist stickig in unserer dahinrasenden Maschine, das Licht gedimmt. Draußen malt der Mond Traumbilder auf weiße Wolkenmeere, und ich bereite mich allmählich darauf vor, meine freie Sicht zu verteidigen, denn auf dem langen Flug nach Australien gibt es gewisse Konflikte, die Reisende nicht immer erfolgreich bestehen, hervorgerufen beispielsweise durch den simplen Wunsch, aus dem Fenster zu schauen. Solange es draußen dunkel ist, wird dieser Wunsch von den Flugbegleitern noch geduldet. Sobald sich jedoch ein Schimmer des beginnenden Tages zeigt, wird man freundlich, aber bestimmt dazu aufgefordert, das Rollo herunterzulassen. Es herrscht Schlafenszeit – ein bisschen wie im Kindergarten. Angeblich wollen alle anderen die Illusion der Nacht, und genau dieses eine hochgeschobene Rollo hindert 400 Passagiere daran, Ruhe zu finden. Wozu bekommen wir dann dunkle Schlafbrillen? Außerdem schauen sowieso fast alle fern, spielen Computerspiele, lesen oder schnarchen.

Es hat wenig Sinn, diese Frage mit Stewardessen zu diskutieren. Sie verweisen auf Vorschriften, die man nicht nachprüfen kann. Unerbittlich lächelnd beugen sie sich über zwei, drei Sitze und knallen die Klappe eigenhändig zu. Ich muss an die kleinen Territorialkämpfe der Flughunde denken, ergebe mich und warte darauf, dass die Dame in den Ruheräumen der Crew verschwindet. Auch Flugbegleiter brauchen Pausen auf den endlosen Langstrecken von Kontinent zu Kontinent.

Zeitunglesen eignet sich hervorragend zur Tarnung geplanten Ungehorsams. Ich verstecke mich und mein offenes Bullauge hinter dem *West Australian* von vorgestern. Draußen dämmert es kaum merklich.

Gina Rinehardt konnte nicht verhindern, dass die Höhe ihres Vermögens öffentlich gemacht wurde, lese ich. 12,4 Milliarden Dollar. Sie ist sauer. Bei Gina Rinehardt handelt es sich um die reichste Frau Australiens, Besitzerin eines Imperiums von Bergwerken in aller Welt, genannt Hancock Prospecting. Der zweitreichste Australier ist der Spielbankkönig Packer, der über lächerliche 6,1 Milliarden verfügt.

Rinehardts Empfehlung an die weniger erfolgreichen

Mitbürger: nicht so viel trinken und rumhängen, sondern hart arbeiten! Reich werden sei eine Sache des persönlichen Engagements. Na ja, mit harter Arbeit hat sie ihr Imperium nicht geschaffen – nur vergrößert. Vorher hat sie es geerbt.

Es ist knallharte puritanische Arbeitsethik, die da zum Vorschein kommt. Kein Wunder, dass die Ureinwohner keine Chance hatten. Reichtum war für sie nie ein Thema. Reichtum bestand in guten Jagdgründen, gutem Wasser, wohlgesonnenen Ahnen und Geistern, Familienmitgliedern und Freunden. Reichtum war vorhanden oder eben nicht. Haben sich diese Urgesellschaften nicht zu Kapitalisten entwickelt, weil sie schon reich waren? Anders reich als wir? Bis heute scheinen die meisten von ihnen den tieferen Sinn permanenter Arbeit nicht zu verstehen. Einer der wesentlichen Konfliktpunkte mit der weißen Gesellschaft.

Bei unserem letzten Besuch ging es in der Schlagzeile des *West Australian* um eine andere mächtige Frau: Oprah Winfrey war auf dem Weg nach Sydney, was den australischen Steuerzahler etwa vier Millionen Dollar gekostet hat. Dafür hoffte man auf tolle Werbeeffekte in den USA und auf Tausende amerikanische Touristen. Noch wartet man auf sie. Nach Westaustralien war Oprah damals nicht gekommen. Im Westen nichts los?

Hinter der leichten Krümmung des Horizonts färbt sich die Atmosphäre. Sanftgrau geht in helles Ocker über.

Die Flugbegleiterin durchstreift prüfend die schmale Gasse zwischen den Sitzreihen. Rollo zu. Sie wirft mir einen misstrauischen Blick zu und verschwindet wieder. Ich lese weiter. Im Nordosten, in Queensland, regnet es seit Wochen in Strömen, Hunderte Quadratkilometer stehen unter Wasser. Im Westen herrscht eine Hitzewelle. Der Rohbau des 40-Millionen-Dollar-Palastes eines indischen

Unternehmers namens Oswal in Perth – von der Bevölkerung «Taj Mahal» genannt – läuft Gefahr, ein Rohbau zu bleiben oder abgerissen zu werden. Oswal hatte sich mit seinen Geschäftspartnern überworfen, die ihm Betrug unterstellt haben. Woraufhin er den australischen Kontinent samt Ehefrau und Töchtern fluchtartig verließ und aus der Ferne über die ungerechte Behandlung klagte.

Rollo auf.

Draußen vor dem bulläugigen Fenster des Flugzeugs verhüllen noch immer Wolkenteppiche den Indischen Ozean, zaubern eine ganz eigene Welt: weichwattige Berge, Täler, Meere in Schwarzweiß, flüchtig, sich ständig verändernd, von der aufgehenden Sonne in rosa und goldenes Licht getaucht. Befremdliche Landschaften, als wären wir auf dem Weg zu einem anderen Stern und hätten das Vertraute längst hinter uns gelassen, wären höher hinaufgestiegen als üblich, hätten uns im Universum verirrt. Einmal dringen unterirdische Blitze zu uns herauf, machen zarte Wolkenschichten durchsichtig wie noch feuchte Farben eines Aquarells.

All das nimmt die alte Dame aus Leistershire, die seit Dubai neben Paul sitzt, nicht zur Kenntnis. Seit Stunden schläft sie, den Kopf auf der Brust, mit damenhaft geschlossenen Beinen, ohne zu schnarchen. Wenn Mahlzeiten gereicht werden, erwacht sie, isst wohlerzogen alles auf, trinkt eine Tasse Tee, lächelt uns zu und schläft weiter.

Stoisch erträgt sie den elfstündigen Flug auf die andere Seite der Erde, als säße sie im Zug von Leicester nach London, obwohl das möglicherweise ein noch größeres Abenteuer darstellt und aufgrund des ungewöhnlich heftigen Winters in England auch genauso lange dauert. Das jedenfalls erzählte sie uns in den kurzen wachen Minuten. Und dass sie die Weihnachtstage und den Januar in Perth bei ihrem Sohn und seiner Familie verbringen werde. Alle drei Jahre mache sie das und dann spare sie wieder drei Jahre für den nächsten Flug.

Zweimal noch wird mein Fenster energisch verschlossen, zweimal mache ich es wieder auf. Keiner meiner Mitreisenden protestiert.

Irgendwann, eine Stunde vor der Ankunft in Perth, teilt sich die Wolkenlandschaft, formt riesige Schiffe, Kissen, Türme und verdampft. Der westaustralische Sommer hat gesiegt. Tief unter uns strebt ein Frachter der Küste zu, winzig über der blaugrünen Tiefe des Indischen Ozeans.

Dann das Land, rot verbrannt und staubgelb. Flach, mit riesigen rechteckigen Feldern. Endlich die Stadt, der Swan River, gerade Straßen, gerade Häuserzeilen, Vorstadtwüsten.

«Die gerade Linie ist gottlos» war einer der Leitsätze des Künstlers Friedensreich Hundertwasser. In Australien gibt es eine Menge gerader Linien und sogar ein Sprichwort, das die gerade Linie zum Inhalt hat: *Walk a straight line*. Es bedeutet schlicht: Geh brav geradeaus und mach nichts Verbotenes. Natürlich halten sich auch Australier nicht immer daran, doch die meisten sind sich dieser Direktive erstaunlich bewusst.

Die mäandernde Schlange vor der Passabfertigung am Flughafen von Perth widerspricht dem Gebot der geraden Linie, ermöglicht uns jedoch, wieder den Boden unter den Füßen zu spüren und wenigstens den Eindruck zu erwecken, als wären wir angekommen. Niemand kann mich davon überzeugen, dass ein Mensch nach einer Reise von etwa vierundzwanzig Stunden durch Zeit und Raum in der Lage ist, mit Leib und Seele gleichzeitig anzukommen. Der Psychoanalytiker C. G. Jung empfing einst Patienten, die von anderen Kontinenten zu ihm kamen, erst zwei Wochen nach ihrer Ankunft, nämlich dann, wenn er annahm, dass ihre Seelen ebenfalls eingetroffen waren. Vielleicht sollte man das Empfangskomitee an internationalen Flughäfen, die Passkontrolleure, Zollbeamten und Polizisten, entsprechend schulen und auf behutsamen Umgang mit entseelten Reisenden einstimmen, die, ein wenig benommen, auf unsicheren Beinen vor ihnen stehen.

Noch sind sie nicht geschult.

«Keep you passport ready!» Mit ausdrucksloser Miene prüft ein Beamter im Glaskasten unsere Pässe, sagt kein Wort, winkt uns nur mit einer knappen Kopfbewegung weiter. Ich erinnere mich flüchtig daran, dass uns bei früheren Besuchen ein angenehmer Aufenthalt gewünscht wurde. Es muss wohl ein anderer Beamter gewesen sein.

Etwas zu streng werden wir befragt, ob wir Nahrungsmittel, Holz, Pflanzen, Samen oder Pflanzenteile in unseren Koffern versteckt hätten. Auch das ist Teil der normalen Einreiseprozedur, denn Australien ist eine riesige Insel und stets bemüht, die Seuchen der Welt fernzuhalten.

Alle Flugzeuge werden vor dem Start Richtung Australien gründlich mit Insektenvernichtungsspray ausgeräuchert. Vermutlich würde man auch gern alle Passagiere in ein Desinfektionsbad schicken, doch das wäre schädlich für den Tourismus und die Geschäfte, deshalb verzichtet man notgedrungen darauf.

Mit gutem Gewissen verneinen wir also die Frage nach der Einfuhr verbotener Dinge. Paul hat seine Kameras ordentlich angemeldet. Die Sicherheitsbeamtin malt verschiedene mysteriöse Buchstaben und Nummern auf unsere Einreiseformulare. Das ist neu.

Dann kommt der Hund. Ein hübscher Beagle, der sich freundlich wedelnd über meinen Rucksack hermacht. Gern hätte ich ihn gestreichelt, doch ein warnender Zischlaut der Zollfahnderin lässt mich erstarren.

«Was zum Teufel hast du in deinem Rucksack versteckt?», flüstert Paul.

Die Hundeführerin zieht die Augenbrauen hoch, greift sich meinen Rucksack und dirigiert mich zu einem Tisch, hinter dem eine grimmig schauende, übergewichtige Frau in zu enger Uniform mit weiß behandschuhten Händen meine Tasche in Empfang nimmt und mir knapp erklärt, dass sie persönlich das Auspacken übernehmen werde. Außerdem, so fährt sie mich in barschem Befehlston an, hätte ich ab sofort ihre Fragen ausschließlich mit *Yes* oder *No* zu beantworten – mit sonst nichts! Verstanden?!

Ich habe nicht die leiseste Ahnung, was dieser nette Hund gerochen haben könnte. Worauf sind die abgerichtet? Kokain, Heroin, Marihuana, italienische Salami, chinesische Hühnerfüße, Peking-Enten? Irgendwo hatte ich gelesen, dass Chinesen solche Dinge gern von einem Heimatbesuch mitbringen. Nichts von alledem befand sich – meines Wissens nach – in meinem Rucksack. Aber es ist ein bekanntes und bemerkenswertes Phänomen, dass selbst Menschen mit reinem Gewissen angesichts strenger Ordnungshüter eine gewisse Beunruhigung empfinden.

«Ist das Ihre Tasche?»

«Ja.»

«Haben Sie die Tasche selbst gepackt?»

«Ja.»

«Haben Sie diese Tasche ständig beaufsichtigt?»

«Ja.» *(Natürlich nicht, sie war mindestens zehn Stunden lang in der Gepäckbox des Flugzeugs.)*

«Hatten Fremde Zugang zu Ihrer Tasche?»

«Nein!» *(Was wäre, wenn irgendwer ein Päckchen Kokain oder Marihuana reingesteckt hätte?)*

Jetzt zieht sie ihre weißen Schutzhandschuhe straff und beginnt mit spitzen Fingern auszupacken: die Schminktasche und ihren Inhalt, das Tagebuch, es wird sorgfältig ausgeschüttelt, ebenso der Terminkalender und das Adressbuch. Fotos und Zettel flattern zu Boden. Wortlos bückt sie sich und hebt sie auf, betrachtet sie, legt sie weg. Es folgen zwei Brillen, die Unterlagen der Reisekrankenversicherung, die Brieftasche, Papiertaschentücher, Pflaster, Parfüm, Kreislauftropfen und meine Haarbürste.

Die Haarbürste!

Anklagend hält sie meine Haarbürste hoch.

«Sie hat einen *Holzgriff*!»

«Ja», antworte ich alarmiert.

«Es ist ein *Holzgriff*!»

«Wie bitte?»

«Sie hätten das anmelden müssen!»

«Oh.»

«Beim nächsten Mal geben Sie das an, haben Sie verstanden?!»

«Ja.»

«Sie können einpacken!»

Sie lässt mich samt der Haarbürste mit Holzgriff stehen und würdigt mich keines Blickes mehr. Langsam sammle ich meine verstreuten Utensilien wieder ein und kann mich dabei eines winzigen Triumphgefühls nicht erwehren: Sie hat meinen geliebten Holzkugelschreiber übersehen, den ich vermutlich ebenfalls hätte anmelden müssen.

Trotzdem fühle ich mich schlecht behandelt und keineswegs willkommen, eher wie ein Eindringling. Wie jemand, der genau kontrolliert werden muss, weil er sonst gefährliche Keime, Ungeziefer, Baumpilze, Tierseuchen oder sonstige Schrecklichkeiten in einen makellosen Kontinent einschleppen könnte. Dabei haben die englischen Kolonialherren und ihre Nachfahren hemmungslos alles eingeschleppt, was ihnen gerade in den Sinn kam: Apfelbäume,

Brombeeren, Tulpenzwiebeln, sämtliche europäischen Gemüsearten, Weinreben, Kaninchen, Füchse, Rehe, Katzen, Hunde, Kamele, Pferde, Kühe, Schafe, Ziegen, afrikanische Mistkäfer und Agakröten, Menschen aller Art samt ihren unzähligen Krankheiten und schlechten Charaktereigenschaften, außerdem Gewehre, vermeintliche und echte Verbrecher, Gefängnisse, Religionen, Geld, Banken, den Kapitalismus ... schlimmer konnte es doch kaum werden.

Als wir endlich alle Sperren hinter uns lassen und wirklich in die Freiheit hinaustreten, umarmen uns die wartenden Freunde und fragen besorgt, was denn los gewesen sei.

«Eigentlich nichts, nur meine Haarbürste. Sie hat einen Holzgriff.»

«Ach so!», lachen sie. «Das ist natürlich ein schweres Vergehen! *Welcome to Australia!*»

Feuerstürme

Wer zum ersten Mal diese Reise unternimmt, sollte nicht annehmen, dass man in Australien angekommen ist, wenn man endlich den Flughafen verlässt. Ich meine in jenem Australien, das vor allem aus Outback, Uluru, Koalabären und dem Opernhaus von Sydney bei Sonnenuntergang besteht. Wie überall auf der Welt steht auch in Australien jeder zuerst auf einem Parkplatz. In Perth ist der Parkplatz außerordentlich groß, und ich habe den Eindruck, dass er wieder einmal erweitert wurde. Anschließend fährt man über breite Stadtautobahnen durch endlose Industrievororte, vorüber an gigantischen Shopping Malls, kuriosen bunten Ladenstraßen, unzähligen Fastfood-Restaurants, riesigen Gebrauchtwagenausstellungen, und man steckt in

Verkehrsstaus. In der Ferne taucht ab und zu ein kleines Nest von Wolkenkratzern auf, das ganz verloren wirkt.

Ansonsten ist alles flach, staubig, die Sonne scheint irgendwie heller als anderswo; seit Monaten, vielleicht Jahren hat es nicht mehr geregnet. Über den Foothills, den Hügeln im Osten, eine schwarze Rauchwolke.

«Ein Buschfeuer», erklären die Freunde. «Verdammt trocken zurzeit. Irgendwelche Idioten zündeln immer.»

Ja, natürlich, auch das ist fremd-vertraut. Es ist die andere Seite der Erde, die entlegenste Großstadt der Welt. Wir sind in Perth, Westaustralien. In Erwartung unserer Seelen.

Die erste Nacht in Australien seit drei Jahren. Wir liegen in einem Bett, Queensize, über uns dreht sich ein großer Ventilator. Immer wenn ich bis fünf gezählt habe, fließt ein Schwall Luft über mich. Trotzdem bleibt es schweißtreibend heiß. Die Nacht bringt kaum Abkühlung.

Mit unseren Freunden hatten wir zuvor gegessen, australisches Bier aus Dosen getrunken und unter Palmen im Garten gesessen, während in Europa Schneestürme wüten. Ich hatte zugehört und eigentlich nichts verstanden, obwohl ich mich sehr bemühte. Die seltsamen langgezogenen Sprechgesänge der australischen Krähen, die in der Nähe auf Telefonmasten dösten, sagten mir an diesem Abend mehr. Bei einigen Indianerstämmen im Amazonasgebiet spricht man am ersten Abend nicht mit Gästen, die gerade angekommen sind. Vielleicht gibt es dort ein geheimes Wissen um die langsamer reisenden Seelen.

Draußen erhebt sich in den Morgenstunden ein angriffslustiger Wind, schüttelt die Bäume, rasselt am Rollo, lässt die Vorhänge flattern. Ich erinnere mich an diesen Wind, der im Sommer aus der heißen Mitte des Kontinents kommt, an der Hügelkette östlich von Perth herabfliegt wie der

Föhn an den Alpen. *The Easterly*, der Östliche. Heiß und heftig ist er, dörrt das Land auch während der Nacht aus, verhindert den Schlaf, fegt herum wie ein böser Dämon und fällt in sich zusammen, wenn der Morgen graut.

Nach dem Aufstehen kehren dann die Besitzer der Vorstadthäuser ihre sandbedeckten Terrassen, sammeln Äste und dürre Blätter auf und wischen die staubigen Tische und Stühle ab – und verfluchen dabei dieses beinahe täglich notwendige Sommerritual.

Er ist gefährlich, der Östliche. Wenn er voll aufdreht, dann hat die Feuerwehr gegen einen Buschbrand in den Hügeln keine Chance, dann gehen Dutzende Häuser in Flammen auf, müssen ganze Vorstädte evakuiert werden. Schwarze Rauchwände türmen sich über Perth, kriechen, vom Wind verdünnt, durch die Straßen, dringen in die Häuser ein, lassen Augen tränen und machen das Atmen schwer. Spätestens dann merkt jeder, dass es wieder irgendwo brennt.

Zwei Tage später, meine Seele ist noch immer nicht eingetroffen, hebt unsere Freundin plötzlich den Kopf, zieht prüfend die Luft ein und schaut unruhig aus dem Fenster.

«Kann nicht weit weg sein», murmelt sie. «Wir machen besser das Radio an.»

Ich hatte den brandigen Geruch für die Ausdünstung von Grillfeuern gehalten, der geliebten australischen Barbecues.

Das Feuer war wieder einmal in den Hügeln im Osten ausgebrochen – ziemlich weit weg von uns, aber heftig genug, um mit seinem Gestank selbst unsere Haare anzustecken, die Wäsche auf der Leine, das Bettzeug.

Über Stunden ist die Luft vom Knattern der Löschhubschrauber erfüllt, und die Menschen der östlichen Vororte überprüfen immer wieder, wie weit das Unheil von ihrer Wohngegend entfernt ist, in welche Richtung es sich bewegt, mit welcher Geschwindigkeit, wohin der Wind dreht. Sommer in Australien.

Wir fahren der schwarzen Wolke entgegen. Paul ist Fotograf. Wo andere flüchten, schlägt er meist die entgegengesetzte Richtung ein. Kreuz und quer geht es durch die vor Trockenheit knisternden Wälder in den Foothills, vorüber an der zerbrechlichen Idylle kleiner Weingüter in sanften Tälern, Rosenplantagen, Apfelgärten, Pferdekoppeln, an kleinen Gruppen besorgter Menschen, die zu den schwarzgrauen Rauchwolken hinüberstarren und darüber beraten, wann es Zeit wird, die Pferde in den Anhänger zu verladen. Die wesentlichen Dinge des Lebens liegen bereits in ihren Autos: Ausweise, Fotoalben, Versicherungsunterlagen, Bankkarten. Wer in den Foothills lebt, muss stets fluchtbereit sein.

Katastrophale Feuer gibt es immer wieder auf diesem extremen Kontinent, mit gnadenloser Zerstörungswut rasen sie durch Wälder, Felder und Siedlungen.

Einer der schlimmsten Buschbrände zerstörte im Sommer 2009 die Gegend nordöstlich von Melbourne. Die kleine Stadt Marysville verglühte in einem Feuersturm, der an die 1000 Grad Hitze entwickelte. 135 Menschen fanden den Tod, und mit ihnen unzählige Kängurus, Wallabies, Koalabären, Echsen, Vögel. Die Hitze war so groß, dass selbst Aluminium schmolz. Die prächtigen Wälder wurden zu einem schwarzgrauen Friedhof.

Genau ein Jahr zuvor hatten wir Marysville besucht, ein malerisches Dorf in einem grünen Tal. Die Häuser stammten zum Teil noch aus der viktorianischen Zeit, mit verschnörkelten Fassaden und gepflegten Gärten. Gleich hinter dem Ort brauste ein Wasserfall in eine grüne Schlucht.

Damals regnete es jeden Tag, und die Wälder dampften vor Feuchtigkeit. Regenwälder, hoch, grün, voller Schlingpflanzen, durchpulst von sprudelnden Bächen. Blau-rote Papageien zogen durch die Baumkronen. Nach unseren Wanderungen mussten wir winzige Blutegel von unserer Haut zupfen. Unvorstellbar damals, dass hier ein Jahr später ein tödliches Feuer ausbrechen könnte. Doch 2009 herrschte im Sommer Gluthitze, und wochenlang fiel kein Regen. In solchen Zeiten werden die Einheimischen zur Wachsamkeit aufgerufen und müssen stets fluchtbereit sein. Den Bewohnern von Marysville half keine Wachsamkeit. Das Feuer kam mit so unglaublicher Geschwindigkeit und Gewalt, dass nur wenige fliehen konnten.

Mittagshitze. Der Brandherd verbirgt sich hinter dem nächsten Hügel. Ab und zu lodern Flammen über die Wand aus Eukalyptusbäumen, giftig schwefelgelb. Die Löschhubschrauber erscheinen aus der Ferne winzig und zerbrechlich, werden vom Rauch verschluckt, als würden sie nie wieder zurückkehren.

Näher kommen wir nicht heran. Polizei und Feuerwehr haben die wenigen Feldwege über den Hügel gesperrt. Hinter uns hält ein verrosteter alter Holden. Ein junger Mann steigt aus, stopft sich das zerknitterte Hemd in die Jeans und kämmt mit den Fingern seine halblangen dunklen Locken.

«Sieht nicht gut aus, was?»

Paul zuckt die Achseln.

«Meint ihr, es wär besser abzuhauen? Bin gerade erst aufgewacht. Hab keine Ahnung!»

«Noch ist es hinterm Hügel», erwidert Paul.

«Aber vielleicht bleibt's da nicht.»

«Möglich.»

«Ich hau lieber ab. Wollt mich eh mit ein paar Kumpels treffen.»

«Ist vielleicht besser. Wohnst du hier?»

«Hab nur übernachtet. Is' nicht mein Haus.»

«Ja, dann.»

«Ja, dann. Passt auf euch auf.» Der verschlafene junge Mann grinst verlegen und steigt wieder in sein rostiges Auto. Als er Gas gibt, klingt das tiefe Tuckern des Holden wie das eines Straßenkreuzers aus vergangenen Zeiten. Mit wehmütigem Gesichtsausdruck schaut Paul dem Wagen nach.

«Acht Zylinder», murmelt er.

«Acht?»

«Ich liebe das Geräusch von Acht-Zylinder-Motoren.»

«Die verbrauchen doch jede Menge Benzin, oder?»

«Dieses Gefühl, wenn man Gas gibt, dieses tiefe klopfende Rumpeln …»

«Wer baut eigentlich die Holden?»

«Holden ist unser australisches Auto. Unsere Marke!»

«Und wer steckt dahinter? Ford oder General Motors?»

Er wirft mir einen kurzen, unwirschen Blick zu.

«General Motors. Aber die Holden werden in Australien gebaut!»

«Okay, okay, Opel gehört auch General Motors.»

Er antwortet nicht.

Die Hubschrauber kommen näher, fliegen einen kleinen Stausee weiter unten im Tal an. Wie monströse Insekten senken sie sich bis knapp über die Wasseroberfläche und saugen mit langen Rüsseln das Wasser in ihre Bäuche. Die Blätter der Eukalyptusbäume wirbeln davon, Wellen schäumen auf, und Schaulustige ducken sich unter dem Aufruhr der Rotorblätter, wenden die Köpfe ab und bedecken mit den Händen ihre Augen, während Staubwolken über sie hinwegjagen. Hinter dem Hügel noch immer der Rauchpilz. Es ist wie Krieg, laut, bedrohlich. Krieg gegen das Feuer.

Terrific

Auf dem Rückweg halten wir vor einem der riesigen Einkaufszentren. Eigentlich wollen wir nur ein paar Lebensmittel kaufen, aber da es außerhalb der Shopping Centres so gut wie keine Supermärkte mehr gibt … Beide haben wir den Eindruck, dass diese Konsumtempel immer größer werden, dass es immer mehr von ihnen gibt und dass sie immer so voll sind, als wären sie beliebte Ausflugsziele, als hielten sich die inzwischen 1,7 Millionen Einwohner von Perth und Umgebung hauptsächlich hier auf. Auch eine Entdeckung.

Menschenmassen wälzen sich durch die Malls, überquellende, überdimensionale Einkaufswagen vor sich herschiebend, Rieselmusik überall, sogar auf den Klos. Alles ist in Massen vorhanden: Billigklamotten, Billigschuhe, Modeschmuck, Koffer, Pillen, Parfüm, Fastfood-Restaurants, Coffeeshops, Bücher, Friseure, Spielzeug, Schund aus China, Berge toter Hühner, Steaks, Würste. Jeder kauft hier sozusagen tonnenweise ein. Und später wird tonnenweise weggeworfen. Ich hatte vergessen, dass Australien ein geradezu konsumbesessenes Land ist. Vergessen kann man hier außerdem, dass es in Australien endlose unbewohnte Wüsten gibt, die größer sind als viele Länder in Europa. In diesem Moment erscheint es mir geradezu unvorstellbar, obwohl ich sie kenne, die anderen Welten im Hinterland.

Jetzt aber stehe ich an der Wursttheke, starre betroffen auf die Berge aufgeschnittenen Schinkens, und eine Stimme fragt: *What can I do ya, love?*

Es ist die Verkäuferin, die kaum über ihre Wurstberge schauen kann. Eine Maori, versprengte Ureinwohnerin aus Neuseeland. Zu ihren süßen Worten zeigt sie einen eher missgelaunten Gesichtsausdruck. Der Satz passt nicht zu ihr. Ihre Hände stecken in dünnen Gummihandschuhen, und sie hält mir erwartungsvoll eine umgestülpte Plastiktüte entgegen.

Eigentlich hatte ich an ungefähr 150 Gramm Schinken gedacht, doch instinktiv erhöhe ich auf 250 Gramm. Sie greift mit der umgestülpten Tüte in den Fleischberg, wendet sie und haut sie samt Schinken auf die Waage.

320, darling!

Das ist eine Feststellung, keine Frage.

Okay!

Vereint mit meiner Seele hätte ich dem niemals zugestimmt.

Terrific!

Sie lächelt irgendwohin, verknotet die Tüte und knallt sie vor mir auf die Theke.

Have a great day, sweetheart!

Sweetheart! Ich bin erschüttert. Auch darüber, dass es mich immer wieder erwischt, obwohl ich sie nicht zum ersten Mal erlebe, diese völlige Distanzlosigkeit der Verkaufsgeschwader, die in Australien auf die Konsumenten losgelassen werden. Ja, natürlich, es kommt aus Amerika, und es schleicht sich allmählich auch bei uns in Europa ein. Aber man muss ja nicht alles übernehmen, oder? Selbst der Friedhofsbeamte, den wir aufgrund eines Todesfalls in der Familie treffen mussten – selbst er kam lächelnd auf uns zu und sagte: *G'day, I am Al.* Und Paul stellte mich ganz selbstverständlich als *Felicity* vor und sich als *Paul*. Danach saßen wir in trautem Einvernehmen zusammen, arrangierten die Dinge, und es war wie ein Familientreffen. Wir und Al sorgten für die Verstorbene, von der wir natürlich auch mit Vornamen sprachen. In diesem Fall war die Sache beinahe stimmig.

Ähnlich läuft es in allen Bereichen. Auf Freundlichkeit getrimmt, sprechen auch Bankangestellte ihre Kunden mit Vornamen an. Als Europäer kommt man sich vor, als sollte man all diese Menschen seit Jahren kennen, hätte es nur peinlicherweise vergessen. Allerdings wird diese strahlende Freundlichkeit an- und abgestellt wie eine Lampe. Irgendwo las ich das Ergebnis einer wissenschaftlichen Untersuchung, bei der herauskam, dass der Zwang zur Superfreundlichkeit völlige Entfremdung gegenüber den eigenen Gefühlen auslöst. Menschen werden krank davon, entwickeln Depressionen und Angstattacken.

Vermutlich ist es Selbstschutz, wenn ein junges, blasses Mädchen hinter der Kasse mit völlig ausdruckslosem Gesicht sagt: *And how was your day today?* Sie signalisiert deutlich, dass es ihr total wurscht ist, wie der Tag dieses 395. Kunden verlaufen sein könnte, dass sie ihre Lektion jedoch gelernt hat, denn sonst verliert sie ihren Job.

Australier antworten darauf im Allgemeinen mit ähnlicher Wurstigkeit: *Not too bad*. Was so viel bedeutet wie «Geht schon» oder «Es ist auszuhalten».

Antwort: *Terrific!*

Obwohl ja durchaus nichts Großartiges dran ist, wenn das Leben gerade mal auszuhalten ist. Währenddessen scannt und packt sie stoisch die Waren ein. (In Australien muss man seine Waren nicht selbst einpacken. Das ist echter Service!) Und zwar in unendlich viele Plastiktüten. Ich bringe die Kassiererinnen jedes Mal völlig aus dem Konzept, wenn ich mit meiner umweltfreundlichen eigenen Tasche anrücke.

Und natürlich nervt es sie, wenn ein Kunde schon wieder mit der Kreditkarte zahlt und sich gleichzeitig von ihr 100 Dollar auszahlen lässt. Denn Supermärkte dienen in Australien auch als Geldautomaten.

Have a great evening (day, afternoon, whatever)!, ist ihr Abschiedsgruß.

Alles in Australien ist mindestens *great*, zumeist aber *awesome, terrific, wonderful, brillant* oder *gorgeous*. Nichts darf einfach so sein, wie es ist. Jedenfalls in den Städten, den Zentren des positiven Denkens. Nichts ist mittelmäßig, ganz normal oder nicht besonders bemerkenswert. Bleibt man länger, gewöhnt man sich daran. *Positive Thinking* – auf Teufel komm raus! Es verliert an Bedeutung, und man lernt ganz nebenbei, wie der Wert bestimmter Worte zerbröselt, wie sie zu sinnlosen Worthülsen werden. Im Grunde erwarte ich irgendwann eines dieser Superlativadjektive auch als Antwort auf negative Aussagen. Etwa so:

«Diese Milch ist sauer!»

Oh, terrific!

Oder: «Ich habe meine Bankkarte verloren.»

That's awesome!

Beim Verlassen des Einkaufszentrums aber machen wir eine Erfahrung der ganz anderen Art. Offenbar haben wir mit unserem Einkaufswagen einen sehr jungen Teenager behindert. Nun stoppt er seinen Wagen knapp vor unserem, starrt uns düster an und sagt sehr laut und deutlich: *Piss off!*

Welcome to Australia!, murmelt Paul und bricht gleichzeitig mit mir in schallendes Gelächter aus, was wiederum den Jungen so irritiert, dass er schnellstens das Weite sucht.

Als ich Paul später sage, dass mir die geschäftsmäßige

Überfreundlichkeit ein bisschen unangenehm ist und ich jedes Mal Mühe habe, mich daran zu gewöhnen, von allen Menschen mit meinem Vornamen angesprochen zu werden, stimmt er mir nur halb zu.

«In Deutschland könnten sie sich davon eine Scheibe abschneiden. Da sind sie das genaue Gegenteil! Nämlich zu wenig freundlich!»

Peng!

Meine Argumente zum Thema falsche Freundlichkeit, unangemessene Nähe usw. prallen an ihm ab. Für Australier sei es normal, alle beim Vornamen zu nennen, das habe nichts mit mangelndem Respekt zu tun. Und ein Lächeln sei ihm auf alle Fälle lieber als ein unfreundliches Gesicht. Auch wenn das Lächeln nicht echt sei!

Paul hat sich innerhalb von zwei, drei Tagen vom ziemlich zufriedenen Halbeuropäer wieder in einen patriotischen Australier verwandelt, und ich unterlasse den Versuch, die deutsche Freundlichkeit zu verteidigen.

Erst Stunden später kommt er auf unsere kurze Diskussion zurück und meint grinsend: «Du weißt ja, dass die australische Superfreundlichkeit nichts mit Freundschaft zu tun hat. In puncto Freundschaft haben die Deutschen die Nase vorn!» Danke.

Wahrscheinlich ist meine Überempfindlichkeit ungerecht. Jetlag. Alles erscheint zu laut, zu hell, übertrieben. Außerdem ist es kurz vor Weihnachten, und da herrscht – wie überall in der westlichen Welt – auch in australischen Städten der totale Konsumterror. Kreditkarten werden belastet, bis sie qualmen, und wenn nach den Festtagen die Schuldenfalle zuschnappt, bricht eine allgemeine Depression aus.

Unsere Freunde Joe und Diana wollen uns unbedingt

das sogenannte Taj Mahal zeigen, den halbfertigen 40-Millionen-Palast, den sein indischer Bauherr bei der Flucht zurückgelassen hat. Am Hochufer des Swan River, in einer Gegend, die sich nur die Superreichen leisten können, sehen wir schon von weitem die Türme und Bögen. Sie sind Teil eines monströsen Rohbaus und überragen alle anderen Villen.

Und dann erzählt Diana kichernd eine echt australische Geschichte: Die Frau des reichen indischen Geschäftsmanns sei Vegetarierin, und zwar eine ziemlich militante. Den Arbeitern wurde deshalb verboten, auf der Baustelle Fleisch zu verzehren. Man kann australischen Bauarbeitern eine Menge abverlangen, aber ganz sicher nicht, auf ihre Hamburger und *sausage rolls* zu verzichten. Natürlich ignorierten sie die Anweisung und machten sich außerdem den Spaß, ein paar Hamburger und Würste in die Säulen einzubetonieren. Klassenkampf mit Hamburgern. Das finde ich nun wirklich *terrific*.

Boomtown

«Ich will hier raus», sagt Paul, als wir auf einer der Schnellstraßen in der Umgebung von Perth bereits seit einer halben Stunde bei 38 Grad im Stau stehen.

«Übermorgen.»

«Great!»

Wir sind auf dem Weg nach Mandurah, um eine alte Freundin zu besuchen. *Mandurah* bedeutet in der Sprache der Nyoongar *Versammlungsplatz*. Ureinwohner vom Volk der Nyoongar trifft man allerdings nur wenige in dieser schicken Vorstadt von Perth, mit Yachthafen und Mega-Villen am Strand, in die eine Stadtautobahn führt und seit einigen Jahren sogar eine S-Bahn. Die 70 Kilometer zwischen Perth und Mandurah sind eine durchgehende Fortschrittszone. Alles wird umgegraben, um neuen Wohnresorts Platz zu machen oder neuen Schnellstraßen. Der Wind vom Indischen Ozean trägt losen Sand durch die Luft. Paradies verloren – an Investoren und Immobilienmakler.

Nach ein paar Kilometern verlassen wir die Stadtautobahn und machen einen Umweg über die alte Straße nach Mandurah. Es schmerzt. Wo früher dichtes Buschland war, finden wir jetzt Suburbia, den australisch-amerikanischen Vorstadt-Albtraum. Ein Haus neben dem anderen, alle gleich, alle umgeben von grünem oder hitzevergilbtem Fertigrasen. Krakenartig streckt sich die Stadt nach allen Seiten aus. Immobilienboom.

Ein Schild am Straßenrand bittet Autofahrer um Rücksicht auf die Tierwelt, deren Lebensraum längst zerstört wurde. Fassungslos halten wir am Rand eines riesigen abgebrannten Geländes, das einst dicht mit Wald aus Eukalyptus- und Grasbäumen bestanden war. Jetzt gibt es nur noch tiefe graue Asche, aus der ein paar schwarz verkohlte Baumstämme ragen.

Landclearing.

«Tja», sagt Paul, «hab ich dir nicht gesagt, was wir Australier von der Natur halten? When it moves shoot it, when it grows cut it down!» *(Wenn es sich bewegt, erschieß es, wenn es wächst, schneid es ab.)* Er verzieht das Gesicht, greift nach seiner Kamera und macht ein paar Fotos.

«Vielleicht war es ja auch ein Buschbrand.»

Er schüttelt den Kopf. «Das war kein Buschbrand. Bald werden hier viele dieser hübschen kleinen Häuser stehen, die alle gleich aussehen, und wenn die Leute abends von der Arbeit nach Hause kommen – nach anderthalb Stunden im Stau –, dann werden sie Schwierigkeiten haben, das eigene wiederzufinden! Ich hasse Suburbia!»

Westaustralien ist seit Jahren Schauplatz eines Wirtschaftsbooms, der eine Art Goldgräberstimmung ausgelöst hat und dessen Ende nicht abzusehen ist. Ursache ist die weltweite Gier nach Bodenschätzen. Neben Brasilien und China ist Australien der größte Produzent von Eisenerz. Die Hauptvorkommen aber liegen in Western Australia, dem größten Bundesstaat. Hier gibt es nahezu alles, was die Taschen der Minengesellschaften füllen kann: große Gold-, Nickel- und Kupfervorkommen, Gas, Erdöl, Uran und Diamanten. Die Preise für die meisten Bodenschätze stiegen in den letzten Jahren um bis zu 80 Prozent. Grund dafür war vor allem Chinas rasante Wirtschaftsentwicklung.

Natürlich streben die Menschen nach Perth, wo es Arbeitsplätze und gute Verdienstmöglichkeiten gibt, und alle suchen ein Dach über dem Kopf. Und so ist bei den Immobilieninvestoren und ihren Maklern bereits vor Jahren ein Goldrausch ausgebrochen. Die Preise für Wohnungen und Häuser stiegen in schwindelerregende Höhen, Hotels sind ständig ausgebucht und ebenfalls astronomisch teuer. Allein im Januar 2013 erreichten die Immobilienpreise in Perth einen Zuwachs von 1,6 Prozent, in den drei Monaten davor von 4,1 Prozent.

Unser Freund Joe erzählte uns, dass viele neu ankommende Familien sich inzwischen Häuser teilten und zusammenrückten, manche schliefen sogar im Auto, weil sie keine bezahlbare Unterkunft fänden. Vor rund 18 Jahren konnte man in Perth noch ein Haus mit vier Zimmern, Garage, Garten und kleinem Pool für weit unter 100 000 Dollar kaufen. Heute kostet dieses Haus 500 000 Dollar oder mehr. Immobilien und Grundstücke sind in diesem Riesenland rund um die Ballungs- und Boomgebiete inzwischen so teuer wie in europäischen Großstädten. Fast jede junge Familie ist deshalb hoch verschuldet, und beinahe alle Normalverdiener leben über ihre Verhältnisse.

Neben dem abgebrannten Wald befindet sich eine Rosenplantage. Asche hat sich über die Blüten gelegt wie eine graue Warnung. Gleich dahinter der Freeway mit seinem niemals endenden Verkehr und einem gigantischen Kreisel, in dessen Mitte sich eine ebenso gigantische abstrakte Installation befindet.

«Kannst du mir mal sagen, warum bei euch immer alles so riesig sein muss?», frage ich Paul.

«Weil dieses Land so riesig ist! Man muss irgendwas dagegensetzen!»

Irgendwie einleuchtend.

Im Veteranendorf

Tante Gladys wohnt im RSL-Village, einer Wohnanlage für Veteranen der australischen Armee. RSL ist die Abkürzung für *The Returned and Services League of Australia*. Abgesehen von einer kurzen Affäre mit einem Offizier hatte Tante Gladys zwar nie etwas mit dem Militär zu tun, aber offensichtlich gehen der League die Veteranen aus, und so kommen auch Zivilisten in den Genuss einer beschützten Gemeinschaft.

Ebenerdige Reihenhäuser aus hellen Ziegeln mit winzigen Terrassen hinter hohen Mauern. Kaum angekommen, werden wir in den Klatsch des Veteranendorfs eingeweiht: Die Selbstverwaltung funktioniert nicht, niemand fühlt sich für die Renovierung zuständig, es machen sich schon wieder weiße Termiten breit, und niemand tut etwas dagegen, und die Gärtner beschneiden die Hibiskushecken immer dann, wenn sie gerade anfangen zu blühen.

Abends trifft man sich im Pub der RSL Memorial Hall auf ein Bier und eine Partie Billard. Die Memorial Hall hat etwas Gespenstisches. An den Wänden hängen Memorabilia aller Kriege, in denen die australischen Soldaten, die verehrten *Digger*, gekämpft haben. Gewehre, Pistolen in Glaskästen, Hüte, alte Fotos, vergilbte Zeitungsausschnitte. Im Gegensatz zu uns Deutschen mit unserer schwierigen Vergangenheit haben die Australier ein ungebrochen positives Verhältnis zu ihrer Armee. Jedes Jahr am 25. April feiert das Land mit großen Umzügen den ANZAC-Day. Dabei wird immer wieder der Schlacht von Gallipoli gedacht, jenem erschütternden Heldenepos, das fest im australischen Bewusstsein verankert ist und so etwas wie die Geburtsschlacht des Nationalbewusstseins von Australiern und Neuseeländern zu sein scheint.

ANZAC bedeutet *Australian New Zealand Army Corps*, und dieses Armeecorps kämpfte an der Seite der Briten bereits im Ersten Weltkrieg. Als damals Russland von den Deutschen blockiert wurde, suchten die Briten und Franzosen einen Ausweg, und der schien nur über den Bosporus zu führen. Die sogenannte Dardanellen-Offensive gegen das Ottomanische Reich, die heutige Türkei, schlug fehl und endete in einem Blutbad. Die Schlachten begannen am 25. April 1915 und endeten am 9. Januar 1916 mit der Evakuierung der alliierten Soldaten – besser Flucht genannt. In der Zwischenzeit kamen 130784 Menschen ums Leben, die meisten von ihnen Türken. Aber auch beinahe 9000 Australier, 2721 Neuseeländer, 21 255 Briten. Bis heute haben die Australier den Briten diese offensichtlich aussichtslose Offensive nicht verziehen, und die furchtbare Schlacht auf der Halbinsel Gallipoli steht im Zentrum wilder Verschwörungstheorien.

Verheizt haben die Engländer die tapferen Digger, davon ist man bis heute überzeugt. Und in jeder noch so kleinen australischen Siedlung gibt es ein Kriegerdenkmal für die Gefallenen von Gallipoli und die Jungs, die im Zweiten Weltkrieg an die Front mussten. Diese Denkmäler verbinden auf ganz unvermutete Weise den Kontinent am Ende der Welt mit Europa. Globalisierung gab es auch damals schon, die Globalisierung des Krieges.

Die kleine Gruppe von Alten, die sich an diesem Abend in der Bar der Memorial Hall versammelt hat, verbindet nichts mit den Gewehren an der Wand oder den Helden von Gallipoli. Die Männer tragen bunte Hawaiihemden, unter denen sie ihre Gebrechlichkeit und die Schrecken des Alters verbergen. Die Frauen – nicht weniger bunt – lachen zu laut. Alle trinken viel, ständig ermuntert vom fetten Wirt und seiner etwas angestaubten Barfrau. Ein Hauch von Verzweiflung liegt über diesem dämmrigen Raum.

Ich sitze mit einer Frau namens Ann an einem runden Tisch nahe der Bar. Ann ist bei ihrem vierten Bier und erzählt mir zum fünften Mal, dass ihre Ehe eine Liebesheirat war und dass ihr Mann damals vor ihr niederkniete und hinter dem Strauß von roten Rosen kaum zu sehen war, als er um ihre Hand anhielt. Ihr Gesicht nimmt dabei einen träumerisch kindlichen Ausdruck an, und in ihrem leisen Lächeln liegt Erstaunen, als sähe sie den Geliebten wieder vor sich knien. Beinahe kann auch ich ihn sehen.

«Das ist eine wunderbare Geschichte», sage ich zum fünften Mal. Beinahe hätte ich *terrific* gesagt. Ann ist wirklich nett, sehr herzlich, aber irgendwas stimmt nicht.

Als Ann zum sechsten Mal zu ihrer Geschichte ansetzt,

zieht Tante Gladys mich zur Seite und flüstert mir zu, dass Ann an Alzheimer leide.

Ich höre also zum sechsten Mal die Geschichte vom Rosenstrauß und dem Heiratsantrag und bewundere im Stillen, wie adrett Ann aussieht. Perfekte Frisur, dezent geschminkt, makellose rosa Bluse und enge schwarze Hose.

«Das macht ihr Mann», flüstert Gladys. «Er passt auf, dass sie immer gut aussieht. Er liebt sie wirklich.»

Später erzählt sie mir, dass Ann und ihr Mann das RSL-Village demnächst verlassen müssen. Die Miete sei zu hoch. Sie werden in einen Wohnwagen ziehen und künftig auf einem Campingplatz in der Nähe wohnen. Schicksal vieler Alter, die in finanziellen Schwierigkeiten sind.

«Traurig, irgendwie», sagt Tante Gladys. «Aber wir Australier nehmen das Leben, wie es kommt. Abhärten und weitermachen. Anders geht's nicht.»

Draußen in der Memorial Hall haben sich unzählige übergewichtige Frauen in pastellfarbenen Trainingsanzügen zu einem Vorweihnachts-Dart-Wettbewerb versammelt. Sie gehören nicht zum Veteranen-Dorf – die Halle wird auch vermietet. Der Wettbewerb ist gleichzeitig eine Art Tombola, *Raffle* genannt. Für die Besten gibt es gestiftete Preise: Toaster, Haartrockner, Bodylotion, Kochbücher … *Women's Stuff (Weiberkram)* nennt man das in Australien.

Ich flüchte ins Freie. Die Sonne ist gerade untergegangen, der Himmel über dem RSL-Village brennt in allen Rottönen. Drüben in den Eukalyptusbäumen des kleinen Parks unterhalten sich wieder die Krähen, die so anders klingen als unsere. Ihr langgezogenes Schnarren, das in einer Art Seufzer endet, ähnelt einem spöttischen Kommentar. Vielleicht zum Treiben der Menschen? Es könnte auch gedehntes Gelächter sein, humorvolle Klage.

«Ich will hier raus», sagt Paul, der mir nach draußen gefolgt ist.

«Übermorgen», antworte ich, und dann lauschen wir beide den Krähen und dem Jaulen der Polizeisirenen, die vom nahen Highway herüberklingen.

Am nächsten Morgen kommt Kirsten vorbei, eine Freundin von Tante Gladys. Kirsten stammt aus Dänemark, lebt aber schon seit dreißig Jahren in Australien. Möglicherweise auch länger. Sie hat es nicht so genau nachgerechnet. Kirsten ist Ende sechzig, blond, rosig und duftet stark nach sehr süßem Parfüm. Sie war eine der ersten Frauen, die in den Diamantenminen im Norden einen Haulpak fuhr, einen der Riesen-Kipplaster.

«Hab nicht schlecht verdient dabei», sagt sie. «Australien ist ein Land, in dem man immer noch enorme Chancen hat, wenn man was erreichen will. Materiell gesehen. Das ist einfach so … andererseits … Ich bedaure es, dass ich nicht früh genug nach Dänemark zurück bin. Jetzt ist es zu spät. Ich sitze hier fest … eine alte Frau, die den Anschluss an ihre Heimat verloren hat.»

«Und hier – ist das nicht zur Heimat geworden?», frage ich.

«Ach ja, natürlich. Irgendwie schon. Immerhin habe ich hier erwachsene Kinder. Nach zwei Ehen!» Bitter lacht sie auf. «Es ist nicht so leicht hier, müsst ihr wissen. Alles freundlich, alles *easy going*, wie man so sagt. Aber in Wirklichkeit sind zum Beispiel die australischen Frauen, jedenfalls die englischstämmigen, ganz schön bissig, wenn es darum geht, eine Fremde in die Gemeinschaft aufzunehmen. Ich meine, wirklich aufzunehmen. Und dann … mir fehlt die europäische Kultur oder Geschichte, wie man es nennen will. Das Land ist einfach verdammt jung. Hätte früher nie gedacht, dass mir so was etwas ausmachen würde. Aber es macht mir was aus. Immer mehr, je älter ich werde.»

Als Kirsten sich verabschiedet, taucht Tante Gladys aus der schattigen Tiefe ihres Wohnzimmers auf und murmelt: «Soll sie doch zurück nach Dänemark gehen, wenn es ihr hier nicht passt. Alle Vorteile in Anspruch nehmen und dann meckern. Australien ist wahrscheinlich das beste Land der Welt. Und Perth die beste Stadt. Sie sollte sich was schämen.»

«Warst du schon mal woanders?», fragt Paul harmlos.

«Nein», antwortet Tante Gladys würdevoll. «Das ist ja auch nicht nötig, oder?»

Hoons

Wieder eine schlechte Nacht unterm Ventilator. Der Wind aus Osten dreht voll auf, und dann kommen die *Hoons*. Kurz nach Mitternacht, zur Geisterstunde. Wild kreischende Motoren, quietschende Reifen, Gestank nach verbranntem Gummi. Eine Horde Irrer scheint die lange Straße entlangzuschleudern, kehrt am Ende wieder um und fliegt erneut an unserem Schlafzimmer vorbei, möglicherweise auch hindurch.

«Bastards», knurrt Paul im Halbschlaf. *«Hoons!»*

«Was machen die denn da, um Himmels willen?»

«Wheelies!»

«Aber warum, verdammt noch mal?»

«Weil ihnen nichts anderes einfällt.»

Wieder rasen die motorisierten apokalyptischen Reiter an unserem Schlafzimmer vorbei, und ich ertappe mich bei der moralisch nicht korrekten Phantasie, einen heftigen

Aufprall zu hören, kreischendes Metall, splitterndes Glas – und dann Stille. Gewalttätige Gegenübertragung, die vermutlich viele heimsucht, die nachts von *hoons* geweckt werden, die *wheelies* machen.

Hoons, so nennt man gefährliche, rücksichtslose Fahrer, Terroristen im Straßenverkehr. *Wheelies*, das sind gewagte Schleuderfahrten mit blockierenden Reifen. Die australischen Straßen sind voll von schwarzen Schlangenspuren auf Asphalt. *Wheelies* ist der nächtliche Nationalsport Jugendlicher, die aus Langeweile, Wut oder Angeberei ihre Reifen abrasieren müssen. Bisher hatte ich nur diese Spuren gesehen. In dieser Nacht aber habe ich sie erlebt, die *hoons*.

Ich bin inzwischen sicher, dass die latente Aggressivität in den Städten und Vorstädten durch diese nächtlichen Wutausbrüche angeheizt wird. Jeder Mensch, der nachts mehrmals auf diese Weise aus dem Schlaf gerissen wird, entwickelt irgendwann Mordphantasien, zumal alle sich hilflos ausgeliefert fühlen. Wenn man die Polizei ruft, sind die *hoons* längst über alle Berge.

«Geht bloß nicht raus, wenn ihr nachts irgendwas Ungewöhnliches auf der Straße hört!», warnt unser Freund Joe nicht nur ein Mal. «Es kann verdammt gefährlich werden, wenn man sich mit denen anlegt.»

Und dann grinst er plötzlich: «Ich hör zum Glück nicht besonders gut. Das hilft.»

Am nächsten Morgen frage ich Paul und Joe, ob sie als junge Männer auch *wheelies* gemacht und sich nachts wie die Wahnsinnigen aufgeführt hätten. Die beiden tauschen einen tiefen Blick und fangen an zu grinsen.

«Klar!», sagt Paul, und Joe nickt.

«Und wieso?»

«Weil man sonst nicht dazugehört hätte. Und weil es verboten war. Weil man so die Kumpels beeindrucken konnte und die Mädchen … es gibt viele Gründe.»

«*Great*. Und haben die Leute euch auch *hoons* genannt?»

«Nein!» Joe schüttelt ernst den Kopf. «Wir waren keine *hoons*. Wir haben nur *wheelies* gemacht! Und außerdem waren die Autos damals nicht so schnell und die Motoren nicht so stark.»

Seelenfänger im Outback

Es ist übermorgen, und wir sind raus. Jedenfalls auf dem Weg nach draußen, noch befinden wir uns an den wuchernden Rändern von Midland, einem der nördlichen Vororte von Perth. Raus … vorbei an McDonald's, Kentucky Fried Chicken, Pizza Hut, Red Rooster, Burger King, Hungry Jack's. Alles in einer Straße. Amerika? Schon wieder? Was erzählte mir Paul von den amerikanischen Seeleuten, die in Fremantle, dem Hafen von Perth, an Land gehen? Immer wieder stellten sie begeistert fest, dass sie sich wie zu Hause fühlten. Wo ist Australien?

«Gehen wir's suchen», grinst er, der Australier, und biegt auf den Great Northern Highway ein, der uns jetzt erstaunlich schnell hinausführt in lichte Eukalyptuswälder, vorüber an Weiden voller Rinder oder Schafe, durch hügeliges Land, das an Hochalmen erinnert, mit Felsblöcken, die über das karge Grasland verstreut sind, und wenigen kleinen Farmhäusern, kaum größer als ihre Regenwassertanks.

Wir sind auf dem Weg nach New Norcia, der einzigen Klosterstadt Australiens. New Norcia ist einer meiner Paradiesorte – nicht so sehr Pauls. Doch ich werde jedes Mal hierher zurückkehren, wenn ich in Westaustralien bin. Als wir nach unserer ersten Tour ins Outback 1996 allmählich wieder die Zivilisation erreichten, war New Norcia für mich eine Offenbarung.

Damals kamen wir von Norden, hatten 15 000 Kilometer hinter uns. 15 000 Kilometer voll Mühsal und brennender Hitze, rotem Staub und berauschenden Eindrücken von Schönheit, Härte, Weite. Es fiel uns schwer zu akzeptieren, dass wir plötzlich mehr als nur einem Auto pro Tag begegneten, und gleichzeitig sehnten wir uns nach irgendeiner Form von Zivilisation. Die Landschaft veränderte sich ganz allmählich, Farmland verdrängte den Busch, Eukalyptuswälder bedeckten flache Hügelkuppen, verschlafene Landstädtchen zogen an uns vorüber, Schafherden, Schwärme von Rosakakadus.

Dann plötzlich, in einem sanften Tal, eine Fata Morgana: ein Benediktinerkloster im spanischen Kolonialstil, weiß und rot, mit Türmchen und Schnörkeln, umgeben von blühendem Oleander, Oliven- und Feigenbäumen.

Es war Mittag. Auf dem weiten Platz zwischen den großen Gebäuden schien die Zeit in Schlaf gefallen zu sein. Nur ein Hund im Garten der kleinen Polizeistation bellte zweimal. Tauben gurrten. *New Norcia* stand auf dem Ortsschild. Ich pflückte reife Feigen, und mich erfasste damals ein Gefühl von Unwirklichkeit. War es die Hitze oder dieser seltsame Ort? War das hier Italien, Spanien, Südamerika oder wirklich Australien?

Rechts vom Great Northern Highway entdeckten wir am Ende einer hochherrschaftlichen Auffahrt das New Norcia Hotel, eine Mischung aus römischem Tempel und einer Villa von Palladio. An den Säulen des Portals lehnte allerdings ein prosaisches Schild: *Swan on tap* – Bier vom Zapfhahn.

In der Eingangshalle des Hotels war es still. Eine breite

Freitreppe mit rotem Teppich schien auf irgendeinen großen Auftritt zu warten, doch die Blumen in der Vase am Treppenabsatz waren verwelkt. Dornröschenschlaf.

Plötzlich schwang eine Tür auf, der Manager erschien, leicht zerknittert und gähnend, aber hocherfreut, dass wir bleiben wollten. Und dann redete er los, als hätte er tatsächlich hundert Jahre geschlafen und müsste nun einiges loswerden.

Die Zimmer hätten kein Bad, entschuldigte er sich, nur eine Gemeinschaftsdusche. Die Mönche wünschten keine Renovierung. Alles solle so einfach bleiben wie möglich. Aber sonst sei alles vorhanden, auch Alkohol. Die Mönche bauten hervorragenden Wein an. Das Essen sei auch gut, und wir könnten Pool spielen oder im Fernsehzimmer Filme ansehen. Falls wir nachts komische Geräusche hören sollten … einfach nicht darauf achten. Manche behaupteten, es spuke im Hotel, aber das sei nur Gerede. Der Golfplatz hinterm Hotel werde schon seit Jahren nicht mehr benutzt, aber man könne schöne Spaziergänge auf dem Gelände machen. Dann führte er uns die königliche Treppe hinauf, an dem verwelkten Blumengebinde vorbei, schloss eines der Zimmer auf und ließ uns allein.

Wir fanden uns in einem vergilbten Traum aus dunkelrotem Samt. Auf der alten Kommode stand ein Krug mit Wasser, der große Spiegel hatte blinde Flecken. Wir fühlten uns um mindestens hundertfünfzig Jahre zurückversetzt. Auf der riesigen Veranda, die sich hinter einer zweiten Tür öffnete, fanden wir Stühle und Tische, und uns tat sich ein weiter Blick übers Land auf, in die Zweige alter Eukalyptusriesen und zum Turm der Klosterkirche. Schwarzweiße Elstervögel flöteten merkwürdige Lieder, und ein Schwarm Kakadus rauschte lärmend vorüber wie ein rosafarbener Windstoß.

Damals machte ich mich auf die Suche nach den Ursprüngen dieses erstaunlichen Klosters, das so gar nicht in die australische Landschaft passen wollte. Mir kam es vor, als hätte man ein Stück Europa einfach ans andere Ende der Erde verpflanzt, als hätte ich an diesem fremden Ort ein Stück Heimat und Vertrautheit wiedergefunden. Der Manager erwies sich bei der Spurensuche als wenig ergiebig. Er drückte mir eine Broschüre in die Hand und verwies auf das Museum und die Mönche.

Norcia, italienisch Nursia, ist der Geburtsort des heiligen Benedikt und liegt in der Nähe von Perugia in Italien. Alles begann weit weg, mit dem Schicksal der spanischen Benediktinermönche Dom Rosendo Salvado und Dom Joseph Serra, die aus dem Kloster Sankt Martin in Compostela vertrieben wurden, als dieses im Jahr 1835 säkularisiert wurde. Sie fanden Exil in Italien, wollten ihr Leben jedoch der Mission in fremden Erdteilen widmen, und Papst Gregor XVI. sandte sie 1845 nach Westaustralien.

Die beiden Benediktinermönche stellten eine Art internationaler Missionsexpedition zusammen: ein Franzose, ein Engländer und ein Ire schlossen sich ihnen an. Sie beluden einen Ochsenkarren mit Vorräten und machten sich auf den Weg ins Ungewisse. Der letzte Außenposten der britischen Kolonialmacht lag etwa 130 Kilometer nordöstlich von Perth, die Farm eines Captain Scully. Doch die Benediktiner zogen noch zwanzig, dreißig Kilometer weiter, ehe sie im – damals noch dicht bewaldeten – Hügelland eine Quelle fanden und ihr Lager aufschlugen.

Ich versuchte mir vorzustellen, wie das Land vor 160 Jahren ausgesehen haben mochte, pflanzte im Geiste Bäume auf kahle Weiden, einen seit langem verschwundenen Urwald.

Die Mönche machten damals schnell Bekanntschaft mit

dem Volk der Nyoongar. An die Quelle kamen Männer mit Speeren und Boomerangs. Vorsichtig, abwartend, bald jedoch freundlich und neugierig. Die Benediktiner teilten ihre Vorräte mit ihnen, und bereits nach zwei Monaten war alles aufgebraucht. Dom Salvado kehrte mit einem der Nyoongar nach Perth zurück, um neue Lebensmittel zu besorgen. Unterwegs ernährten sich die beiden von der Jagdbeute des Ureinwohners, und Dom Salvado schrieb in sein Tagebuch, dass er gebratene Echsen allen anderen Fleischsorten vorziehe. In Perth, das damals nur 500 Einwohner hatte, wartete eine große Enttäuschung auf den begeisterten Missionar: Bischof Brady konnte die Mission finanziell nicht unterstützen. In seiner Verzweiflung veranstaltete Dom Salvado ein Orgelkonzert, bei dem er selbst spielte, und auf diese Weise schaffte er es tatsächlich, genügend Geld und Spenden einzunehmen, um zu der Quelle im Outback zurückzukehren. Doch inzwischen war der Ire gestorben und der Engländer und der Franzose so krank, dass sie das Lager verlassen mussten. Und so blieben die beiden spanischen Mönche allein zurück, entschlossen, ihr Werk fortzuführen.

In den folgenden Jahren waren sie offensichtlich weniger als Missionare tätig denn als Pioniere. Sie errichteten ein Haus, eine Kapelle, rodeten Land, bauten Wein und Getreide an. Auf diese Weise versuchten sie, die nomadischen Ureinwohner sesshaft zu machen, denn inzwischen war ihnen klargeworden, dass Mission nur dann Erfolg haben würde, wenn die Menschen an einen Ort gebunden blieben. Immer wieder wurde jedoch zerstört, was die beiden aufbauten. Kaum verließen sie die Missionsstation, um Vorräte zu besorgen, plünderten die Nyoongar alle Häuser. Kängurus und Emus verwüsteten die Felder. Schließlich gaben die Mönche ihre ursprüngliche Siedlung auf und zogen 1847 zum Moore River, wo in einem stillen Tal bereits der Rohbau eines Steingebäudes stand.

Die neue Siedlung nannten sie New Norcia. Sie schmückten den Altar ihrer provisorischen Kapelle mit einem Marienbild, das sie aus Rom mitgebracht hatten, und begannen von neuem. Und diesmal hatten sie mehr Glück. Mehrere Clans der Ureinwohner ließen sich in der Nähe nieder, wurden Christen und arbeiteten mit den Missionaren auf den Feldern.

Besonders beeindruckt waren sowohl Mönche als auch Ureinwohner von der wunderbaren Rettung vor einem fürchterlichen Buschfeuer, bei dem eine Feuerwand von mehr als einem Kilometer Breite auf die Mission zuraste und fast schon die ersten Felder erreicht hatte. Dom Salvado schrieb in sein Tagebuch:

Unsere Hände und Gesichter waren verbrannt und unsere Bärte versengt, als wir unsere Ohnmacht erkannten. Ohne Beistand würde es uns niemals möglich sein, die Missionsstation vor der völligen Verwüstung zu bewahren. … Da holten wir das wunderbare Marienbild aus der Kapelle und stellten es am Rand eines Maisfeldes auf, das als Nächstes Feuer fangen würde. Im vertrauensvollen Glauben flehten wir Maria an, voll Liebe auf unsere Eingeborenen und uns zu schauen. Gnadenvoller Himmel! Kaum hatten wir das Bildnis vor die rasenden Flammen gestellt, so drehte der Wind und trieb das Feuer von uns weg, dorthin, wo bereits alles schwarz und zerstört war. Das Feuer erstarb. Die Eingeborenen, die Zeugen des großen Wunders waren, schauten voll Ehrfurcht auf das Bildnis und sagten: Diese weiße Dame kann alles. Das hat sie getan. Wir können solch wunderbare Dinge nicht tun.

In diesem Punkt möchte ich Dom Salvado allerdings widersprechen, denn die australischen Ureinwohner verfügten durchaus über das Wissen, wie Buschbrände zu besiegen waren. So bekämpften sie zum Beispiel erfolgreich Feuer mit Feuer, ja, sie betrieben eine Art Feuerwirtschaft, legten Feuer, um neues Wachstum anzuregen und flüchtendes Wild zu erlegen.

Trotzdem wurde die Missionsstation seit dieser denkwürdigen Errettung vom Buschfeuer immer erfolgreicher. Neue Gebäude entstanden, darunter ein Waisenhaus für Kinder der Aborigines. – Warum Waisenhaus? Die Kinder der Ureinwohner hatten doch immer eine große Familie, was war mit ihr geschehen?

Bei den Aborigines gab es keine Waisen, nur bei den Christen. Später allerdings produzierte das Kolonialsystem die Waisen, indem sie die Kinder den Familien wegnahm und sie in die Missionsheime schickte. Zur Umerziehung, zur Auslöschung einer Kultur. Zum Missbrauch. Bis in die 60er Jahre des zwanzigsten Jahrhunderts hinein gab es diese Praxis, die heute unter der Bezeichnung *stolen generation* ein sehr dunkles Kapitel in der australischen Geschichte ist.

Erst bei weiteren Recherchen habe ich herausgefunden, dass die sogenannten Waisen auch damals schon Kinder waren, die ihren Müttern weggenommen wurden. Es handelte sich meist um Kinder weißer Väter, die sich Aborigine-Frauen als Gefährtinnen genommen hatten. Man brachte sie nach New Norcia, um sie zu «ordentlichen» Menschen zu erziehen.

Seelenleid überall.

In dem Buch *Daurie Creek* erzählt Merton G. J. Fitzpatrick die Geschichte seines Vaters, der mit seinem Bruder eine Farm im Hinterland von Carnavon 1200 Kilometer nördlich von Perth aufbaute. In Ermangelung einer weißen Partnerin gründete er eine «verbotene» Familie, lebte mit einer Aborigine, die seinen Haushalt besorgte und sogar mit dem Auto fuhr, um neue Vorräte einzukaufen. Die beiden hatten vier Kinder, und von einer zweiten Aborigine kamen noch mal drei dazu. Das war Outback-Leben zu Zeiten des Ersten Weltkriegs. Outback-Freiheit, weit weg von den Regeln der anderen.

Irgendwem muss das gegen den Strich gegangen sein, denn eines Tages schickte die Verwaltung in Carnavon Polizisten. Der weiße Farmer versuchte seine Familie zu beschützen und flüchtete mit Frauen und Kindern in den Busch, doch man fand sie und brachte sie nach New Norcia. Der Vater blieb allein zurück. Eine der Frauen starb nach kurzer Zeit, konnte den Verlust der Freiheit, die Trennung von ihrem Land und ihrem Partner nicht ertragen. Die Kinder wuchsen unter der Obhut der Mönche auf.

Waisen? Herzeleid überall.

Der Farmer heiratete später eine viel jüngere weiße Frau, bekam mit ihr drei Kinder, zertrank seinen Kummer und sich selbst. Erst lange nach seinem Tod fand sein Sohn heraus, dass er schwarze Halbgeschwister hatte, und da sich die Zeiten inzwischen geändert hatten, gab es eine ungewöhnliche Wiedervereinigung der Familien. Ein kleines Happy End.

Doch zurück zur Missionsstation. Ein richtiges Kloster entstand: eine Kirche, ein Gästehaus, Werkstätten und Wohnhäuser für die Ureinwohner. Über hundert Brunnen wurden gegraben, Wasser für die unzähligen Schäfchen der Mission. Die Mönche und ihre Helfer hatten Erfolg als Pferdezüchter, und ihre landwirtschaftlichen Produkte, vor allem der Wein, wurden sogar in Europa mit Preisen ausgezeichnet. Im Mittelpunkt aller Aktivitäten stand Dom

Salvado, der die Mission bis 1899 leitete und sich für das Wohl der Ureinwohner einsetzte, die sich seiner Führung anvertraut hatten – so zumindest heißt es in der Broschüre des Klosters. Wir fragten uns, was mit denen geschah, die sich der christlichen Führung und Wohltätigkeit verweigerten.

Nebeneffekt dieser Erfolge war das Wohlwollen der Verwaltung in Perth, denn der Außenposten New Norcia erleichterte die Kolonisierung. Der Regierung war vor allem daran gelegen, dass die Ureinwohner sich ruhig verhielten und die Besiedlung nicht behinderten. Und genau dafür sorgte Dom Salvado mit großem Charisma und den besten Absichten. Welcher Schaden den Aborigines mit der Missionierung und der Trennung von ihren alten Lebensweisen zugefügt wurde, darüber dachte damals kaum jemand nach.

In der Geschichte New Norcias ist auch kein Hinweis auf eine andere Siedlung am Moore River zu finden, eine Siedlung, die für die Ureinwohner zur Schreckensvision wurde. Dorthin nämlich wurden zu Umerziehungszwecken die Widerborstigen geschickt, die Unwilligen, diejenigen, die sich nicht der Führung der neuen Herren ergeben wollten – und sie lebten dort kaum anders als in einem Internierungslager. Der Film *Rabbit-Proof Fence* beschreibt die Geschichte dreier Aborigine-Mädchen, die ihren Müttern weggenommen und zum Moore River gebracht wurden. Ihnen gelang die Flucht, und sie wanderten entlang des Kaninchenzauns über zweitausend Kilometer zurück nach Hause ins Northern Territory. Eine wahre Geschichte.

Dom Salvado starb 1899 während einer Reise nach Rom. Er wurde 86 Jahre alt. Sein Nachfolger erkannte schnell, dass die Zeit der Mission allmählich zu Ende ging – unter anderem aus Mangel an Ureinwohnern. Westaustralien war inzwischen von Europäern besiedelt, die Gegend um New Norcia zum Farmland geworden. Die Ureinwohner waren zum Teil nach Norden abgewandert, von den Siedlern verdrängt, zum Teil auch in die Stadt gezogen. Viele waren an Krankheiten gestorben, die von den Europäern eingeschleppt worden waren. Auch darüber kein Wort in der Broschüre des Klosters.

1908 begann der Bau von Internatsgebäuden. Jetzt konnten fromme und betuchte Einwanderer ihre weißen Kinder in New Norcia erziehen lassen. Das ehemalige Waisenhaus war längst in ein Museum umgewandelt worden. Es beherbergt ein buntes Gemisch aus sakraler Kunst und Artefakten der Ureinwohner – ein rührender Versuch, Gemeinsamkeit zu schaffen, eine Legende am Leben zu erhalten. Auch der Friedhof, den ich im Wald hinter dem Kloster entdeckte, hatte schon damals etwas Unwirkliches. Unzählige Eisenkreuze, dicht nebeneinander: die Gräber der Mönche. Rote Erde, vergilbtes Gras. Ein kleiner Schaufelbagger hob gerade ein neues Grab aus. Abseits von den Eisenkreuzen lag ein Feld verwitterter Holzkreuze. Ein langhaariger junger Mann bemalte sie mit weißer Farbe.

Das seien die Gräber der Aborigines, antwortete er auf meine Frage. Namenlose Gräber, denn sie dürften ihre Namen nicht in die andere Welt mit hinübernehmen. Die Mönche hätten das respektiert. Immerhin. Er lachte. Sein Job hier sei nicht besonders gut bezahlt, aber besser als gar kein Job. Er sei auf der Durchreise nach Norden. Warum er die Holzkreuze bemale, fragte ich damals. Einer der Mönche sei gestorben, und übermorgen werde er beerdigt – da müsse der Friedhof aufpoliert werden. Auch die Grabkreuze der Aborigines. Wo sie denn geblieben seien, die Aborigines? Keine Ahnung, sagte er. Es gäbe schon seit langer Zeit nur noch ein paar Landarbeiter.

Bevor wir weiterfuhren, traf ich am Eingang zum Kloster einen freundlichen Mittfünfziger aus Perth, der mir erzählte, dass er für zwei Wochen im Gästehaus der Benediktiner wohne. Einkehr halten wolle er, am Leben der Mönche teilhaben, zu sich selbst finden. Jedenfalls ein bisschen.

«Es ist ein guter Ort», sagte er. «Hier draußen kann man die Zeit vergessen. Vergangenheit und Zukunft – ist alles eins hier.»

Warmer Wind zauste den rosa Oleander, eine Glocke schlug, ein Mönch in schwarzer Kutte überquerte den Klosterhof, und am Abend spielte der letzte Aborigine im New Norcia Hotel eine Partie Billard.

Tempora mutantur

Diesmal kommen wir von Süden. Die rot-weiße Klostersiedlung ist noch da. Aber die Oleanderbäume, die links und rechts vom Hotelportal blühten, sind eingegangen. In langen Dürrejahren vertrocknet. Noch immer steht *Salve* auf einer Marmorplatte am Eingang. Der Teppich auf der herrschaftlichen Treppe ist nicht mehr rot, sondern rotgrau. Auf dem Treppenabsatz steht ein künstlicher Weihnachtsbaum, ein Stück Tapete hängt von der Wand herab. Es ist genau das Stück Tapete, das bereits vor zwei Jahren herabhing. Nach wie vor gibt es nur Gemeinschaftsduschen – eine für Männer, eine für Frauen. Doch sie wurden inzwischen renoviert.

Im Salon, links vom Foyer, stehen Intarsienmöbel, die mit blauen und braunen Halbedelsteinen verziert sind. Neben einem alten Ledersofa ein Bachsteinklavier, und über dem Kamin schaut der Erzengel Raphael aus einem

Ölgemälde auf uns herab. Am goldenen Rahmen klebt ein weißer Zettel: *Dieses und andere Gemälde wurden 1996 am helllichten Tag aus ihren Rahmen geschnitten und gestohlen. Bis auf eines konnten alle wiedergefunden werden, allerdings in erbärmlichem Zustand. Die Renovierung war erfolgreich.*

Angeblich ist der Erzengel von Nachfolgern der Schule um Murillo. Wir könnten ihn mit Leichtigkeit wieder aus dem Rahmen schneiden, denn es ist niemand zu sehen oder zu hören – die Rezeption unbesetzt.

Unser Zimmer ist kein roter Samttraum mehr, sondern ein bisschen heruntergekommen. Kein Fernseher, keine Klimaanlage, nur ein großer Ventilator unter der hohen Decke.

In New Norcia ist die Zeit nicht stehengeblieben. Das Hotel hat inzwischen mindestens alle zwei Jahre den Pächter gewechselt. Das Internat gibt es nicht mehr. In seinen Räumen werden jetzt an zwei Wochenenden im Monat spirituelle Seminare und *retreats* veranstaltet. Eine ganz andere Art von Mission … die Mönche gehen nicht mehr zu den Menschen, die Menschen kommen auf der Suche nach spirituellen Erfahrungen zu ihnen. Und die Mönche haben dazugelernt. Sie bezeichnen ihre Seminarangebote nicht als religiöse Übungen, sie nennen es *Spirituality Programme*.

Da gibt es Wanderungen durch den Busch mit dem Titel *Durch die Natur zu Gott finden*. Ein zweites *retreat* heißt *Desert Spirituality*. An einem Wochenende befasst man sich mit der Frage: *Heilig werden in Australien. Wer sind die australischen Heiligen?*

Gibt es überhaupt welche? Ja, es gibt sie. 2010 hat Papst Benedikt XVI. die Nonne Mary Helen McKillop heiliggesprochen. Sie wird Mary of the Cross genannt und gründete zusammen mit Pater Julian Wood im 19. Jahrhundert den Frauenorden *Sisters of St. Joseph of the Sacred Heart*.

Die Schwestern bauten Schulen und kümmerten sich um die Armen in ganz Australasien. Schwester Mary lebte von 1842 bis 1909 und kümmerte sich seit ihrer Jugend um Bedürftige. Als sie nördlich von Sydney beerdigt wurde, strömten viele Gläubige zu ihrem Grab. Da sie von dort – in der Hoffnung auf ein Wunder – zu viel Erde mitnahmen, wurde die verehrte Nonne schließlich in einen Sarkophag umgebettet, und man baute ihr eine Gedenkkapelle in Sydney. Seliggesprochen wurde sie bereits 1995 von Papst Johannes Paul II. Auffällig viele Seminare in New Norcia kreisen um Frauen, um ihre Rolle in der Geistlichkeit, ihren Beitrag zur Entwicklung des Benediktinerordens.

Ich kann mir kaum einen besseren Ort für innere Einkehr vorstellen. New Norcia wirkt auch heute noch wie verwunschen. In der Mittagshitze scheint es völlig unbewohnt. Bei meinem Spaziergang um das Kloster sehe ich einen einzigen Menschen – aus der Ferne, er fischt Blätter aus dem Swimmingpool. Auf den schattigen Zweigen eines großen Eukalyptusbaums rasten Dutzende Galas, geschwätzige, verschmuste rosagraue Kakadus.

Aber dann zerstört das Röhren von Trucks die Stille, und plötzlich scheint das Standbild von Dom Salvado das hoch erhobene Kreuz in Richtung Great Northern Highway zu strecken, als gelte es, einen bösen Geist zu bannen. Der neue Pächter des Hotels erzählt uns, dass ein junger Mönch, der die schwindende Bruderschaft verstärken sollte, das Kloster nach ein paar Wochen wieder verlassen hat. Ihm war es in New Norcia zu laut. Westaustraliens Wirtschaftsboom verträgt sich nicht mit Spiritualität. Der Gegensatz zwischen Weltabgewandtheit – einer der Benediktinerregeln – und dem rasenden Materialismus, der das Land erfasst hat, könnte größer nicht sein.

Auf dem Great Northern Highway hat sich seit unserem

ersten Besuch der Verkehr mindestens verzehnfacht. Ein Riesenlaster nach dem andern donnert durch die Mitte der kleinen Klosterstadt, Tag und Nacht. Der Great Northern Highway ist einer der Wege, auf denen die Minenstädte und Eisenerzminen im Norden beliefert werden. Und sie brauchen viel dort draußen im Outback. Die Truckies fahren schnell, haben enorme Strecken vor sich und nehmen wegen eines Klosters nicht den Fuß vom Gaspedal. Beim Überqueren des Highways ist äußerste Vorsicht geboten. Paradies in Gefahr.

Das wunderbare Marienbild hängt an seinem gewohnten Platz in der Kirche, überstrahlt mit seiner Schönheit noch immer alle anderen Bildnisse und die nicht besonders gelungenen Wandmalereien. Es erscheint mir diesmal ganz verloren, so weit weg von Rom.

Ein hagerer Mönch in weißer Ordenstracht bereitet gerade die Abendandacht vor. Ich könne so lange vor dem Bildnis stehen bleiben, wie ich möchte, sagt er leise. Nicht im Geringsten störe ich ihn bei seinen Verrichtungen.

Ist ihm der Lärm der Laster, der auch in die Kirche dringt, nicht lästig? Er presst die Lippen zusammen und macht eine ergebene Geste gen Himmel.

Am nächsten Tag finde ich heraus, dass die Mönche richtige Überlebenskünstler sind. Das Kloster ist inzwischen finanziell ziemlich unabhängig, stellt Feinschmeckerbrote her, die im Holzofen gebacken werden, köstliches Rosinenbrot mit Nüssen zum Beispiel. Der Wein aus New Norcia ist berühmt, und seit kurzem brauen die Mönche auch ihr eigenes Bier, das Abbey Ale. Es hat sieben Prozent Alkohol, und im Hotel wird es in bauchigen Gläsern serviert, zusammen mit der Warnung, dass es sehr stark sei. Auch das besonders gute Olivenöl wird erfolgreich vermarktet. Weltabgewandt und doch weltverbunden ist diese kleine

Klosterstadt. Die profanen Dinge, den Verkauf der Produkte etwa, überlassen die Mönche weiblichen Angestellten. Auch hierin ein Spiegelbild der Welt.

Paul regt sich über die Nachlässigkeit seiner Landsleute in Bezug auf Ordnung und Sauberkeit auf und darüber, dass ich mich nicht aufrege.

«Man kann nicht 95 Dollar für ein Zimmer ohne Bad und Klimaanlage verlangen, das nicht mal ordentlich geputzt wird und außerdem keinen Fernseher hat!»

«Nein, eigentlich nicht», stimme ich zu. «Aber so etwas wie das New Norcia Hotel findet man sonst nirgends auf der Welt. Es ist phantastisch!»

«Es ist eine Bruchbude! Hast du die Risse in der Wand gesehen? Draußen auf dem Flur? Da stehen sogar Zahlen daneben. Die messen das! Beim kleinsten Erdbeben fällt das Ding hier zusammen! Wahrscheinlich reicht es schon, wenn zehn Laster hintereinander vorbeifahren!»

«Es ist trotzdem phantastisch.»

«In Europa wäre so etwas nicht möglich!»

«Leider.»

«Wieso leider?»

«Weil in Europa alle schönen alten Hotels inzwischen totrenoviert und zu Romantik-Wellness-Hotels geworden sind. Das hier ist echt. Sein Reiz liegt genau darin, dass es ein bisschen verlottert ist!»

«Dass es verlottert ist, liegt nur daran, dass jeder Pächter so viel Geld rausschlagen will wie möglich. Und genau deshalb renoviert er nichts und beschäftigt nur Backpacker, billigste Arbeitskräfte, die sich bei ihrem Job nicht verausgaben, weil sie eh nur ein paar Wochen bleiben!»

Er hat ja recht. Im Moment stammen sämtliche Hotelangestellten aus Irland, die Zimmermädchen, die Küchengehilfen und der junge Mann hinter der Bar, bei dem ich am Abend ein Glas Merlot bestelle. Er hat keine Ahnung, was das ist, und muss erst den Manager fragen. Ich finde das lustig, Paul nicht.

Im Gegensatz zu mir mag er auch den viktorianischen Muff im Frühstücksraum nicht. Doch als der freundliche chinesische Koch sich dreimal verbeugt und endlich fragt: *«You want cooked breakfast, misses, mister?»*, ist auch Paul wieder milder gestimmt.

«Wieso sagt er *misses* und nicht *madam*?», frage ich.

«Sag nie *madam* zu einer australischen Frau», grinst Paul. «Sie wird nicht besonders freundlich reagieren. Das höfliche Wort *madam*, das in Großbritannien ständig benutzt wird, bezeichnet in Australien eine Bordellbesitzerin.»

Salz

Auf dem Rückweg nach Perth machen wir einen Abstecher zum Lake Ninan – aus eher sentimentalen Gründen. Verwandte von Paul hatten hier mal eine Farm, haben Schafe gehalten und Getreide angebaut. Die Gegend um New Norcia gehört zum Weizengürtel, der sich rund um Perth nach Norden, Osten und Süden erstreckt. Weizen ist eines der Grundnahrungsmittel Australiens, der Fünfte Kontinent ist auf diesem Gebiet Selbstversorger. Ironischerweise entwickeln gerade hier immer mehr Menschen eine Unverträglichkeit gegenüber Gluten, der Getreidestärke.

Sonnenverbrannte strohige Weiden liegen vor uns. Staubige Schafe fressen dürre Stoppeln oder vielleicht Sand. Eukalyptusbäume säumen die staubige Straße, und wir hinterlassen eine gelbrote Staubwolke. Staub überall. Ab und zu ein toter Baum auf einem Acker oder Hügel, grausilbern ausgebleicht, noch immer aufrecht und mächtig, selbst als Skelett. Es ist der Kontrast zwischen den sonnenverbrannten nackten Weiden und dem erstaunlichen Grün der Bäume, der den Reiz dieser Landschaft ausmacht. Eukalyptusbäume sind regelrechte Pumpstationen, ihre gewaltigen Wurzeln finden das Grundwasser auch in großen Tiefen. Einmal habe ich ihre Wurzeln gesehen, stand zwergenhaft zwischen ihnen im Jewel Cave, einer Sandsteinhöhle ganz im Südwesten. Wie armdicke knotige Taue wuchsen sie von oben durch die Höhle hindurch und verschwanden im Boden. Dabei waren wir schon fast zehn Meter unter der Erde.

Krähen und schwarz-weiße Pewees flattern vor uns auf, fliegen zu einem Farmhaus hinüber, das als grüne Oase auf einem ockerfarbenen Hügel liegt. Palmblätter rascheln, die Flügel einer Windmühle drehen sich. Australische Idylle.

«Hier kann es keinen See geben», sage ich.

Paul antwortet nicht.

Kurz darauf liegt eine blendend weiße Fläche vor uns, gesäumt von toten oder sterbenden Bäumen und Büschen. Der See? Lake Ninan sieht aus, als wäre er zugefroren.

Salz.

«Das kann nicht sein!» Paul springt aus dem Wagen läuft an den Rand des Salzsees, kehrt mit ratlosem Gesicht zu mir zurück.

«Ich schwöre dir, dass hier ein See mit ganz normalem Wasser war. Es gab Enten und Reiher, und die Leute sind mit dem Boot gefahren.»

«Wann war das?»

«Warte ... ich war lange nicht mehr hier. Vor dreißig Jahren, glaube ich. Oder vor fünfundzwanzig. Ich kann es nicht genau sagen. Ein bisschen Salz kam hier in der Gegend schon immer hoch … aber das ist eine Katastrophe!»

Wir finden einen Picknickplatz am Ufer des Sees. Ordentlich stehen Tische und Bänke unter einem Grüppchen halb lebendiger Bäume. Es ist, als würde man auf einem Friedhof picknicken.

Eine Informationstafel fasst die Geschichte des Lake Ninan zusammen: Zu Beginn des vorigen Jahrhunderts noch ein lebendiger Süßwassersee mit Fischen und Wasservögeln, Erholungsgebiet für die Landbevölkerung, nahm mit den Jahren sein Salzgehalt immer mehr zu. Zu viel wurde von den Farmern für die Bewässerung von Feldern entnommen, zu viele Bäume wurden abgeholzt, um Platz für Felder und Weiden zu schaffen.

Der Lake Ninan ist in keinem Touristenführer verzeichnet – es gibt größere Salzseen, sogar solche, auf denen Raketenautos getestet werden, zum Beispiel den Lake Eire im Osten. Und trotzdem ist der Lake Ninan ein ergreifendes Symbol für die Zerbrechlichkeit des ökologischen Gleichgewichts in Australien. Der See ist Opfer der intensiven Landwirtschaft.

Überall im Weizengürtel kriecht das Salz aus den Tiefen der Erde an die Oberfläche. Längst hat es mehr als zehn Prozent der Anbaufläche nahezu unfruchtbar gemacht, und Wissenschaftler befürchten, dass in den nächsten Jahrzehnten bis zu 40 Prozent des Weizengürtels versalzen werden. Die Farmer, die einst hier die Wälder rodeten, konnten nicht wissen, dass über dem Grundwasser Salzschichten lagerten. Sie wussten nicht, dass tiefwurzelnde Eukalyptusbäume das Grundwasser in der Tiefe hielten und mit ihrem Durst verhinderten, dass es sich mit dem Salz vermischte und nach oben stieg. Sie rodeten im Glauben an eine bessere Zukunft, und lange Zeit schien es, als hätten sie das Richtige getan. Getreide wuchs im Überfluss. Doch dann kippte der Wasserhaushalt.

Salinifikation ist ein unheimlicher Vorgang und die größte Bedrohung für Australiens Landwirtschaft, besonders im Westen – so groß, dass inzwischen darüber nachgedacht wird, ob man die Selbstversorgung mit Nahrungsmitteln aufgeben sollte, um stattdessen mit großflächiger Aufforstung die ausgelaugten und versalzenden Böden zu retten. Jene fragilen Böden, die ohnehin nicht sonderlich fruchtbar sind und nur mit hohen Gaben von Düngemitteln gute Erträge bringen. Farmern, die unerlaubt ursprüngliche Vegetation roden, drohen inzwischen Strafen bis zu 200 000 Dollar. Viele machen es trotzdem. Einer von ihnen ging sogar schon dreimal ins Gefängnis, um die Hoheit der Landwirte über ihre Böden durchzusetzen. Andere Farmer beginnen umzudenken, pflanzen Bäume, reduzieren die Anbaufläche.

Die Versalzung zerstört nicht nur die Böden, sie ist auch eine Gefahr für die Trinkwasserversorgung der Städte, und die Windmühlen auf den Weiden pumpen längst salziges Wasser in die Tröge der Schafe und Rinder. In vielen Landstädtchen kriecht Salz sogar in die Hauswände.

Zwischen bizarr geformten Resten des einstigen Uferwaldes gehe ich langsam auf den See hinaus. Das harte Holz der Bäume scheint sich im Absterben gekrümmt und gewunden zu haben, als hätte es Schmerzen gelitten. Es ist eine Todeszone. Hier wachsen nicht einmal Pionierpflanzen. Salzkristalle knirschen unter meinen Stiefeln, und die Sonne scheint noch gleißender. Weiter weg vom Ufer wird das Salz matschig wie sulziger Schnee. Weiter draußen ist die Hitze kaum auszuhalten, wird vom weißen Salz reflektiert, kommt von allen Seiten. Irgendwer hat wohl eine

Mutprobe veranstaltet: Über den See führen in Schlangenlinien Reifenspuren. *Wheelies*, sogar hier.

Ich kehre zu den toten Bäumen zurück. Im Gegenlicht werden sie zu Skulpturen von morbider Schönheit, bilden mit dem verkrusteten See ein Gesamtkunstwerk ohne Titel. Als die Sonne sinkt, färbt sich das Salz rosig, wird selbst diese tödliche Salzwüste von Sanftheit überhaucht.

Merry Christmas

Wir sind zurück in Perth. Weihnachten mit der Familie am Christmas Day. Den Heiligen Abend gibt es hier nicht. Am ersten Weinachtstag wird die ganze Großfamilie zusammenkommen, samt Patchwork und sonstigen Anhängseln.

Ich helfe meiner Stiefschwiegertochter bei den Vorbereitungen. Wir unterhalten uns über die Schwierigkeiten junger Mütter, Arbeit und Beruf unter einen Hut zu bringen. Claire war eine der ersten Frauen, die einen bezahlten Mutterschaftsurlaub genießen konnte, und ist jetzt eine der wenigen Glücklichen, die einen guten Teilzeitjob gefunden hat. Und dann spricht sie, ganz unbefangen, diesen Satz aus:

«Also, wenn ich nicht arbeiten würde, dann wäre ich gegenüber meinen Kindern ein richtiger Nazi!»

Ich brauche ein paar Minuten, ehe ich vorsichtig frage: «Hast du gerade *Nazi* gesagt?»

«Ach du lieber Gott», lacht sie, kein bisschen verlegen. «Ich hab nicht daran gedacht, dass du Deutsche bist. Tut mir leid.»

«Schon in Ordnung. Aber was bedeutet das Wort Nazi für dich?»

«Ach, nichts weiter. Nur, dass ich meine Kinder dauernd kontrollieren würde, rumkommandieren und so was. Vergiss einfach, dass ich es gesagt habe.»

Nein, ich vergesse es nicht. Es ist für mich eine Art Schlüsselerlebnis, dass dieses deutsche Unwort in anderen Ländern so unbefangen benutzt wird, um ein eigenes Fehlverhalten, eine Gefährdung, zu beschreiben. Eine deutsche Mutter würde niemals einfach so – quasi lächelnd – von sich sagen, dass sie ihren Kindern gegenüber ein richtiger Nazi wäre, wenn sie nicht arbeiten würde. In Australien funktioniert das, weil Nazi ein Synonym für eine bestimmte Verhaltensweise ist, die schlecht, verpönt, geächtet, aber nicht mit der eigenen schuldbeladenen Geschichte verbunden wird. Welch glückliches Land.

Später bin ich dem Wort noch in vielen anderen Zusammenhängen begegnet. Die Tochter eines Freundes, der von ihr auf Diät gesetzt wurde, nannte man *food-nazi*, seine Ehefrau bezeichnete sich selbst als *Telefon-Nazi*, weil sie störende Telefonate von ihm fernhielt. Es gibt *Diät-Nazis* und *Nazi-Ehefrauen (My wife can be a bloody Nazi)*, und strenge Lehrer sind *real Nazis*. Und die Australier lächeln über mein Zusammenzucken. «*Don't worry.* Ist schon lange her! *Just take it easy.*»

Weihnachten in Australien. Die morgendliche Geschenklawine begräbt alle Kinder unter sich. Der Plastikbaum funkelt und blinkt, *Jingle Bells* und *White Christmas* erklingen vom CD-Player. Danach allgemeine Erschöpfung, die Kinder verschwinden ins Fernsehzimmer und lassen ihre Geschenke, vom Überfluss ermattet, erst einmal liegen. Müllsäcke werden mit Verpackungen gefüllt.

Ab Mittag wird das Buffet aufgebaut – im Haus, denn im Garten ist es zu heiß. 41 Grad sind für den Weihnachtstag vorausgesagt. Der heiße Ostwind erhebt sich früher als erwartet, rüttelt am Zelt, das im Garten aufstellt wurde, und bläst Servietten, Plastikteller und Knallbonbons von den langen Tischen. Für die Kinder pumpen die Männer eine riesige Wasserrutsche auf. Danach erholen sie sich im Whirlpool und trinken Sekt, auf dem Kopf rote Zipfelmützen. *Merry Christmas.*

Am späten Nachmittag werden Unmengen Fleisch, Salat, Kartoffeln, Erbsen, Karotten und Christmas Cake verzehrt. Der Weihnachtskuchen ist englisch schwer und liegt im Magen wie ein Wackerstein. Danach gibt es massenhaft Bier und Wein, so lange, bis alle ziemlich betrunken sind. Irgendwann spielen wir Billard, ohne noch irgendetwas zu treffen, und irgendwie ist Weihnachten sehr fern, eigentlich gar nicht existent. Ist ja auch so. Weihnachten in Australien ist eine große Party. Und weil es eine große Party ist, trinken die meisten zu viel, und überall gibt es verschärfte Polizeikontrollen. Wer an Feiertagen bei irgendwelchen Vergehen gegen die Straßenverkehrsordnung erwischt wird, riskiert die doppelte Punktezahl und eine doppelte Geldstrafe. Wer rücksichtslos fährt *(dangerous driving)* oder etwas getrunken hat, kann sein Auto gleich stehen lassen.

Überhaupt Polizeikontrollen: Nirgendwo haben wir öfter ins Röhrchen geblasen als in Australien. Selbst mitten am Tag und ohne geringste Anzeichen von Trunkenheit führen Straßenpolizisten diese Prozedur mit großer Freude durch.

«Wahrscheinlich kriegen die Prozente für jeden, den sie erwischen», sagt Paul. «Im Gegensatz zur deutschen Polizei lassen die einem nichts durchgehen. Deshalb fahren die meisten Australier in den Städten und Dörfern mit einem permanenten Gefühl von *Was könnte ich falsch gemacht haben?*»

«Und draußen im Land?»

«Da fühlen sie sich freier. Gibt kaum Polizei im Hinterland. Herrscht ja auch wenig Verkehr.»

«Und in den Kleinstädten?»

«Da fahren die Polizisten ständig Streife, weil ihnen langweilig ist, und wenn sie gerade Lust haben, halten sie dich an und filzen dich und dein Auto. Irgendwas finden sie immer.»

«Das klingt ja, als wäre Australien ein Polizeistaat.»

«Ein bisschen.»

«Wirklich?»

«Na ja, du kannst davon ausgehen, dass so ziemlich alles verboten ist, was nicht ausdrücklich erlaubt ist. Seit neuestem ist es grundsätzlich verboten, auf der Straße zu rauchen.»

«Und was hat das mit *easy going* zu tun?»

Er grinst.

«As long as you walk a straight line and keep your nose clean everything is all right.»

Da ist sie wieder, die gerade Linie. Solange man die Regeln befolgt und sich ansonsten raushält, soll also alles in Ordnung sein. Ich werd's mir merken.

Zurück zur Weihnachtsparty. Inzwischen sind alle noch ein bisschen betrunkener, und die Nacht hat sich etwas abgekühlt – nur noch 27 Grad. Der Ostwind zerrt noch immer am Partyzelt. Im Entertainment Room ist es am kühlsten, und dort sitzen wir schließlich alle herum. Die Konversation verebbt, und auf dem monströsen Bildschirm an der Wand erscheint irgendein sentimentaler Weihnachtsfilm. Ich sehne mich heftig nach der Stille von New Norcia zurück. *Merry Christmas.*

Jetzt will ich raus aus der Stadt. Endlich losfahren, einfach immer weiter, nach Norden. Joe hat uns geraten, die Küstenstraße zu nehmen, nicht den Brand Highway. Die Küstenstraße sei neu und bisher wenig befahren, biete schöne Blicke auf den Indischen Ozean. Ungefähr eine Dreiviertelstunde lang rollen wir vorüber an Luxusvillen und neuen Resorts. Perth streckt seine Tentakel auch nach Norden aus. Western Australia ist nicht nur der größte, es ist inzwischen auch der reichste Bundesstaat Australiens.

Das war nicht immer so – noch vor dreißig, vierzig Jahren nannten die im Osten die Westler verächtlich *sandgroper*, Leute, die im Sand buddeln. Western Australia wurde später besiedelt als alle anderen Staaten, erst Mitte des 19. Jahrhunderts, und es hat bis heute die geringste Bevölkerungszahl. Von den etwas über zwei Millionen leben 1,75 Millionen Menschen in Perth, das angeblich die sauberste, modernste Stadt Australiens ist. Es *ist* sauber, geradezu blankpoliert, und es ist modern – die meisten historischen Gebäude wurden im Laufe der Zeit abgerissen.

Seit unserem letzten Besuch hat die Minengesellschaft BHP Billiton ein neues Hochhaus ins Stadtzentrum geklotzt. Einen hässlichen, finsteren Kasten, Monument der Macht und der höchst unkreativen geraden Linie. Die Bevölkerung protestierte, doch Geld sticht Schönheit oder *Wer zahlt, schafft an*. Noch gibt es offensichtlich keine Wutbürger im Westen. Im Osten sind sie da ein bisschen weiter. Perth ist außerdem eine der teuersten Großstädte der Welt, erkämpfte sich zum Kummer seiner Normalbevölkerung Platz acht in der internationalen Statistik.

Einen gewissen historischen Charme hat nur noch der Vorort Fremantle, dort stehen viele alte Hotels und Kneipen mit ihren verschnörkelten Veranden, den Säulen und Türmchen aus Holz. Viel Bier vom Zapfhahn fließt hier jede Nacht, und grimmige Türsteher werfen jeden raus, der anfängt zu pöbeln oder zu viel getrunken hat. Außerdem ist es die Hochburg italienischer Restaurants und Kaffeebars. Aber natürlich haben auch die Italiener ihren Kochstil den Australiern angepasst und servieren, ohne mit der Wimper zu zucken, Spaghetti bolognese mit einem dicken Steak obendrauf oder Lasagne mit Pommes frites.

In Fremantle kann man noch ziemlich spät am Abend essen gehen – nicht ganz, aber beinahe wie in Italien. Normalerweise gibt es nach neun Uhr kein Dinner mehr, denn Australier essen früh – auch daran müssen Europäer sich erst gewöhnen. Wer zu spät kommt, den bestraft das Leben mit *Fast Food*. Das gibt's immer, 24 Stunden lang. Außerdem müssen Reisende aus Europa sich daran gewöhnen, ihr Essen an der Theke zu bestellen und auch gleich zu bezahlen. Dann bekommen sie eine Nummer auf einem Metallständer in die Hand gedrückt und dürfen an ihren Tisch zurückkehren. Meist wird das Essen dann serviert, manchmal wird aber auch die Nummer ausgerufen, und man muss es selbst abholen.

Ich erinnere mich an ein denkwürdiges Mahl im Vorort Rockingham. Es war ein italienisches Lokal und wir waren ein kleines bisschen zu spät dran. Halb acht. In Italien bekommt man um diese Zeit mitunter noch gar nichts, weil erst die Familie isst und dann der Gast. Wir bekamen unser Essen – Tante Gladys natürlich Spaghetti bolognese mit Steak –, aber kurz nach acht begann die Bedienung, die Stühle umgedreht auf die unbesetzten Tische zu stellen und den Boden zu wischen. Je mehr Gäste – es waren ohnehin nicht besonders viele – das Restaurant verließen, desto näher rückte sie mit ihren nassen Wischlappen.

Ich sagte nichts, schaute interessiert zu, was passieren würde. Die anderen aßen schneller, als hätten sie ein schlechtes Gewissen, nur Paul wurde sichtlich ärgerlich. Niemand beschwerte sich. Als ich noch ein Dessert bestellte, war es ihnen sichtlich unangenehm, und als Paul davon sprach, dass man in Italien bis elf Uhr nachts gemütlich einen Gang nach dem anderen essen könne, schwiegen sie. Nur Tante Gladys wies ihn sehr bestimmt zurecht: «Spät zu essen ist ungesund!»

«Manchmal sind mir meine Landsleute peinlich», sagte Paul später. «Sie benehmen sich wie richtige Hinterwäldler.»

«Na ja, Perth ist schließlich auch die entlegenste Großstadt der Welt ...»

Er warf seinen Lederhut nach mir.

Nach Norden

Endlich bleiben die Villen zurück, hohe weiße Dünen trennen die Küstenstraße vom Indischen Ozean. Dichter Busch bedeckt die sanften Hügel, und Kletterpflanzen spinnen grüne Netze von Baum zu Baum. Wir nähern uns dem Nambung Nationalpark, in dessen Mitte eine kleine, sehr spezielle Wüste liegt: *Pinnacle Desert*. Seltsame Sandsteinstelen wachsen aus dieser Wüste, die Pinnacles, auf den bunten Bildern der Touristenprospekte eines der australischen Wahrzeichen.

Während wir der Küstenstraße folgen, steigen bange Vorahnungen in uns auf. Hier, direkt am Strand, liegt eine unserer Lieblingsbuchten: Hangover Bay. Bisher konnte man sowohl die Pinnacles als auch die Bucht nur von Norden her erreichen, vom Fischerdorf Cervantes aus. Jetzt durchschneidet die Küstenstraße den Nationalpark, trennt die Pinnacles von der Küste, und – wir können es kaum fassen – Hangover Bay ist ein Parkplatz für Durchreisende und Badegäste geworden. Überall große Schilder: *No Camping!* Und es ist strikt verboten, hier zu übernachten. 100 Dollar Strafe!

Noch vor wenigen Jahren haben wir hier wundervolle Nächte verbracht, in Gesellschaft von Eulen und Sternen. Es gab einen Picknicktisch unter einem wackeligen Sonnenschutz und verborgen im Busch ein Plumpsklo. Wir teilten unser Frühstück mit einer Familie zutraulicher Skinks, einer rundlich plumpen Echsenart, und ein paar Meter entfernt grasten Kängurus und bewegten sich mit trägen Zeitlupensprüngen an den Dünen entlang. Statt zu duschen, badete man im Indischen Ozean. Paradies verloren.

Bei einer langen Wanderung über die Dünen entdeckten wir damals ein verborgenes Tal, das vor vielen Jahren eine Müllkippe gewesen sein musste – oder ein Treffpunkt von Säufern, die Hunderte brauner Bierflaschen austranken und dann zerschlugen. Überall steckten Scherben im Sand und leuchteten in der Sonne, als hätten Künstler eine Installation geschaffen. Das braunrot gerostete Auto auf einem Sandhügel mittendrin passte perfekt dazu. Paul identifizierte Flaschen und Auto als Überbleibsel aus den 40er Jahren – kleine Abenteuer, die glücklich machen.

Nach unseren Berechnungen wurde die neue Küstenstraße genau durch dieses Dünental gebaut, und wahrscheinlich ist das kein großer Verlust, schließlich war es nur eine alte Müllkippe. Trotzdem fühlen wir uns beraubt, sehen uns um, als hätten wir etwas Wichtiges verloren, und ich muss an den Schnabeligel denken, von dem mir mal eine Freundin erzählte. Er wanderte regelmäßig durch ihr Wohnzimmer, wenn die Terrassentür offen stand, schien etwas zu suchen – sie hatten ihr neues Haus auf sein Territorium gebaut.

Die Pinnacles selbst sind immer wieder ein erstaunliches Erlebnis. Doch man braucht Zeit und muss sich hinauswagen, mitten unter diese unzähligen Skulpturen aus Sandstein und Calcit, die Regen und Wind aus dem Sand herausmodelliert haben. Diese wissenschaftliche Erklärung klingt plausibel, doch sie verfehlt das Geheimnisvolle dieser bizarren Landschaft. Für die Ureinwohner dieser Gegend waren die Pinnacles tote Krieger. Ein ganzes Heer ist hier versammelt, ein gigantischer Friedhof von Kämpfern aus Jahrtausenden.

Vor Jahren haben wir zwischen diesen Stelen mal eine Vollmondnacht verbracht. Eine Nacht wie auf einem anderen Stern, Nacht des Staunens und Schweigens. Ich war vorher sicher gewesen, dass ich mich fürchten würde, doch als der Mond riesig und rötlich golden über den Dünenbergen aufging, der Himmel im Westen noch weit und leuchtend, im Osten bereits dunkel, da packte mich wilde Vorfreude. Zeit zu schauen. Tag und Nacht gleichzeitig am Himmel, der nirgendwo so hoch und klar ist wie in Australien. Und dann kam die Nacht angekrochen, verschluckte die Farben, färbte Stelen und Sand schwarzweiß. Lange Schatten im Mondlicht. Stundenlang wanderten wir im weichen Sand zwischen den Skulpturen herum, konnten uns nicht sattsehen.

Irgendwann begann Paul zu fotografieren, verschwand schweigend hinter Kamera und Stativ. Ich ging immer weiter, fühlte mich seltsam beschützt und fürchtete mich kein bisschen. Gegen Morgen stieg Nebel auf, vom Meer wehte feuchte Kühle herüber, und im ersten Licht wanderte ein Emu mit seinen Küken durch die Pinnacles und verschwand in einem Dünental. Unvergessene Traumbilder.

Die Pinnacle Wüste ist noch immer an ihrem Platz. Aber welch ein Glück bedeutete es noch vor wenigen Jahren, nach mühsamer Fahrt dieses Wunder zu ergründen. Jetzt ist es eine leicht zugängliche Touristenattraktion. Ranger kontrollieren genauer, ob man auch seine Nationalparkgebühr bezahlt hat, denn seit es die Küstenstraße gibt, ist die Zahl der Besucher stark gestiegen. Ich glaube nicht, dass man heute noch so einfach die Nacht zwischen den Stelen verbringen könnte. Was nicht erlaubt ist, ist verboten. Doch manchmal ist es höchst fruchtbar, Verbote zu überschreiten und die gottlos gerade Linie zu verlassen.

Weiter auf der Küstenstraße. Cervantes ist noch immer ein verschlafenes Fischerdorf und hat außer einem Hotel und einem großen Campingplatz nicht viel zu bieten. Jurien Bay aber, der nächste Ort am Meer, ist in den letzten Jahren geradezu explodiert. Neue Siedlungen, neue Straßen, neue Geschäfte. Wochenend-Enklaven und Pensionärsdörfer, zweihundertfünfzig Kilometer nördlich von Perth. Für Australier ein Katzensprung. Eine Bekannte aus Perth überlegt, ob sie nicht einen Computerladen in Jurien Bay eröffnen sollte – ihren dritten Laden, übrigens. Wachstum überall.

Australia Day

Wir machen Station bei Freunden in Dongara/Port Denison, einer kleinen Küstensiedlung, die bei Surfern und Fischern beliebt ist. Der Fluss Irwin mündet hier in den Indischen Ozean. In den Bäumen am Ufer lebt eine riesige

Kolonie von Kormoranen, die am Morgen in kleinen Gruppen aufs Meer hinausfliegt und am Nachmittag zurückkehrt, um bewegungslos in der Sonne zu sitzen. Ihr Kot hat Blätter und Äste kalkweiß gefärbt. Schwarze Schwäne ziehen still durchs Wasser, Pelikane ruhen auf einer Sandbank, und weit draußen hinter dem Felsenriff wirft die Brandung weißen Schaum über die Steine.

Aus Autos und Häusern wachsen plötzlich australische Fahnen, flattern fröhlich im Wind, der an dieser Küste niemals zur Ruhe kommt. Am 26. Januar ist Australia Day. Die kleine Stadt bereitet sich auf das große Ereignis vor. Von elf bis zwei Uhr sind Aktivitäten auf den Rasenflächen entlang des Hafens geplant. Ausgerechnet zur heißesten Tageszeit. Derzeit steigt das Thermometer mittags auf 38 Grad.

«Warum feiern wir Australia Day?», fragt die kleine Enkelin unserer Freunde.

«Wir feiern Australien. Unser Land. Es ist das beste Land auf der Welt!», antworten die Großeltern, ohne auch nur eine Sekunde zu überlegen.

In Perth wird es an diesem Abend ein riesiges Feuerwerk geben und ein großes Besäufnis. In Canberra, der fernen Hauptstadt im Osten, werden viele Reden gehalten und Bürger geehrt, die sich um Australien verdient gemacht haben. Was aber ist der Australia Day? Auch viele Australier kennen darauf nur die Antwort, die unsere Freunde ihrer Enkelin gegeben haben.

Ich habe es nachgelesen: Der 26. Januar ist der Tag, an dem 1788 Kapitän Arthur Philip im späteren Sydney an Land ging und die Sträflingskolonie New South Wales gründete. Bis 1938 wurde dieser Tag nur in diesem Bundesstaat gefeiert, als *Foundation Day*, Gründungstag. Jeder der australischen Bundesstaaten oder Territories hat übrigens seinen eigenen Gründungstag – in Western Australia ist es der

1. Juni. Weil man aber nach dem Zusammenschluss aller Bundesstaaten zum Commonwealth of Australia dringend einen gemeinsamen Gründungstag benötigte, blieb eigentlich nur diese allererste Inbesitznahme. 1938 feierte man in ganz Australien an diesem Tag im Januar das 150. Jubiläum, und 1946 wurde der 26. Januar offiziell zum Nationalfeiertag – verbunden mit manchen Bauchschmerzen. Schließlich wird mit dem Australia Day die Gründung der ersten Strafgefangenenkolonie auf dem Boden des großen südlichen Kontinents gefeiert – nicht gerade ein Grund zu übermäßiger Begeisterung. South Australia und Northern Territory konnten sich lange nicht damit anfreunden, denn diese Bundesstaaten wurden von freien Siedlern gegründet, aber in Ermangelung eines anderen Datums blieb es dabei.

Für eine Bevölkerungsgruppe allerdings hat der Australia Day eine völlig andere Bedeutung und auch einen anderen Namen. Die Aborigines in New South Wales und Queensland nennen den 26. Januar *Survival Day*, Tag des Überlebens, weil es den Weißen nicht gelungen ist, ihre Völker ganz auszulöschen. Bis heute ist es für viele von ihnen außerdem ein Tag der Trauer, an dem der Völkermord an ihren Vorfahren begann.

Bei den Feierlichkeiten unten am Hafen habe ich jedenfalls keinen Aborigine gesehen. Dafür wurde dem schwarzen Arzt aus Moçambique, der seit Jahren in der kleinen Gemeinde praktiziert, die australische Staatsbürgerschaft verliehen. Applaus und Dank. Aber wo ist Miss Tschou? Sie sollte die zweite neue Staatsbürgerin werden. Aber Miss Tschou ist unauffindbar. Macht nichts, dann eben später.

Der Vertreter der Gemeindeverwaltung nimmt diese Panne australisch locker. Er sieht aus wie ein älterer britischer Kolonialbeamter, trägt einen großen Westernhut und Khakishorts, die ganz knapp seine knochigen Knie bedecken. Es ist einfach zu heiß für lange Hosen und lange Reden. Ein paar Bürger müssen noch geehrt werden. Eine Frau, die trotz einer schweren Krankheit, an der sie seit ihrer Kindheit leidet … Muco… Mico… na ja, so was Ähnliches, sagt der Gentleman von der Gemeindeverwaltung, ohne dabei verlegen zu wirken, jedenfalls habe sie sich trotz dieser Krankheit sozial sehr verdient gemacht. Der Rest geht unter, weil im Nebenzelt gerade der Ton reguliert wird und es zum Steinerweichen pfeift. Nicht nur ist der Gentleman nicht verlegen, auch alle anderen klatschen und lachen.

Ein weiterer sehr britischer Gentleman in Khakishorts macht Fotos. Irgendwie ist völlig klar, dass noch immer die Queen Staatsoberhaupt ist. Zuletzt erklingt die Nationalhymne mit Orchester und Chor – vom Band. Die meisten singen mit und schwenken Fähnchen:

Australians all let us rejoice,
For we are young and free;
We've golden soil and wealth for toil;
Our home is girt by sea;
Our land abounds its nature's gifts
Of beauty rich and rare;
In history's page let every stage
Advance Australia Fair.
In joyful strains then let us sing,
Advance Australia Fair

Beneath our radiant Southern Cross
We'll toil with hearts and hands;
To make this Commonwealth of ours
Renowned of all the lands;

For those who've come across the seas
We've boundless plains to share;
With courage let us all combine
To advance Australia fair.
In joyful strains then let us sing,
Advance Australia fair.

Bei der zweiten Strophe geht ihnen der Text aus – ein weltweites Phänomen und nicht weiter schlimm. *Advance Australia Fair* ist ja auch erst seit 1984 offizielle Nationalhymne. Vorher sang man noch *God Save The Queen*. Alles braucht seine Zeit.

Ende des offiziellen Teils. Inzwischen sind ohnehin alle Zuschauer einem Hitzschlag nahe. Zum Glück verteilen im Zelt des Veteranenvereins rosige, rundliche alte Damen, unterstützt von ein paar alten Herren, Hot Dogs, kalte Getränke und Wassermelonenschnitze. Spenden willkommen. Für die Kinder gibt es eine Hüpfburg, und ein junger Mann mit blonden Rastalocken jongliert einsam unter blauen Zeltplanen.

Auftritt der Musiklehrerin und ihrer Schüler. Mit rauer Stimme singt sie Countrysongs, herzzerreißende Geschichten von weiblichen Schwierigkeiten mit den Kerlen. Die Zuschauer verkrümeln sich in den spärlichen Schatten. Viele springen zur Abkühlung einfach ins Meer. Mit sämtlichen Klamotten. Australia Day.

Am Abend gibt es dann Bier, und die Polizei patrouilliert durch die Straßen, auf denen allerdings kaum mehr jemand zu sehen ist. Nur vom Pub weht Gelächter herüber. Der heftige Wind zerrt an den Rollos und pfeift durch alle Ritzen. Wir und unsere Freunde sehen fern und stoßen zwischendurch mit köstlichem Shiraz auf Australien an.

Im *West Australian* finde ich ein paar Tage später einen

klugen Leitartikel, in dem die australische Identität als permanente Baustelle beschrieben wird, als Prozess, der noch lange andauern und vielleicht nie beendet sein wird. Multikulti ist nicht nur bei uns in Europa, sondern auch in Australien eine Dauerdebatte, und die Toleranz stieß auch hier immer wieder an ihre Grenzen. Der Journalist Paul Murray erinnert im *West Australian* vom 2./3. Februar 2013 daran, dass die moderne Diskussion um multikulturelles Leben auf unterschiedlichen Ebenen stets aktuell war, «an welcher Stelle man die australische Geschichte auch ankratzt». Es wurden nicht nur die Ureinwohner ausgegrenzt und diskriminiert, sondern der Reihe nach eigentlich fast alle Einwanderer. Und damit wären wir wieder bei den fliegenden Hunden. So wollte Sir Henry Parkes, Vater der australischen Föderation, bereits 1860 die Zahl der irisch-katholischen (!) Immigranten begrenzen – allerdings ohne Erfolg. 1880 schaffte er es dann, den Zuzug von Chinesen zu blockieren. Immer wieder bäumten sich Konservative für ein *weißes* Australien auf. In den 40er Jahren deportierte man Kriegsflüchtlinge aus Malaysia, Indonesien und den Philippinen einzig aufgrund ihrer «Rasse», und es entstand eine neue Welle der *White Australia Policy*. Erst 1966 beendete die Regierung von Premier Harold Holt diese Politik mit dem *Migration Act* und öffnete damit den Fünften Kontinent auch für außereuropäische Einwanderer. In den 70er Jahren des letzten Jahrhunderts wurde dann unter Premier Whitlam der multikulturelle Staat zum offiziellen politischen und gesellschaftlichen Ziel.

Paul Murray kommt zu dem Schluss, die australische Identität bestehe nicht aus dem berühmten *mateship*, also Kameradschaft, oder einem Freiheitsgedanken, den es woanders auch gebe, und auch nicht darin, dass alle gleich sind (einer der Gründe, warum sich alle beim Vornamen anreden – auch Vorgesetzte und Angestellte). Die australische Identität bestehe in einer friedlichen Form des multikulturellen Zusammenlebens in einer Demokratie, das seit Jahrzehnten relativ gut funktioniere. «Damit sollten wir zufrieden sein», lautet sein letzter Satz, und den kann man nur unterstreichen!

Allerdings schränkt Murray ein, dass eine mögliche Ursache für dieses friedliche Zusammenleben der geringe Anteil von muslimischen Einwanderern sei … Er zitiert Angela Merkel und den französischen Expräsidenten Sarkozy mit ihren Bemerkungen, dass die Integration muslimischer Einwanderer in Deutschland und Frankreich gescheitert sei und somit auch Multikulti – was durchaus zu hinterfragen wäre. Neue Möglichkeiten der Ausgrenzung finden sich eben immer wieder.

In Australien steckt man jedenfalls vor allem Flüchtlinge aus muslimischen Ländern, die an den Küsten ankommen oder aus dem Wasser gefischt werden, in *Detention Camps*, Auffanglager, die sich irgendwo im Outback befinden oder auf einer entlegenen Insel. Dort müssen sie dann jahrelang warten – oder treffender: vegetieren –, bis bürokratisch entschieden wird, ob sie bleiben dürfen oder abgeschoben werden. Immer wieder gibt es Selbstmorde und Hungerstreiks. Neuste Idee der Labour-Regierung sind Lager in Papua-Neuguinea. Wir kennen das ja aus Europa, wo immer wieder der Vorschlag aufkommt, Flüchtlingscamps nach Nordafrika auszulagern. Im Rahmen des Wahlkampfs stellt Premierministerin Julia Gillard sogar Arbeitsvisa für Ausländer in Frage. Ach, dünn ist das Eis der offenen Gesellschaft, ganz besonders vor Wahlen.

In Gesprächen mit Australiern habe ich herausgehört, dass viele Ängste erwachen, wenn es um Immigranten aus Indonesien, Afghanistan und anderen muslimischen

Ländern geht. Deren Religion, ihr Umgang mit Frauen und die ihnen unterstellte mangelnde Integrationsfähigkeit werden mit Misstrauen beobachtet. Auch die Bereitschaft von Menschen aus asiatischen Ländern, schwarz und für weniger Lohn zu arbeiten, weckt Ärger und Ängste um den Arbeitsplatz.

Überhaupt die Chinesen! «Sie kaufen unser Land auf. Sie bauen eigene Schulen, damit unsere Kinder Chinesisch lernen. Sie überschwemmen unseren Markt mit ihren Billigprodukten.»

They are taking over! Sie übernehmen das Ruder! Das habe ich nicht nur ein Mal gehört. Und es wurmt die meisten Australier ganz fürchterlich, dass sie von der chinesischen Wirtschaft so existenziell abhängig sind. Mit Schaudern denken sie an eine massive Wirtschaftskrise in China. Was dann?

«Ganz einfach», sagt unser Freund Gordon, der einen Zulieferbetrieb für die Minen betreibt. «Wenn in China passiert, was gerade in Europa abläuft, dann geht hier die Post ab. Die hochbezahlten Minenarbeiter verlieren ihre Jobs und können ihre Hauskredite nicht mehr bezahlen. Mit denen, die bisher am Boom verdient haben, geht es steil bergab. Und das sind so ziemlich alle. So ist das. Aber wir Australier sind hart im Nehmen. Irgendwas geht immer. *She' be right!*»

Dieses *She' be right!* habe ich schon Hunderte Male gehört, auch von meinem Partner. Immer wenn etwas schwierig wird und die deutsche Seele sich ernsthafte Sorgen macht: *She' be right!* Wird schon werden. Am besten noch mit dem Zusatz *No worries,* bloß keine Sorgen machen, denn das hilft überhaupt nicht. Manchmal folgt noch: *Toughen up!* Zähne zusammenbeißen und durch. Aber das hört man vor allem von den Älteren, die sich wirklich durchkämpfen mussten, durch Krieg, Arbeitslosigkeit, Wirtschaftskrisen, Naturkatastrophen.

Mir ist außerdem aufgefallen, dass männliche Partner von vielen Frauen als *the chap* bezeichnet werden. Ein kaum zu übersetzender flapsiger Begriff, der eine interessante Distanz ausdrückt. Irgendwas zwischen Zärtlichkeit und «Männer sind eben so».

Als deutsche Journalistin sollte ich jetzt vermutlich einen Essay über das Verhältnis zwischen den Geschlechtern in Australien schreiben. Mache ich aber nicht. Viel zu heiß! Der heißeste Sommer in Westaustralien, seit es Wetteraufzeichnungen gibt! Deshalb muss ein Satz reichen: Australien ist ein Macholand mit starken Frauen, die sich mitunter ebenfalls als Machos gebärden.

Schwache gibt's natürlich auch – und zwar auf beiden Seiten. So werden Schwule in den Outback-Siedlungen beispielsweise nicht akzeptiert und laufen in Pubs Gefahr, verprügelt zu werden. Sie sind am besten im Schutz der Großstädte aufgehoben. Es gibt noch immer jede Menge Gewalt gegen Frauen, aber auch Frauen, die ihre Männer verprügeln.

«A rough bunch!», sagt Paul. «Und davon gibt's nicht wenige!»

Sofort fühle ich mich zur Verteidigung der Australier aufgerufen, erinnere an die vielen hochgebildeten Wissenschaftler, Künstler, Schriftsteller, Ärzte, Anwälte usw.

«Brainies», murmelt Paul achselzuckend, was so viel bedeutet wie *Eierköpfe*. «Waren bisher immer in der Minderheit.»

Aber noch mal zurück zum Thema Multikulti. Mit den Enkeln unserer Freunde habe ich einen Nachmittag im Schwimmbad von Geraldton verbracht. Ein Schwimmbad in einer Stadt am Indischen Ozean – das klingt zunächst absurd. Aber die Erklärung ist ganz einfach: Der Sommer in Westaustralien ist schlicht zu heiß, um längere Zeit am Strand zu bleiben. Mehr als die Stunden zwischen sechs und neun am Morgen und zwischen fünf und halb sieben am Abend hat man nicht. Das Schwimmbad aber ist überdacht und schützt vor der gnadenlosen Sonne.

Das Kinderbecken ist riesig und brutal gechlort, und als ich mich umschaue, fühle ich mich wie in einer Art Arche Noah für Menschen. Gerade so, als hätte man von jeder Farbe und Mischung eine Familie genommen und in dieses Becken gesteckt. Da sind dicke rothaarige sommersprossige Iren mit drei dicken rothaarigen sommersprossigen Kindern. Eine hochschwangere Aborigine mit fünf wilden Kids und einem Baby in den Armen. Am Rand des Beckens sitzt eine vollständig bekleidete Muslima mit Kopftuch. Mit tödlich gelangweiltem Gesichtsausdruck wartet sie auf Mann und Söhne, die fröhlich schwimmen. Eine Chinesin durchquert ängstlich das Becken, hält sich an einem Schaumstoffring fest. Und alle schauen aneinander vorbei, meiden den Blickkontakt. Ich habe eine halbe Stunde lang versucht, der Aboriginefrau ein Lächeln zu entlocken. Es ist mir nicht gelungen.

«Wahrscheinlich ist sie nicht daran gewöhnt, dass Weiße sie anlächeln», sagt Paul lakonisch, als ich ihm davon erzähle. «Denk nur daran, was dir in der Bäckerei in Ceduna passiert ist.»

Daran erinnere ich mich allerdings sehr gut. Ich stand in einer Schlange von Menschen, um frisches Brot zu kaufen. Neben uns saßen die weißen Damen des Ortes beim Kaffeeklatsch. Vor mir wartete eine Aborigine, im Buggy neben sich ein kleines Mädchen. Der Kleinen war langweilig, sie fing an zu weinen, und ich machte Quatsch mit ihr, bis sie wieder lachte. Ein völlig normaler Vorgang. Aber als ich aufschaute, waren die strafenden, abschätzigen Blicke der Kaffeeklatschdamen auf mich gerichtet, und sie tauschten ganz offensichtlich verächtliche Bemerkungen aus. Ich hatte die *weiße* Linie überschritten.

Später bekam ich beinahe Krach mit meinem *chap*, denn er wollte mich davon abhalten, einen Aborigine nach dem Weg zur Post zu fragen. Ich fragte trotzdem, und selten habe ich freundlicher Auskunft bekommen; er ging sogar bis zur nächsten Kreuzung mit und zeigte dann mit ausgestrecktem Arm auf das Gebäude.

«Wieso sollte ich ihn nicht fragen?»

«Manche reagieren nicht besonders freundlich.»

«Na und?»

«Es könnte dich erschrecken.»

«Madonna mia! Ich werd schon nicht gefressen.»

«Er hätte betrunken sein können.»

«Meinst du, ich kann einen Betrunkenen nicht von einem Nüchternen unterscheiden?»

«Take it easy!»

«Du auch!»

Ende der Debatte.

Batavia Coast

Batavia Coast klingt nach tropischem Abenteuer, nach Cocktails und Palmen. Wir sind auf dem Weg nach Norden, lassen die Stadt Geraldton hinter uns und biegen von Northampton Richtung Küste ab. Wir haben genug von Städten. Die riesigen Getreidefelder sind abgeerntet, Stoppelwüsten überall. Ab und zu ein Farmhaus neben einem Windrad, gottverlassen.

In Port Gregory erreichen wir die Küste. Sand weht vom Strand herauf, die wenigen Häuser wirken von Wind und Wetter angenagt. Kein Ort zum Bleiben. Im *General Store* erwidert die Frau hinter der Theke kaum unseren Gruß, stellt wortlos die Kaffeebecher vor uns hin. Eine unfreundliche Australierin – ein Ausnahmeexemplar!

«Es gibt sie also doch! Unfreundliche Australier!» Ich versuche, nicht zu triumphieren.

«Klar!», erwidert Paul. «Ich kann's ihr nicht mal übel nehmen. Wahrscheinlich ist sie zu Tränen gelangweilt.»

Welch wunderschönes Bild der englischen Sprache: *Bored to tears*. Man muss ja nicht gleich vor Langeweile sterben, wie im Deutschen, man kann einfach weinen.

Entlang der Küste erstreckt sich gleich hinter den Dünen ein rosafarbener Salzsee, der Pink Lake. Ein paar Kilometer weiter entdecken wir eine kleine Industrieanlage, und ich kann kaum fassen, was in großen Buchstaben an der Hauswand steht: *BASF*.

«Bloody germans», grinst Paul.

Ich will wissen, was die hier machen, und schlage in meinem Reiseführer nach. Da steht nichts über BASF, nur, dass im Pink Lake natürliches Beta-Carotin gewonnen wird. Für Vitamin-A-Pillen und als Lebensmittelfarbstoff. Eine halbe Stunde lang schweige ich, erschüttert von dieser unerwarteten Begegnung im Outback der westaustralischen Küste.

«No worries», sagt Paul nach einer Weile. «Die Chinesen haben mit Sicherheit mehr investiert.»

Bisher ist die Batavia Coast also eine stürmische Küste mit BASF und einer Frau, die zu Tränen gelangweilt ist. Keine Spur von Palmen und Cocktails. Doch es war ein dramatisches und grausames Ereignis, das der Küste nördlich und südlich der Stadt Geraldton ihren Namen gab. Da viele Reiseschriftsteller geradezu darauf abfuhren, möchte ich es kurz schildern:

Am 4. Juni 1629 lief die *Batavia*, ein Schiff der holländischen Ostindien-Gesellschaft, vor den Abrolhos-Inseln auf ein Riff. Es war auf dem Weg von Holland nach Batavia, dem heutigen Jakarta. Die schnellste Seeverbindung führte damals ums Kap der Guten Hoffnung und entlang der Küste Westaustraliens nach Indonesien. Australien war noch Terra Australis incognita – die große südliche Unbekannte.

An Bord der Batavia waren 360 Passagiere gewesen, ungefähr 200 hatten den Schiffbruch überlebt und saßen auf den unbewohnten Inseln fest, während Kapitän Francis Pelsaert mit ein paar Männern Richtung Batavia segelte, um Hilfe zu holen. Die Zurückgebliebenen versuchten zu überleben. Doch dann erklärte sich einer zum Anführer und massakrierte mit seinen Anhängern die anderen. Weltgeschichte im Kleinformat.

Bei seiner Rückkehr fand der Kapitän nur noch die Hälfte der zurückgelassenen Passagiere vor. Er ließ die Bösewichte hinrichten und erwischte in dem herrschenden Chaos um ein Haar die falschen. Unklar blieb über die Jahrhunderte, warum er zwei junge Männer aus dem Lager der Bösen verschonte und sie stattdessen in der Nähe des heutigen Fischerdorfs Kalbarri an Land setzte und ihrem Schicksal überließ. Ein Experiment?

Kein Europäer hatte sich bis dahin auf dem Kontinent niedergelassen. Die beiden Holländer, einer von ihnen ein 16-jähriger Schiffsjunge, waren somit die allerersten Strafgefangenen, die nach Australien verbannt wurden. Niemand weiß, was aus ihnen geworden ist, als sie am Red Bluff ausgesetzt wurden, der damals natürlich noch nicht Red Bluff hieß. Übrigens gibt es in Australien unzählige

Red Bluffs – manchmal hat man den Eindruck, als seien den Entdeckern die Namen ausgegangen. Unzählige große, rote Felsen heißt Red Bluff.

Die beiden Ausgesetzten hatten ziemliches Glück im Unglück. Der Monat Juni war auch damals eine eher günstige Jahreszeit für unerfahrene und ausgesetzte Weiße: australischer Winter, Aussicht auf Regen.

Wir haben uns auf die Felsen der rauen Küste nahe Kalbarri gestellt. Tief unter uns die tosende See, hinter uns die endlosen flachen Hügel, bedeckt mit struppigem Busch. Graspalmen überragen mit haarigen Köpfen die niedrigen Pflanzen, strecken ihre Fruchtstände hoch hinaus wie Speere oder überdimensionale Indianerfedern. Dazwischen wachsen Baksias mit harten Blättern und zapfenartigen Blüten. Nachts werden die Grasbäume zu Kriegern, zu einer Armee von Geistern.

Die beiden Verlassenen müssen tausend Ängste ausgestanden haben. Alles war anders, als sie es kannten, nichts holländisch vertraut: Kängurus mit ihrer seltsamen Art, sich zu bewegen, große Echsen, die man für Drachen halten konnte. Riesenvögel auf zwei Beinen, Dingos, deren Geheul die Nacht erfüllte, als wären Werwölfe unterwegs. Und noch erschreckender als all dies zusammen: die Endlosigkeit des Landes, das große Nichts.

Vielleicht begannen die beiden, angesichts dieses flachen Kontinents mit seinem übermächtigen Himmel, wieder an die griechische Theorie zu glauben, dass die Erde eine Scheibe sei, und fürchteten sich davor, über den Rand zu fallen, vielleicht haben sie angesichts der Unendlichkeit und der unendlichen Einsamkeit den Verstand verloren.

Möglicherweise freundeten sie sich stattdessen aber auch mit den Ureinwohnern der Gegend an und lebten frei und abenteuerlich bis an ihr Ende.

Jedenfalls müssen sich die Gene der Ureinwohner an der Batavia Coast mit holländischen Genen vermischt haben, denn später hat man bei Kindern der Aborigines eine extrem seltene Erbkrankheit entdeckt, die damals nur bei Holländern vorkam. Das Ellis-van-Creveld-Syndrom wird durch einen Gendefekt hervorgerufen, der zu Kleinwüchsigkeit, verkürzten Rippen, Vielfingrigkeit, Herzfehlern und Fehlbildungen des Gebisses führt, keine schöne Hinterlassenschaft also. Vielleicht aber waren nicht die beiden Ausgesetzten dafür verantwortlich, sondern andere Schiffbrüchige – zum Beispiel Besatzung und Passagiere der *Zuytdorp*, die 1712 an der wilden Küste und ihren heftigen Stürmen scheiterte.

All die Bruchstücke der Schiffstragödien kann man heute im *Western Australian Museum* in Geraldton besichtigen – ein Beispiel dafür, wie geradezu rührend inzwischen jedes Stückchen Geschichte in Australien bewahrt wird. Beinahe überall findet man Museen und sogenannte *Heritage Trails*, auf denen man den ersten Siedlern folgen kann oder Goldgräbern, Sträflingen, Ureinwohnern. Informationstafeln mit alten Fotos säumen diese Wege, auf denen es manchmal außer ein paar Mauerresten oder verrosteten Geräten gar nicht viel zu sehen gibt. Aber diese Überbleibsel bedeuten viel für die eingewanderten Bewohner dieses so jungen Landes: Hier hat etwas angefangen, wir sind nicht die Ersten, wir sind Teil der Geschichte von heldenhaften Pionieren. *Heritage Trails* schaffen Identität.

Die *Trails* entstanden im Laufe des Wirtschaftsbooms, kamen mit der Tourismusförderung so richtig in Gang und nehmen nun allmählich überhand. Und dabei geht es durchaus nicht um ausländische Touristen, sondern um australische. Die Ausländer sind noch immer eine Minderheit.

Bei dieser neuen Begegnung mit Australien wünsche ich mir hin und wieder Orte ohne vorgezeichnete Wege. Australien wird in den letzten Jahren zum mundgerechten Konsum aufbereitet, als bedeute es eine unzumutbare Anstrengung, bestimmte Dinge selbst zu entdecken oder zu erfragen.

In Kalbarri gibt es keinen *Heritage Trail,* dafür einen Wanderweg entlang der Felsenküste und eine Stichstraße zu jedem etwas bemerkenswerteren Kliff. Anfangs fahren wir zu jedem Felsen hinaus, der mit braunen Wegweisern für Touristen gekennzeichnet ist, halten auf jedem Parkplatz, wandern an den Informationstafeln entlang, schauen hinaus aufs Meer und hinunter in die roten Felsen. Aber irgendwann fangen wir an zu lachen, lassen die letzten drei aus und suchen uns eine Unterkunft.

Wir beziehen ein kleines Fertighäuschen auf dem Campingplatz, direkt an der weiten Bucht, der Mündung des Murchinson River. Vor dem Eingang zu unserer *Cabin* wächst ein Frangipani-Baum, dessen Blüten duften wie süßes Parfüm. Ich liebe diese *Cabins*. Sie bieten Reisenden die Illusion, für ein, zwei Nächte im eigenen Haus zu wohnen, und kosten meist nicht mehr als ein Motel- oder Hotelzimmer. Beinahe jeder Campingplatz hat ein paar dieser *Cabins* oder *Units* zu bieten – mal mit, mal ohne Kakerlaken und Ameisen.

Als wir am Abend bei einem Glas Wein auf unserer kleinen Veranda sitzen, erzählt Paul von einem Fischer, den er vor Jahren hier getroffen hat.

«Als ich ihn kennenlernte, arbeitete er allerdings in einer Bar. Ein wirklich netter Kerl.»

«Wieso arbeitete er in einer Bar, wenn er Fischer war?»

«Ein Hai hatte ihm den linken Arm abgebissen.»

«Was?»

Fliegender Hund

St. Iledphonsis in der Klosterstadt New Norcia

Nächtliche Skyline von Perth und Swan River

Tote Bäume am Lake Ninan

Die Pinnacle-Wüste im Morgendunst

Buschfeuer

Das Meditationsklo

Blick vom Mount Bruce auf das Pilbara

Geistereukalyptusbäume und Sturm über Munjina

Doc Holidays ist längst geschlossen

Boabs – wie eine Erinnerung in Gondwana

Felsmalerei eines Wandjina, Galvans Gorge, Kimberley

«Kein Witz.»

«Wie ist das passiert?»

«Keine Ahnung, war ja nicht dabei. Wahrscheinlich beim Einholen von Hummerkörben. Er hat's nicht so genau erzählt.»

«Wieso ist er nicht verblutet?»

«Du stellst Fragen ... wahrscheinlich hat ihm ein Kumpel den Arm abgebunden.»

«Kommt so was öfter vor?»

«Nein.»

«Lebt er noch?»

«Ich werd mich umhören.»

Am frühen Morgen rasen Riesenwellen gegen das schützende Riff vor der Mündungslagune. Der ablandige Wind bläst die Gischt wieder aufs Meer hinaus, zaubert dampfende Brandung, einen dramatischen Kampf zwischen Wasser und Wind. Im Schatten eines Felsens schauen wir diesem Kampf zu. Gleichzeitig findet ein anderer Kampf statt: die Rückkehr der Fischerboote vom nächtlichen Fang. Im Riff gibt es nur eine sichere Lücke, die muss der Steuermann genau erwischen und gleichzeitig die kurze Spanne zwischen zwei Brandungswellen ausnutzen. Gelingt das nicht, treffen die Wellen das Boot von der Seite, und es droht zu kentern.

Das erste Boot schafft es, das zweite muss umkehren, beginnt seitlich zu rollen, beschreibt einen weiten Bogen und erreicht mit winzigem Vorsprung, knapp vor der herandonnernden Welle, die ruhigeren Wasser der Lagune. Das dritte Boot braucht zwei Anläufe. Wir halten die Luft an. Winzig sieht das Aluminiumschiffchen inmitten der tosenden, schäumenden Wasserberge aus. Es wird hochgehoben, kippt zur Seite, der Motor heult auf – ein paar

Sekunden lang verschwindet es in den Wellen, dann ist es wieder da und schießt in die Lagune hinaus.

«Weiteratmen!», sagt Paul.

«Machen die das jeden Tag?»

«Klar, zweimal. Einmal raus. Einmal rein.»

«Klingt stressig!»

«Die nehmen's eher sportlich. Ist ja sonst nicht viel los.»

«Abgesehen davon, dass ein Hai einem von ihnen den Arm abbeißt.»

«Das passiert nur einmal alle dreißig Jahre. Oder alle hundert. Das hier ist ein Ferienort für Surfer und Hobbyfischer. Denen hat bisher noch kein Hai was getan.»

Am Strand der Lagune gehen wir zurück. Obwohl es erst halb neun am Morgen ist, sticht die Sonne geradezu, und ihr weißes Licht bleicht den Himmel aus. Wie träge Segelflugzeuge landen fünf riesige Pelikane am Ufer. Fütterungszeit. Unter einem Sonnendach wartet bereits eine kleine Gruppe von Urlaubern, in ihrer Mitte die junge Frau vom Tourismusbüro mit einer Plastiktüte voll toter Fische. Während die Pelikane mühsam über den Sand watscheln, erzählt sie munter drauflos: Dreißig Jahre können Pelikane alt werden, sie leben sehr sozial und haben, wenn einer von ihnen stirbt, sogar ein Abschiedsritual – sie bilden einen Kreis um den Toten und bleiben eine Weile bei ihm.

Die mutigsten Kinder bekommen Fische in die Hand gedrückt und dürfen sie den Pelikanen zuwerfen. Fisch um Fisch verschwindet in den tiefen Kehlsäcken oder wird von kreischenden Möwen im Tiefflug weggeschnappt. Plötzlich herrscht wildes Getümmel, Flügelschlagen, Federn fliegen. Für einen Augenblick sind die Möwen vertrieben.

«Pelikane können Möwen nicht ausstehen», sagt die junge Frau und lacht.

Kalbarri ist vom Fischerdorf zum Touristenort geworden. Der Hummerfang wurde inzwischen gesetzlich beschränkt, und entlang der Küste wurden Schutzzonen zur Erholung der Fischbestände eingerichtet. Ein paar Fischer gibt es noch, aber die meisten haben sich im Tourismusgewerbe einen neuen Job gesucht. Kalbarri ist außerhalb der Saison ein verschlafenes Städtchen, aber es ist gewachsen. Auf einer riesigen, gerodeten Fläche am Rand des Ortes stehen Designervillen, seltsam vereinzelt und irgendwie fehl am Platz, als hätte man sie vergessen oder aus Versehen dort aufgestellt. Der Mann im Fish & Chips-Laden erzählt uns, der Investor sei pleitegegangen.

«Die Dinger haben mal 600 000 Dollar gekostet, und die Hälfte steht leer. Könnt ihr jetzt für 300 000 kriegen … wenn ihr bar zahlt sogar für 250 000. Stellt euch das mal vor: Leute, die so blöd waren und Häuser für 600 000 gekauft haben, können 50 Prozent ihrer Kohle abschreiben, einfach vergessen …» Gekonnt schüttelt er die Pommes – hier *chips* genannt – im Metallsieb, wirft sie einmal hoch und lässt das heiße Öl abtropfen. «War ja eigentlich klar. Wer will denn hier draußen ein so teures Haus? Lohnt sich doch gar nicht.»

Mit unseren Chips im Pappkarton ziehen wir wieder ab.

«Möchtest du ein Designerhaus in Kalbarri für 250 000 Dollar?»

«Nein.»

«Siehst du, es funktioniert nicht.»

«Man könnte es höchstens als Traumvilla am Ende der Welt vermarkten. Leben am Rand eines Kontinents.»

«Geht auch nicht. In Australien gibt es zu viele Traumvillen am Ende der Welt.»

Die Managerin des Campingplatzes warnt uns davor, in der Hitze des Tages zu den Schluchten im Nationalpark hinauszufahren. Kleine Perlen blitzen in ihren Ohren, und ihr kurzes dunkles Haar ist von grauen Strähnen durchzogen. Ihr Gesicht und ihre Arme sind sonnengegerbt. Jetzt runzelt sie die Stirn und mustert uns ernst.

«Früh am Morgen oder am späten Nachmittag ist im Sommer die beste Zeit. Letztes Jahr ist eine Engländerin da draußen am Hitzschlag gestorben. Das passiert immer wieder. Zum Glück werden die meisten rechtzeitig gerettet. Sie wollen es einfach nicht glauben – wandern los, haben zu wenig Wasser dabei und wundern sich, wenn sie unten in den Schluchten bei über 50 Grad zusammenklappen.»

«Ja», sage ich, «in den Alpen haben wir mit Touristen ähnliche Probleme.»

«Wirklich?»

«Ja, wirklich. Schlechte Schuhe, schlechte Kondition, plötzliche Wetterumschwünge, Kälte, Desorientierung.»

«Schlimm.» Ihre Stimme klingt nach Achselzucken. Ohne Übergang erzählt sie, dass sie seit siebenundzwanzig Jahren diesen Campingplatz verwalte. Mit den Alpen kann sie offensichtlich nicht viel anfangen.

«Dann kennen Sie sicher den einarmigen Fischer», sagt Paul. «Pete war sein Name, glaube ich. Hab ein, zwei Abende mit ihm verbracht – vor Jahren, als er die Bar hier hatte.» Er nimmt seinen Lederhut ab und wischt sich die Stirn.

Die steilen Falten zwischen ihren Augenbrauen werden tiefer. «Traurige Geschichte. Er starb vor zwei Jahren an Krebs. War ein netter Kerl, hat andern geholfen, wo er konnte. Manche kriegen die volle Ladung, was?»

«Das tut mir wirklich leid. Pete hat die volle Ladung absolut nicht verdient.»

«Nein, hat er nicht. Aber danach fragt keiner. Also, fahrt

erst nach vier Uhr raus in die Schluchten. Viel Spaß.» Und damit waren wir entlassen. Hier im Hinterland sind die Dinge auf einmal nicht mehr *terrific* oder *awesome*. Sie sind, wie sie sind.

Menschenleer liegt Kalbarri im grellweißen Licht. Die Sommerferien sind vorbei. Nachsaison. Hochsommer in Australien zwingt einen geradezu, Siesta zu halten. Die Hitze haut einen um. Selbst die geschwätzigen Kakadus verstummen in der Mittagszeit und ruhen in schattigen Bäumen. Lähmung und Schläfrigkeit erfassen das Gehirn, die Augen fallen zu, auch wenn man sie offen halten will.

«Keine schlechte Art zu leben, hier draußen.» Diesen Satz habe ich im Hinterland immer wieder gehört. Ja, keine schlechte Art zu leben. Einfach fünf Gänge langsamer.

Wir haben uns aufgerappelt und sind auf dem Weg zu den Hot Spots von Kalbarri: *Nature's Window, The Loop, Z-Bend*. Fünfundzwanzig Kilometer auf einer roten Staubstraße durch den Busch, über endlose Flächen von Graspalmen und verdorrten, verkohlten Banksias, vorüber an den Spuren eines Buschfeuers. Es hat lange nicht mehr geregnet.

«Verstehst du, warum Leute Hunderte Kilometer fahren, um einen Fels mit einem Loch zu sehen?», fragt Paul unvermittelt.

«Wir fahren nur fünfundzwanzig Kilometer.»

«Ist auch schon zu viel.»

«Schlecht geschlafen?»

«Nein. Ich hab an Pete gedacht und daran, dass er nicht mehr da ist. Wenn du woanders lebst und nach Jahren zurückkehrst, dann erwartest du, dass alles so geblieben ist, wie du es zurückgelassen hast. Aber alles hat sich verändert, die Menschen, die Lebensweise, sogar die Stadtviertel. East Perth, wo ich Jahre meiner Kindheit verbracht habe, ist jetzt ein Luxusviertel. Damals wohnten nur Arme dort, Italiener mit Hühnern im Hinterhof, Aborigines … und das Schlimmste: Irgendwann komme ich zurück und kenne keinen mehr, weil alle gestorben sind.»

Er bremst und weicht einer kleinen Echse aus, die vor unserem Wagen die rote Straße überquert.

«Das macht mich wütend. Das Leben rast dahin, und ich kann's nicht stoppen.»

«Wenn du hiergeblieben wärst, würdest du es nicht so krass empfinden. Bleibt man an einem Ort, lebt man mit den Veränderungen. Du dagegen erlebst die Veränderungen in großen Sprüngen.»

«Ich weiß, ich weiß, aber ich kann's nicht ausstehen!»

Am Straßenrand sitzt ein riesiger Keilschwanzadler auf dem Kadaver eines Kängurus. Nur kurz wendet er den Kopf, als wir an ihm vorbeifahren. Ich sehe seine Augen, die schmalen Pupillen, die leicht gesträubten Federn auf seinem Kopf. Für eine Zehntelsekunde treffen sich unsere Blicke. Aber vielleicht bilde ich mir das ein, vermutlich hat er mich gar nicht wahrgenommen.

«Phantastische Vögel, was?» Paul lächelt schon wieder.

«She' be right», sagt er. «Wir sollten uns alle nicht so verdammt ernst nehmen.»

Dann sagt er nichts mehr, bis wir den Parkplatz nahe *Nature's Window* erreichen. Es gibt einen Parkplatz mit Klo und einen Gasgrill fürs Barbeque – ein Service, den alle Nationalparkverwaltungen und Kommunen Australiens zuverlässig bieten. Selbst wenn es sonst absolut nichts gibt, eine Toilette und ein Gasbarbeque sind immer da.

Paul hat seinen australischen Humor wiedergefunden. «Eines ist sicher in diesem Land: Wo immer du bist – grillen und scheißen kannst du überall!»

Wir machen uns auf den Weg. Es sind nur 500 Meter,

doch obwohl die Sonne schon tief steht, ist es unerträglich heiß. Noch immer 39 Grad im Schatten. Der schmale Weg führt auf und ab über glatte, rote Felsen, die wie Hitzespeicher wirken und auf denen man mittags vermutlich Spiegeleier braten kann. Schon nach kurzer Zeit wird jeder Schritt mühsam.

Buschfliegen

Dann entdecken uns die Buschfliegen, kämpfen hartnäckig um einen Platz in unseren Mundwinkeln, Nasenlöchern oder Augen, gieren nach Feuchtigkeit. Buschfliegen sind vermutlich die stursten Insekten auf dieser Erde. Moskitos kann man mit Hilfe von Geruchsstoffen abwehren, Buschfliegen aber sind absolut unempfindlich gegen alles. Sie kommen in Massen und lassen sich auf den schweißnassen Rücken der Wanderer nieder, bis diese aussehen, als trügen sie schwarz bestickte Hemden. Völlig normale Menschen brechen plötzlich in Veitstänze aus. In vergebliche Veitstänze. Aber auch mit weltrekordverdächtigen Spurts durch den Busch kann man die summende Wolke nicht abhängen.

Es gibt nur zwei Gegenmittel: den Ganzkopfschleier oder einen kräftigen Wind. Die angeblich so beliebten Outbackhüte mit baumelnden Korken sind wirkungslos und eher alberne Touristensouvenirs. Jedenfalls habe ich noch nie einen Aussie mit Korken am Hut gesehen. Der Ganzkopfschleier wiederum hat den Nachteil, dass man nach einer Weile dem Erstickungs- und Hitzetod nahe ist. Bleibt nur der Wind, aber der weht leider nicht immer.

In der Hoffnung, die Fliegen wären am Abend weniger penetrant, hatten wir die Schleier im Wagen gelassen. Großer Irrtum. Nun also Fliegengymnastik: wildes Wedeln mit beiden Armen. Trotzdem schaffen die Biester es irgendwie, unter die Sonnenbrille zu kriechen und sich im Augenwinkel festzukrallen. Jede erlegte Fliege erfüllt mich mit grimmigem Triumphgefühl. Wenn jetzt ein Geist zu mir sagen würde: Du hast soeben die Reinkarnation deiner Großmutter zerquetscht, dann würde ich antworten: Mit Vergnügen, nächstes Mal kehrt sie hoffentlich auf weniger penetrante Weise wieder!

Der Weg zum *Nature's Window* ist für Fliegenkämpfe nicht geeignet. Steil fallen die Felsen links und rechts ab. Wer nicht aufpasst, landet hundert Meter tiefer in der Schlucht des Murchinson. Kaum zu glauben, dass dieser Fluss jemals in der Lage war, eine so tiefe Schlucht in die Felsen zu graben. Nur ein paar grünlich schimmernde Pfützen auf dem Grund des Canyons erinnern daran, dass hier einmal Wasser geflossen ist.

Nature's Window ist eine Laune der Natur, eine riesige Skulptur am Rand des Abgrunds, ein Fels mit Fenster. Wir sind vollkommen allein, hoch über den Schluchten, über graugrünem Buschland, das von der tiefstehenden Sonne orangerot überhaucht wird. Der Wind hier oben hat die Fliegen vertrieben. Es herrscht totale Stille. Lautlos segeln kleine Schwalben vorüber, stürzen sich in die Schlucht hinab. Ewigkeitsmomente.

Aber wir müssen zurück, bei Dunkelheit zu fahren ist gefährlich. Kängurus und Wallabies werden in der Dämmerung aktiv, springen unvermutet aus dem Busch auf die Straße. Paul hasst es, sogenannte Hot Spots des Tourismus zu fotografieren. Zähneknirschend klappt er sein Stativ auf und macht ein paar Aufnahmen des «Lochs im Felsen».

Auf dem Rückweg nach Kalbarri begegnen wir einer Kängurufamilie. Bulle, Joey und Weibchen ruhen unter einem Busch am Straßenrand. Als Paul vorsichtig bremst und anhält, starren sie uns aus ihren feuchten, dunklen Augen an. Nur die großen Ohren bewegen sich, zucken ab und zu, um Fliegen zu vertreiben. Wunderschön sind sie in ihrer wachsamen Gelassenheit.

Erst nach langen Minuten richtet der Bulle sich langsam zu seiner vollen Größe auf – mindestens 1,80 Meter, schätze ich. Wie seltsam kurz und klein seine Arme und Hände sind, jedenfalls gemessen an den überdimensionalen Hinterläufen und dem langen muskulösen Schwanz. Jetzt stößt er einen kaum hörbaren Knurrlaut aus und hüpft im Zeitlupentempo davon, aber nur bis hinter den nächsten Busch. Dann wirft er einen neugierigen Blick zurück. Das Junge folgt ihm, seine Mutter bleibt liegen, wendet einfach den Blick ab, als könne sie auf diese Weise vergessen, dass wir nur zwei Meter von ihr entfernt sind.

Vorsichtig fahren wir weiter. Sie rührt sich nicht. Inzwischen ist die Sonne untergegangen, gelbrot leuchtet der Himmel, Bäume und Büsche sind schwarze Scherenschnitte, und alle paar Minuten hüpfen Buschbewohner vor uns über die Straße. Im Schritttempo kriechen wir zurück nach Kalbarri.

Garten Eden hinterm Elektrozaun

Wer nach Norden will, kommt um einen der großen Highways nicht herum. Der *Great Northern* führt durchs Outback und ist die Hauptlebensader der großen Minengesellschaften und der kleinen Städtchen im Hinterland. Der *Northwest Coastal Highway* ist weniger befahren und folgt der Küste bis nach Broome.

Von Kalbarri bis zum Highway sind es fünfzig Kilometer, und kaum erreichen wir die Grenze des Nationalparks, beginnen wieder die endlosen ausgebleichten Felder des Weizengürtels, als hätte man den Busch mit Hilfe eines Lineals abgeschnitten. In Northampton, der letzten Station vor der langen Reise nach Norden, gibt es schon wieder Hot Dogs vom Veteranenverein. Fröhliche, grillende alte Männer grüßen und freuen sich über einen kleinen Schwatz über das Woher und Wohin. Den freundlichen Satz *It's been good talking to you* hören wir nach Gesprächen mit den Einheimischen immer wieder. Ja, es ist wirklich gut, miteinander zu reden ... vielleicht sollte man diesen Satz weltweit einführen.

Wir kaufen im Supermarkt zwei Kanister Quellwasser, stocken unsere Vorräte an Obst und Gemüse auf, füllen den Tank unseres Hilux. Je weiter man sich ins Outback wagt, desto teurer wird alles. Nicht, dass es in den Städten preiswert wäre – Westaustralien ist ein verdammt teures Pflaster, übertrifft inzwischen sogar europäische Maßstäbe.

Dann geht es hinaus in die große heiße Ebene. Unser nächstes Ziel ist Shark Bay, Weltnaturerbe der UNESCO. Die abgeernteten Felder bleiben zurück, links und rechts der Straße breitet sich Buschland aus. Dazwischen ragen große Eukalyptusbäume auf, deren Stämme sich häuten wie Schlangen. Wenn es zu trocken wird, werfen sie Äste ab, als wären sie überflüssiger Ballast. Wenn es regnet, treiben sie neu aus, bewundernswerte Überlebende des extremen Klimas.

Nur auf den ersten Blick sieht dieses Land wild und ungenutzt aus. Doch unvermutet weiden Schafe am Straßenrand, tauchen zwischen den Büschen ein paar Rinder auf. In Abständen weniger Kilometer liegen tote Tiere am Straßenrand, aus dem Weg geräumt von *bullbars*, den brutalen Rammstangen vor den Kühlern der Trucks und Four-Wheel-Drives.

Hier, nördlich des Weizengürtels, beginnt die gleichförmige Welt des Outback. Immer wieder gerate ich auf den Straßen des Hinterlands in einen seltsamen Zustand. Mir kommt es vor, als rolle jemand die Landschaft hinter mir ein und vor mir wieder aus. Wir gleiten durch eine Endloslandschaft, die sich über Hunderte von Kilometern kaum verändert. Fahren wir wirklich, oder zieht nur die Landschaft an uns vorüber, und wir stehen eigentlich?

Irgendwie müssen wir vorwärtsgekommen sein, denn schließlich erreichen wir das Billabong Roadhouse. In all den Jahren hat es sich kaum verändert. Aber eines ist anders: Der neue Pächter hat ein Bücherregal aufgestellt! Man kann ein ausgelesenes Buch hineinstellen und ein anderes dafür nehmen oder für fünf Dollar eins kaufen. Die fünf Dollar gehen an die *Royal Flying Doctors*, die uns hoffentlich zu Hilfe eilen, wenn hier draußen etwas schiefgeht. Geniale Idee. Ich kaufe einen zerlesenen irischen Roman, der laut Stempel aus einer öffentlichen Bücherei in Perth stammt. In Irland ist es kühler. Vielleicht hilft das Lesen des Romans gegen die 42 Grad, die gerade herrschen.

Der Mann hinterm Tresen erzählt, dass weiter im Norden, in Carnavon, ziemlich überraschend ein tropischer Sturm durchgezogen sei. Vorhergesagt worden war, dass er draußen auf dem Ozean bleiben würde. In Carnavon stehe alles unter Wasser – die Bananenplantagen, die Mangobäume, ein paar Campingplätze, die Tankstellen am Highway. Den Ort Gascoyne Junction hätte es komplett weggeschwemmt, auch das historische Hotel.

«Keine Ahnung, ob man überhaupt durchkommt», sagt er. «Heute früh war der Highway gesperrt. Muss die Straße unterspült haben.»

«Und Denham, die Shark Bay?»

«Davon haben sie nichts gesagt im Radio. Scheint in Ordnung zu sein.»

Wir machen uns wieder auf den Weg, hören Radio. In diesem Land sollte man täglich mehrmals den Wetterbericht hören. Es hat wohl nur Carnavon und Gascoyne Junction im Landesinneren erwischt. Langgezogene krause Wolkenfelder, Nachzügler des tropischen Sturms, ziehen schnell dahin. Die Endloslandschaft bleibt uns bis zum Overlander Roadhouse erhalten, dann verlassen wir den *Great Coastal Highway* und fahren hinaus auf die Peron Halbinsel.

Auf einmal verändert sich die Landschaft. Die großen Bäume bleiben zurück, niedrige runde Büsche bedecken das Land, manche blühen gelb oder rosa. Und dann, nach einer knappen Stunde, kommt der Wegweiser zur alten Telegraphenstation und den Stromatolithen in Sicht. Hier ist die Welt noch in Ordnung – nichts hat sich verändert in dieser kleinen Oase hinter den Dünen. Sogar Devonshire Tee gibt es noch und hausgemachte Scones, süßes englisches Hefegebäck, das ein bisschen wie Rosinenbrötchen schmeckt. Die Scones isst man mit Sahne und Marmelade, auch bei 42 Grad. *Oh, Britannia rule the waves!*

In den Dünen bleiben wir am einsamen Grab eines kleinen Mädchens stehen, das hier vor über 100 Jahren begraben wurde. Dann wandern wir hinunter zum Strand und folgen dem Holzsteg über das flache Wasser zu den ältesten Lebewesen der Erde.

Niemand sollte Spektakuläres erwarten. Es gibt durchaus verwirrte Touristen, die laut fragen, wo sie denn nun seien, die berühmten Stromatolithen, die lebenden Fossilien. Viele halten die runden, dunkel bemoosten Klumpen, die bewegungslos im seichten klaren Wasser von Hamelin

Pool liegen, für Steine. Doch die Steine leben und wachsen, erbaut von emsigen Mikrobengemeinschaften, wie es sie bereits vor 3500 Millionen Jahren gab. Cyanobakterien filtern und sammeln feine Sedimente und kleben sie mit Calciumcarbonat aus dem Wasser zusammen. Hamelin Pool am Ende der Shark Bay hat einen extrem hohen Salzgehalt. Grund dafür ist ein Korallenriff, das vor der Haibucht liegt, wodurch der gezeitenbedingte Wasseraustausch nur gering ist. Cyanobakterien können nur in hypersalinem Wasser leben. Weil sie außerdem auf Photosynthese angewiesen sind, wachsen sie dem Licht entgegen und befinden sich immer auf der Außenseite der Stromatolithen.

Deshalb auch die Holzstege, denn diese unscheinbaren Wunderwerke der Natur sind sehr verletzlich. Wer drauftritt, zerstört genau diese empfindliche und sehr lebendige Außenschicht. Tote Stromatolithen verfärben sich rötlich braun und zerbröseln – am Ufer, links und rechts des Steges, gibt es deshalb einen regelrechten Stromatolithenfriedhof. Manche Menschen können's eben nicht lassen.

Hamelin Pool liegt ein paar Kilometer außerhalb der Shark Bay, deshalb fahren wir weiter Richtung Denham, dem einzigen Fischerdorf auf der Halbinsel. Kurz darauf liegt sie vor uns, mitten in der Wildnis: eine Demarkationslinie, die an die Grenzbefestigung der ehemaligen DDR erinnert. Große Warnschilder verkünden: Feral Fence, Vorsicht, Elektrozaun. *Danger!!!*

Ein breiter Rost unterbricht die Straße, dann sind wir auf der anderen Seite des Zauns. Keine Grenzsoldaten, erstaunlicherweise. Was hier so martialisch bewacht wird, ist ein Stück vom Paradies, das ganz allmählich wieder entsteht: das *Project Eden* der Naturschutzbehörde *DEC (Department for Ecology and Conservation)*. Der Elektrozaun ist dreieinhalb Kilometer lang und trennt die Peron-Halbinsel vom Festland. Er wurde 1995 errichtet, um Füchse, Wildkatzen, Kaninchen und verwilderte Haustiere vom neuen Garten Eden fernzuhalten.

Vor ein paar Jahren haben wir gleich hinterm Zaun im Auto übernachtet. Dort liegt nämlich der Parkplatz für die Shell Beach, ein zweites Wunderwerk der Natur. Winzige schneeweiße Muscheln bilden den Strand, zusammengepresst von den Wellen der Haibucht und ihrerseits große Wellen bildend, in die man sich hineinlegen kann, um nachts den Sternenhimmel zu bewundern.

Es war eine bemerkenswerte Nacht, die wir damals hier verbrachten: Im Toilettenhäuschen stieß Paul mit einer großen Eule zusammen, aber beide überstanden den Schrecken, ohne größeren Schaden zu nehmen. Später, im Wagen, gerieten wir in Alarmstimmung, denn in Abständen von wenigen Minuten erklang heiseres Hundegebell, das bedrohlich anschwoll und immer dann verstummte, wenn wir uns beunruhigt aufrichteten und in die Dunkelheit starrten. Wir waren ganz sicher, dass mehrere riesige Hunde da draußen waren und uns allmählich einkreisten. Hungrige Hunde vermutlich. Dingos bellen nicht.

Wir wagten uns nicht mehr aus dem Wagen, nicht mehr auf die Toilette. Erstaunlich, wie lang eine Nacht ist, wenn man nicht schlafen kann und sich fürchtet. Irgendwann meinte Paul, dass dieses Gebell zu regelmäßig wiederkehre, dass irgendetwas daran nicht stimme.

Die Sache klärte sich am nächsten Morgen auf, als ein Ranger vorbeikam (damals war es noch nicht verboten, auf Parkplätzen zu übernachten). Als wir ihn nach den Hunden fragten, grinste er.

«Kommt vom Band, das Gebell! Gut gegen Schafe, Ziegen, Karnickel und Touristen!»

Dann lud er uns ein, mit ihm zum Elektrozaun zu fahren und die Spuren am Rost zu kontrollieren. Auf beiden Seiten des Straßendurchgangs war der Sand sorgfältig geglättet. Und auf beiden Seiten fanden sich die Klauenabdrücke von Ziegen.

«Die sind so verdammt clever», seufzte der Ranger. «Die haben längst raus, dass die Hunde nicht echt sind, und manche springen einfach über den Rost.»

«Und warum dürfen sie nicht springen?», habe ich damals gefragt. Woraufhin er uns einen langen Vortrag darüber hielt, dass die einheimische Tierwelt in ganz Australien noch immer an den Folgen der Kolonisierung leidet. Die Eroberer des Fünften Kontinents brachten Tierarten ins Land, denen die kleinen Beuteltiere wehrlos ausgeliefert waren und sind: Füchse und Katzen. Die Wildkatzen entwickelten sich aus verwilderten Hauskatzen, die Füchse wurden eingeführt, um die – ebenfalls von Einwanderern verursachte – Kaninchenplage zu bekämpfen. Überall im australischen Busch streifen zudem verwilderte Schafe und Ziegen umher, fressen die dürftige Vegetation kahl und vermindern dadurch die Überlebenschancen kleiner Pflanzenfresser.

Als Dirk Harding im Jahr 1616 als erster Europäer kurz in der Shark Bay an Land ging, wunderte er sich noch über die große Menge an Wallabies (eine kleine Känguruart). Aber bis vor wenigen Jahren waren die Wallabies dann so gut wie verschwunden und mit ihnen fünfzehn andere Beuteltierarten, die einst rund um die Shark Bay heimisch waren.

Die Experten der Naturschutzbehörde siedelten ihr *Project Eden* auf der Peron-Halbinsel an, weil einige der nahezu ausgestorbenen Arten auf kleinen Inseln vor der Küste überlebt hatten. Außerdem konnten sie das Gebiet mit Hilfe des Elektrozauns vom Festland abtrennen.

In mühsamer Kleinarbeit machten sich Wissenschaftler

und Ranger seit Beginn der neunziger Jahre daran, auf den 1050 Quadratkilometern eine Schutzzone aufzubauen. Erster Schritt war die Entfernung von etwa 20000 Schafen und Ziegen von der Halbinsel, die noch wenige Jahre zuvor eine große Farm beherbergt hatte. Die Mehrzahl der Tiere wurde eingefangen und umgesiedelt. Die verbliebenen werden regelmäßig vom Hubschrauber aus abgeschossen. Ihre Zahl ist auf etwa 500 zusammengeschrumpft. Ergebnis: Die Vegetation hat sich innerhalb kurzer Zeit deutlich erholt, seltene Wildblumen kehrten zurück.

Zweiter Schritt war die Dezimierung von Füchsen und Wildkatzen. Um die rund 1000 Füchse im Projektgebiet zu töten, griffen die Experten auf einen natürlichen Verbündeten zurück: giftige Erbsen der Spezies *Gastrolobium*. Australische Wildtiere sind gegen das Gift dieser Erbsen resistent, europäische Füchse jedoch nicht. Seit langem werden deshalb in Australien Köder mit Erbsengift zur Bekämpfung der Fuchsplage eingesetzt. Auch auf der Peron-Halbinsel hatte diese Methode durchschlagenden Erfolg. Die Füchse wurden ausgerottet.

Größere Probleme stellen noch immer die Wildkatzen dar, denn sie nehmen nur selten Köder an und bevorzugen frische Beute. Trotzdem konnte auch die Zahl der Katzen erheblich reduziert werden. Seither haben sich kleine Säugetiere, wie die Spinifexmaus und der Numbat, deutlich erholt. Auch Vögel – unter ihnen das Thermometerhuhn und einige Zaunkönigarten, konnten sich vermehren. Neu angesiedelt wurde das gestreifte Hasenwallaby, das Rufous Hasenwallaby, der Western Quoll und die Mulgaramaus.

Natürlich waren und sind auch die Kaninchen nicht zum Nutzen des Paradieses. Sie fressen den dürftigen Bodenbewuchs kahl und unterminieren mit ihren Bauen den sandigen Boden. Man versucht sie mit Krankheitskeimen zu dezimieren – Myxomatose –, aber viele sind dagegen bereits resistent.

«Tja», seufzten wir alle drei nach dieser Einführung, «alles menschengemacht. *Well done …*»

Und ich erzählte dem Ranger von einem Plakat, das ich in einem Städtchen im Weizengürtel gesehen hatte. Ein europäischer Rotfuchs war darauf abgebildet, und über ihm stand in großen Buchstaben:

GESUCHT WEGEN MORDES
AN EINHEIMISCHEN BEUTELTIEREN UND
UNSCHULDIGEN NEUGEBORENEN LÄMMERN

Darunter folgte der Aufruf zur großen jährlichen Fuchsjagd, bei der möglichst vielen Mördern der Garaus gemacht werden sollte.

«Na ja», knurrte der Ranger und kratzte sich am Hinterkopf. «So kann man es auch sehen.»

Als ich vorschlug, man könnte doch ähnliche Plakate auch für Menschen anfertigen, zum Beispiel: Gesucht wegen Mordes an Millionen unschuldigen Menschen und Tieren, wegen Zerstörung von Ökosystemen, der Erde, des Klimas und so weiter und so weiter, da verzog er das Gesicht, lachte dann ein bisschen unglücklich und sagte: «Bringt nichts … man kann sie ja schlecht erschießen, oder?»

Nein, kann und darf man nicht, stattdessen müssen eben Elektrozäune, Gift und Gewehre gegen die unbeabsichtigten Folgeschäden menschlicher Aktionen eingesetzt werden. *Collateral Damage.*

Mit Zäunen versuchte man schon vor über hundert Jahren die Folgen der Kolonisierung Australiens einzugrenzen. Im Osten wurde ein *Dog Fence* gebaut, um Schafe und Rinder vor verwilderten Hunden zu schützen. Von Norden nach Süden reichte der *Rabbit-Proof Fence*, mit dem Westaustralien der Kaninchenplage zu entgehen versuchte. Außer einem beachtlichen Arbeitsbeschaffungsprogramm waren die Erfolge dieser Aktionen eher gering. Die Kaninchen schafften es trotzdem. Alle schafften es, genau wie die Menschen, gegen die auch keine Zäune geholfen hätten.

Und nun stellt sich die Frage, ob man das ökologische Gleichgewicht mit Gewalt wiederherstellen kann. Es ist ja nichts anderes als Gewalt, wenn Tiere vergiftet und in Massen abgeschossen werden. Krieg gegen Unschuldige. Dabei trifft es nicht nur Schafe und Ziegen, wie beim *Project Eden*, sondern inzwischen – überall im Land – auch Pferde, Esel, Kamele und Wasserbüffel. Es ist ein Programm der Hilflosigkeit und der totalen Empathielosigkeit, das sich Politik und Naturschutzbehörde ausgedacht haben.

Der australische Dichter Les Murray hat dieses Dilemma in eindrucksvolle Worte gefasst, die viel mehr sagen als eine kühle Schilderung der Tatsachen:

Über das gegenwärtige Abschlachten verwilderter Tiere

Es scheint, dass die gnadenlose menschliche Umordnung
der gesamten Welt kein grünes Ende nehmen wird.
Dort, wo nichts zurückschießt, posieren Ranger in Khaki,
steigen in einen Hubschrauber mit zum Schießen entfernter Tür.
In Minuten sind sie über sandfarbener Einöde, wo Büffel
vor dem Staub fliehen – rundliche Tiere, braun wie Käfer, mit
gerippten

Lenkstangenhörnern – oder über Glanz, der sie mit seinem Gischt
behindert.
Das Gewehr beendet den Galopp eines Tieres und noch eins und
weiter,

Kuh, Kalb, Stier, die zwei Tonnen Stoßkraft,
die auf dem unsichtbaren Stern jeder Kugel reitet,
peitschen ihre stürzenden Säfte. Arme, lehmige Rinder aus Asien
liegen hintereinander wie Städte aus Salzgestank auf einer
Landkarte.

Leidenschaftlich vor Selbstlosigkeit wie jede Inquisition
lädt ein statistischer Traum für Esel, Katzen, Pferde seine Waffe.
Die kugelgefütterten Armeegewehre mit ihren röhrenförmigen Linsen
öffnen sich und schließen. Eine dicke Patronenhülse und ein Tier
wirbeln beide in die Vergessenheit. Hinter einem Ohr ruckt Fell,
und eine unkennbare ungestüme Welt ist abgeschafft.

Aber soweit es Baumwipfel oder heute lebende Menschen wissen,
sind das alle einheimische Wesen. Wann gab es sie schon nicht?
Jedes ist auf diesem Kontinent geboren. Verbranntes Gras und
staubiger Schatten
füllten ihr Gedächtnis, nicht frostiger Herbst, nicht würzige
Grünerde.
Wir im Überlebenskampf gegen andere Arten, das könnte die
infizierende
Nadel rechtfertigen, das Jagdgewehr in ausgewaschenen
Wasserläufen,

Aber dieses Luxusmassaker in Landschaften, die ihre Siedlungen
verlieren,
riecht nach Gastheorie. Das Letzte, was wilde Pferde hören,
ist dieses ideologische Geräusch, den Babyboom.
Es ist die verborgene Musik eines gipfelnden, angeborenen
Selbsthasses,
in dem wir uns blind um fliegenbedeckte Millionen bewegen
auf eine gewaltlose Traumzeit zu, in der kein heute Lebender je war.

Diesmal ist alles anders. Gleich hinterm Elektrozaun beginnt tatsächlich eine neue Welt. Büsche und Sandelholzbäumchen sind saftig grün. Keine Ziegenherde hat ihre Blätter abgefressen. Die Halbinsel hat sich in wenigen Jahren von einer kahlen, harten, staubigen Landschaft in eine saftig-grüne verwandelt. Die Besonderheit dieser Pflanzenwelt liegt in der Vermischung von drei Klimazonen: Meeresklima, tropisches und subtropisches Klima.

Der dichte grüne Pelz des Landes besteht aus mindestens 51 verschiedenen Arten von Baumheide. Die Schönheit dieser Pflanzen, der Kontrast zwischen der feinen roten Erde und dem Grün der Büsche ist überwältigend. Wenn das Türkisgrün des Meeres dazukommt, eine tiefstehende Sonne die Farben leuchten lässt, dann wandere ich im wahrhaftigen Garten Eden, umweht vom herben Duft der Pflanzen.

Immer wieder treffe ich auf kleine oder große Echsen, die kurz in meine Richtung züngeln und dann mit aufgestelltem Schwanz davoneilen. Aus dem dichten Grün leuchtet die knallgelbe Brust eines Vogels, ein Falke fliegt auf, riesige schwarze Ameisen eilen über den Weg. Zwei Emus recken die langen Hälse mit den viel zu kleinen Köpfen, laufen dann mit wogenden Federn vor mir her, scheinen zu schweben, weil ihre Beine vom Gebüsch verdeckt werden. Immer wieder werfen sie neugierige Blicke zurück.

Von weit her erklingt die Hupe unseres Wagens. Paul mag es nicht, wenn ich mich zu weit entferne. Dieser Disput zwischen uns wiederholt sich immer wieder. Er fotografiert, ich gehe los und erforsche die Gegend. Irgendwann fällt ihm auf, dass ich nicht mehr da bin, und er drückt auf die Hupe oder ruft laut.

Diesmal fährt er mir langsam entgegen. Der rote sandige Weg ist gerade breit genug für den Wagen.

«Gibt Schlangen da draußen!», sagt er grimmig. «Ist genau die Tageszeit, in der sie anfangen herumzukriechen.»

«Ich weiß! Aber ich habe Stiefel an, lange Jeans und einen Stock in der Hand.»

«Trotzdem!»

Er hat es eilig, hofft auf einen starken Sonnenuntergang in der Eagle Bay. Es wird nur ein mittelmäßiger, dafür begegnen wir auf der Aussichtsplattform acht jungen Bürgern der Volksrepublik China, solchen mit reichen Eltern, die erst seit ein paar Wochen in Perth studieren. Sechs junge Burschen und zwei Mädchen stehen vor uns und schauen ein wenig ratlos aufs Meer hinaus.

«Wo sind die Haie?», fragt einer und lacht ein bisschen albern. «Wir sind seit gestern in Shark Bay und haben noch keinen Hai gesehen.»

«Oh, sie sind da, keine Angst. Wenn ihr schön weit rausschwimmt, dann werdet ihr sicher ein paar treffen.»

Pauls Antwort löst allgemeines Kichern aus. Zwei von ihnen stammen aus Bejing, die anderen aus Shanghai. Als sie herausbekommen, dass ich Deutsche bin, wird einer der jungen Männer richtig kühn.

«Kann ein Mann in Deutschland mehrere Frauen heiraten?»

Ich verneine, frage, wie er auf so eine Idee komme.

«Aber es gibt doch in Deutschland viel mehr Frauen als Männer!»

«Kann ich in China mehrere Männer heiraten? Es gibt doch viel mehr Männer als Frauen!», frage ich zurück.

Großes Gelächter der Gruppe. Dann erzählt eine der jungen Frauen von ihrem Staunen über das weite, leere Land Australien. Dass zwischen Perth und Shark Bay gerade mal zwei kleine Städtchen liegen, ist für alle acht unbegreiflich. Es sei eine Strecke wie von Bejing nach Shanghai, und die sei eine durchgehende Siedlung, voller Häuser und Menschen. Die Einsamkeit hier, die mache ihnen manchmal Angst, aber im Luxusresort Monkey Mia fühlten sie sich halbwegs sicher. Sie seien vor allem wegen der Delfine gekommen, die dort regelmäßig auftauchen und sich füttern lassen.

Achthundert Kilometer, um Delfine zu sehen, die nicht immer erscheinen. Dieser Gedanke bereitet Paul so viel Vergnügen wie die lange Reise der Touristen zu dem Felsen mit Loch.

Wir übernachten nicht im Luxusresort, sondern in einer *Cabin* auf dem Campingplatz von Denham, bei der es sich in diesem Fall um eine Kunststoffkiste mit Doppelbett, Tisch, zwei Stühlen, Küchenzeile und Klimaanlage handelt. Praktisch und einigermaßen günstig. Am Morgen sind alle Waschbecken in der Gemeinschaftsdusche besetzt – aber nicht von Campern, sondern von wild krabbelnden, schwarzen Käfern, die des Nachts von Licht und Wasser angezogen wurden. Das war schon immer so, und es hätte mich eher beunruhigt, keine schwarzen Käfer vorzufinden. Wobei es durchaus ein bisschen unangenehm ist, die ziemlich großen Zappler einzusammeln und ins Freie zu befördern. Nach ein paar Tagen entwickle ich jedes Mal eine gewisse Routine. Mit einer Hand schlüpfe ich in einen Waschlappen, wische die Käfer in eine Kunststoffschüssel und trage sie hinaus. Schon ist das Waschbecken frei.

Später fahren wir nach Monkey Mia, vorbei an dem Golfplatz, der nur aus roter Erde besteht. Rund um die Löcher wird der Boden mit Dieselöl getränkt und auf diese Weise glatt und bespielbar gehalten. Ein typischer Outback-Golfplatz. Rasen ist hier unbekannt. Auf der anderen Straßenseite liegt ein klarer kreisrunder See, der zum haifreien Schwimmen einzuladen scheint. Große Schilder warnen jedoch vor Steinfischen, deren Stacheln sehr giftig sind und mitunter sogar tödliche Wirkung haben können. Die Natur hat ihre eigene Methode, Menschen fernzuhalten. *Achtung Steinfische* wirkt wesentlich durchschlagender als *Baden verboten*.

In Monkey Mia verlangen sie Eintritt. Das war auch schon immer so, doch Paul regt sich jedes Mal auf, als erlebe er es zum ersten Mal. Wir setzen uns auf einen Steg und schauen den Touristen zu, die sich am Strand versammelt haben. Einige sitzen im Sand, andere stehen beisammen und starren auf die Bucht hinaus, einige mit Ferngläsern. Das große Warten hat begonnen. Jeder Zweite dort am Strand hat einen Sonnenbrand; knallrote Bäuche, Schultern und Rücken bilden einen hübschen Kontrast zum türkisfarbenen Wasser. Aber trotz ihrer Schmerzen harren alle geduldig aus – auch unsere chinesischen Studenten.

Eine halbe Stunde vergeht, eine Stunde. Auf dem Katamaran, der hinter uns angelegt hat, spielen sie Lieder von Nat King Cole. Es wird immer heißer. Einige geben auf, ziehen sich in den Schatten der Cafeteria zurück.

Auftritt des Rangers mit einem Eimer voller Fische. Er hat von seinem kühlen Beobachtungsturm aus etwas gesehen.

«Ich glaube, dass sie gleich kommen», sagt er und watet ins Wasser.

«Sie glauben?» Das ist die angespannte Stimme eines sehr rot gefärbten Schweizers, der offensichtlich langsam die Nerven verliert.

«Ich glaube, ich hoffe», erwidert der Ranger freundlich. «Wissen Sie, die Delfine sind ja wilde Tiere und keineswegs dressiert oder so. Sie kommen, wenn sie Lust dazu haben.

Wenn sie keine haben, dann kommen sie nicht. Wilde Tiere machen nie, was man von ihnen erwartet.»

Es ist deutlich zu sehen, dass diese Antwort den Mann nicht zufriedenstellt. Schließlich hat er eine lange Reise auf sich genommen und teuer dafür bezahlt, dass die Delfine sich zeigen! Sein Gesichtsausdruck sagt mehr als viele Worte.

Aber der Ranger, ein älterer Mann mit runder Nase und freundlichen kleinen Augen, schaut gelassen aufs Wasser hinaus und nickt zufrieden. Er kennt sich mit ungeduldigen Touristen aus.

Sie kommen. Drei oder vier dunkle Schatten im klaren Wasser, deren Finnen die Wasseroberfläche durchbrechen.

«Könnten auch Haie sein!», sagt eine Frau.

Und dann sind sie da, plätschern im seichten Wasser herum, stecken die Nasen in die Luft, zeigen ihre seltsam lächelnden Gesichter. Eine geschlossene Front von Fotoapparaten drängt zum Wasser, ins Wasser, schussbereit. Der Ranger scheucht alle zurück, droht damit, dass die Delfine wieder verschwinden könnten, wenn sie sich bedrängt fühlen.

Widerwillig verharren die Zuschauer am Strand, während er seine Delfinshow abzieht: Zuerst dürfen Paare auf Hochzeitsreise einen Fisch verfüttern, dann Kinder. Und niemals den Delfin von oben streicheln oder seinem Atemloch zu nahe kommen. Er könnte angreifen. Sind eben keine Schmusetiere, die wilden Delfine, und mit Sicherheit sind sie nicht auf die paar toten Fische aus der Hand von Touristen angewiesen. Keiner weiß, warum sie überhaupt kommen, auch der Ranger nicht.

Ihr Reich ist ein Unterwasserparadies, das 4000 Quadratkilometer Seegrasteppiche umfasst – das größte Biotop dieser Art auf der ganzen Welt. Rund 10 000 Seekühe leben hier, friedlich grasend, ab und zu ihre runden Köpfe aus dem Wasser streckend, um Luft zu holen. Nirgendwo gibt es mehr Seekühe als in der Shark Bay. Aber auch Buckelwale machen hier auf ihren Wanderungen Station, Meeresschildkröten finden sichere Plätze für ihre sandigen Nester, unzählige Fischarten, Krustentiere und Quallen haben Kinderstuben in den Seegraswäldern. Paradies gefunden.

Denham, der einzige kleine Ort auf der Peron-Halbinsel, ist verschlafen wie eine Katze beim Sonnenbad: ein paar Ferienapartments hinter der Uferpromenade, ein Hotel, ein *General Store* und viele Fischerboote. An diesem Nachmittag stehen am Anleger ein paar Männer beieinander und reden über den Sturm, von dem sie nur sanfte Ausläufer abgekriegt haben.

Bloody lucky waren sie, das ist die einhellige Meinung. Wie könnten sie ihre Boote schützen, wenn ein Zyklon über die Shark Bay hinwegziehen würde?

«Was kann man schon machen?», sagen sie achselzuckend. «Wir können sie ja nicht wegtragen.»

Das Eindrucksvollste in Denham ist das phantastische *Shark Bay World Heritage Discovery Centre*. Seine Architektur modern und großzügig, seine Ausstellungen über die komplizierte Ökologie, das *Project Eden* und die Kultur der Ureinwohner spannend und begeisternd. Die Peron-Halbinsel ist das Land der Malgana, die einst wohl geradezu paradiesisch lebten. Mit Nahrung im Überfluss waren sie nicht einmal zur ewigen Wanderung gezwungen. Sie fischten, sammelten Beeren und jagten Wallabies und *Goannas* (große Echsen). Und dann kam der weiße Mann … aber diese Geschichte kennen wir bereits.

Jetzt wird das Paradies also mühsam wiederhergestellt – auch mit Hilfe der letzten Malgana. Einer von ihnen veranstaltet sogar Führungen für Touristen, zeigt ihnen *bush tucker*, Nahrung aus der Natur, und erzählt von der Traumzeit, als die Ahnengeister das Land erschufen. Es hat sich etwas verändert im Verhältnis zwischen Ureinwohnern und eingewanderten Australiern, seit der ehemalige Premierminister Kevin Rudd sich 2008 für die Grausamkeiten der Vergangenheit, die Entwurzelung der *stolen generation* entschuldigte und damit den Prozess der Versöhnung wieder ein Stück weiterbrachte. Sein Vorgänger John Howard hatte diese Entschuldigung hartnäckig verweigert. Kaum merklich geht es voran, und das moderne Australien scheint die alte Kultur vorsichtig zu integrieren. Doch noch ist es ein langer Weg.

Vielleicht werden wir Menschen irgendwann weltweit gemeinsam daran arbeiten, die Schäden der Vergangenheit zu beheben, die unbeabsichtigten Folgen unseres evolutionären Fortschritts. In einer anderen Traumzeit vielleicht, einer, die wir noch nicht kennen, wie Les Murray sagt.

Sintflut mit Heuschrecken

Wir sind auf den *Great Coastal Highway* zurückgekehrt, und noch gibt es keine Anzeichen von Überschwemmungen. Trocken und heiß rollt sich die Endloslandschaft vor uns aus, ähnelt an manchen Stellen einer weißen Wüste. 80 Kilometer vor Carnavon liegt plötzlich ein grüner Schimmer über der Erde, als hätten über Nacht winzige Samen zu keimen begonnen. Große Pfützen schimmern im Busch, und dann steht Wasser in einer Straßensenke, im *floodway*. Überall, wo die Straße durch eine Mulde führt, muss man bei Regen mit Überschwemmung rechnen.

Manchmal steht das Wasser so tief, dass Autos nicht weiterfahren können. Diesmal kommen wir gerade noch durch.

Regen fällt im Outback selten als angenehmer Schauer oder britischer *drizzle*. Er kommt über das Land wie eine Sintflut. Meterhohe Tsunamis rasen nach einem Zyklon durch ausgetrocknete Flussbetten, reißen Bäume, Häuser, Autos, Tiere und manchmal auch Menschen mit sich. Rotes Wasser spült Straßen und Brücken weg, überschwemmt Plantagen, Weiden, Busch, verwandelt das Land in einen riesigen blutroten See, der langsam in der Sonne verdampft und einen fauligen Geruch verströmt. Zurück bleiben rot gefärbte Büsche und Baumstämme, zerklüfteter, erodierender Boden. Und schließlich färbt sich auch das Meer rot, trägt die australische Erde hinaus in die Welt.

Der nächste *floodway* ist tiefer, und Paul lenkt den Wagen sehr behutsam hindurch, denn das Wasser reicht bis zum oberen Reifenrand. Hinter uns fährt schnell ein Truck durch – zu schnell, rote Fontänen steigen zu beiden Seiten auf, der Motor röchelt.

Kurz vor Carnavon hat das Wasser große Teile der Straße untergraben und weggerissen. Straßenarbeiter regeln den Verkehr, dick vermummt gegen die Sonne, die vom Himmel brennt, als hätte es nie einen tropischen Sturm gegeben. Die Vermummung ist gesetzlich vorgeschrieben wegen des Hautkrebsrisikos, und ich vermute, dass seither zwar mehr Arbeiter wegen akuten Hitzschlags in Krankenhäuser eingeliefert werden, die Hautkrebsrate aber sinkt. An der Straße sind die ersten Häuser ohne Dach zu sehen, überflutete Plantagen mit zerrupften Bananenbäumen. Verlorene Ernte. Vor allem die Außenbezirke von Carnavon hat es schlimm erwischt. Der Ort selbst scheint unversehrt. Ein neues Aborigine-Kulturzentrum steht an der Hauptstraße, wieder ein Zeichen der Veränderung. Erbaut wurde es in der Trichterform eines tropischen Wirbelsturms.

Paul will erst einen Hamburger, ich will erst Kultur und gewinne. Die meisten Bilder sind leider nicht so gelungen. Die berühmte Punkttechnik allein macht noch keine großen Werke. Viele Aborigines sind sehr kreativ und begabt, ihre Werke werden inzwischen weltweit gesammelt und erreichen auf dem Kunstmarkt höchste Preise.

Doch es gibt auch viele Dilettanten, Hobbymaler eben, wie überall auf der Welt. Die großzügigen Ausstellungsräume des Kulturzentrums sind eher mit der zweiten Art von Künstlern besetzt. Dafür verlangen sie ehrgeizige Preise: eintausendeinhundert Dollar für eher zweifelhafte Werke und zehn Dollar für eine Kunstpostkarte. Dann doch lieber Hamburger!

Auf der Fahrt zur Imbissstube im Zentrum der kleinen Stadt hören wir auf dem lokalen Radiosender ein denkwürdiges Interview.

Der Moderator wählt eine Nummer. Es klingelt lange, dann wird abgehoben, und ein heiseres Brummen ertönt.

«G'day, Sie sind doch der Künstler, der mit Treibholz arbeitet?»

Brummen.

«Davon gibt's nach der Flut ja jede Menge. Waren Sie schon unten am Strand?»

Raue undeutliche Stimme: «Kurz, aber noch nicht richtig.»

«Oh, tut mir leid … haben wir Sie geweckt?»

«So ungefähr.»

«Sorry. Was für Holz wird da angeschwemmt vom Gascoyne River?»

«Keine Ahnung. Alles Mögliche.»

«Bearbeiten Sie die Hölzer?»

«Manche bemale ich, manche nicht. Kommt drauf an.»

Der Moderator wird allmählich nervös und überspielt seine Schwierigkeiten, indem er besonders laut und fröhlich spricht.

«Wo stellen Sie Ihre Werke aus?»

«Bring sie ins Kulturzentrum und kleb 'n Preis drauf!»

«Haben Sie schon Stücke verkauft?»

«No.»

«Danke für das Gespräch und noch mal sorry, dass wir Sie geweckt haben.»

Musik.

Paul kann vor Lachen nicht weiterfahren.

Wieder mieten wir eine Hütte, diesmal eine mit zwei Zimmern und eigener Dusche – auf einem Campingplatz, der vom Wasser verschont wurde. Luxus. Dafür gibt's eine andere Plage: *Locusts!* In Schwärmen fliegen plötzlich große Heuschrecken durch die Stadt. Die kratzigen harten Insekten bewegen sich wirr durch die Luft und prallen gegen alles, was im Weg ist, unter anderem gegen mich, als ich mich auf den Weg zu den Waschmaschinen mache. Wie Geschosse knallen die Heuschrecken gegen meinen Kopf, meine Arme, die Brust, den ganzen Körper. Ich kann gar nicht anders, als jedes Mal aufzuschreien.

«Pass auf deine Augen auf!», ruft ein Mann, der Blätter und abgerissene Zweige vom Weg fegt. «Die Dinger sind so hart und spitz, dass sie die Augen verletzen können.»

Ich klemme den Korb mit schmutziger Wäsche unter einen Arm und schütze mit dem anderen mein Gesicht. Als ich den Mann erreiche, stützt er sich auf seinen Besen und sieht mich bedeutungsvoll und düster an: «Überschwemmungen, Stürme, Heuschrecken ... ich frage mich, was kommt als Nächstes?»

Tja, was? In diesem Sommer gleicht Australien einem Land, das von biblischen Plagen heimgesucht wird. Ein Drittel steht unter Wasser, ein Drittel leidet unter Dürre, und den Norden umkreisen tropische Wirbelstürme, immer wieder flackern Brände auf, und jetzt eben Heuschrecken. Fehlen nur noch die Frösche und irgendeine Seuche. Falls ich mich richtig an das Alte Testament erinnere.

Am Abend will ich ausgehen, bin neugierig auf die Menschen in Carnavon. Es ist Freitagabend, der Ausgeh-Abend für die Einheimischen, und wenn sie ein paar Biere getrunken haben, werden sie meistens gesprächig. Paul will in den Pub des alten Hotels, ich will ins *Tropicana,* eine Bar in einer Seitenstraße.

«Wahrscheinlich ein Nachtclub», sagt Paul. «Willst du wirklich in einen Nachtclub? In Carnavon?»

«Warum denn nicht?»

«Okay, du wirst schon sehen …»

Also ins *Tropicana*. Laute Musik und gedimmtes Licht. Fischernetze an Decken und Wänden haben Seesterne aus Plastik und bunte Plastikfische gefangen. Kein Mensch weit und breit.

«Da hast du's!», stellt Paul befriedigt fest.

«Wir trinken einen Cocktail, und wenn dann immer noch nichts los ist, gehen wir in den Pub, okay?»

«Es wird nichts los sein.»

Wir setzen uns in eine Nische. Eine aufgedonnerte Blondine in superkurzem Minirock und tiefem Ausschnitt erscheint. Sie versucht, freundlich zu sein, stellt zerstreut ein paar Erdnüsse vor uns hin. Wahrscheinlich haben wir sie beim Fernsehen gestört. Paul trinkt Whisky, ich einen Tropicana-Cocktail, der viel zu süß ist. Wir trinken schweigend, vermeiden Blickkontakt, um nicht loszuprusten.

Nach zwanzig Minuten wird die Eingangstür aufgestoßen, und fünf junge Männer schieben sich herein, alle ein bisschen schwabbelig, alle mit sehr kurzen Haaren. Alle tragen pastellfarbene Hemden mit kurzen Ärmeln. Unsicher schauen sie sich um, reden dann alle auf einmal, zu laut, mit hallenden Stimmen. Sie streben zur Bar und lachen dabei brüllend über Witze, die wir nicht verstehen, weil die Barfrau die Musik aufgedreht hat.

Plötzlich scheint das *Tropicana* voll zu sein. Die erste Runde Bier ist schon getrunken, die zweite wird gerade eingeschenkt. Was soll man auch sonst machen an diesem Freitagabend in einem leeren Nachtclub ohne Frauen? Aber das ist ein sehr europäischer Gedanke. Vermutlich vermissen die fünf Jungs nichts. Freitagabend ist die Zeit der *mates,* Männerabend. Eine australische Tradition. Da gibt's keinen Platz für Frauen. Eine hinterm Tresen reicht.

Wir machen uns auf den Weg zu dem alten Hotel, und Paul verbirgt diskret seinen Triumph. Ich aber habe die halbe Stunde in der Bar der verlorenen Seelen genossen – mein geheimer Triumph.

Die Luft ist schwer, feucht und warm, und ich bin froh, dass Heuschrecken nicht nachtaktiv sind. Ein Streifenwagen der Polizei überholt uns Fußgänger im Schritttempo, bleibt stehen, fährt kurz neben uns her und endlich langsam weiter. Der Mond versteckt sich hinter einer durchsichtigen Wolke.

Als der Streifenwagen in eine Seitenstraße abbiegt, sind wir wieder allein in diesem Städtchen, um Viertel nach neun an einem Freitagabend.

Auch die Hotelbar ist nicht besonders voll. Aber es laufen zwei Fernseher, die Musikbox plärrt, und immerhin spielen ein paar Männer Billard, und drei, vier sitzen an der

Bar. Zwei Frauen sind auch da, unterhalten sich ein wenig abseits von den Männern.

Zwei der Männer starren deprimiert in ihre Biergläser. Wie sich herausstellt, als sie uns an ihrer Misere teilnehmen lassen, sind sie Bananenpflanzer. Innerhalb weniger Stunden wurde ihre gesamte Ernte vernichtet, und es wird dauern, bis die Bananenbäume sich wieder erholen – falls überhaupt. Bisher lief es prima für die beiden, aber jetzt wissen sie nicht so recht, wie es weitergehen soll. Sie hoffen auf Hilfe vom Staat.

«Bananen werden bald verdammt teuer in Western Australia», knurrt Simon, der Ältere von beiden. «Wir produzieren hier fast drei Viertel des Bedarfs. Die Mangos hat's auch erwischt. Nicht alle, aber die meisten.»

Ich frage, wieso Carnavon eine so fruchtbare Oase in der sonst so ausgedörrten Gascoyne ist.

«Liegt an der Flussmündung, da hat der Gascoyne fruchtbare Erde angeschwemmt, und außerdem gibt's Wasser. Verdammt tropisches Klima hier, da wächst alles. Aber falls das hier nichts mehr wird, dann verkauf ich und geh nach Norden. Zum Ord River, da gibt's noch bessere Bedingungen. Mehr Regen. Muss ich eben neu anfangen. Hab ich schon Übung drin!» Er lacht zum ersten Mal.

«Schon mal alles verloren?»

«Sagen wir: zweimal umgesattelt. In der Nähe von Perth hab ich's mit verdammten Äpfeln versucht, war aber zu trocken und die Preise im Keller. Dann mit Champignons – in 'ner Halle, natürlich – und mit Hühnern, das ging eine Weile ganz gut. Dann hab ich gehört, dass verdammte Bananen der Renner sind, hab verkauft und bin jetzt seit zehn Jahren hier oben.»

Zum besseren Verständnis des Wörtchens *verdammt*, das in diesem Monolog so häufig vorkam: Simon hat natürlich nicht *damned* gesagt, sondern *bloody*. Die meisten Australier benutzen das Adjektiv *bloody* gerne mehrmals in einem Satz, vor allem in ländlichen Regionen und in den Bergbausiedlungen. *Bloody* kann man allerdings nicht mit *blutig* übersetzen, es entspricht eher unserem *verdammt* und kommt selbst in politischen Debatten im australischen Parlament durchaus vor. Weniger rücksichtsvolle Menschen sagen statt *bloody* das f-Wort, *fucking*, das im Fernsehen immer mit einem Piepton eliminiert wird. Scheint aber nicht zu helfen. Trotz aller Erziehungsversuche ist auch dieses Wort sehr verbreitet.

Simon ist inzwischen bei seinem vierten Bier, und sein jüngerer Kollege grinst. «Hab meine Frau dabei, die trinkt nur Limo. Seit die Bullen so scharf kontrollieren, ist die Kneipe ziemlich leer. Die trinken alle zu Hause.»

Und als hätten sie auf das Stichwort gewartet, stehen plötzlich zwei Polizisten in der Kneipe. Ein hünenhafter junger Mann und eine kleine drahtige Frau. Breitbeinig stehen sie da, die Hände in den Hüften, und wechseln ein paar Sprüche mit dem Wirt und den Gästen. Aber sie sind wachsam, werfen einen Blick in den Nebenraum, in den Innenhof. Bleiben ein paar seltsam lange Minuten, ehe sie wieder verschwinden. Mir kommt es vor, als täten alle Anwesenden plötzlich ganz harmlos, wie Kinder, die bei etwas Verbotenem erwischt werden.

«Die passen verdammt gut auf», sagt Simon, als wir wieder unter uns sind. «Seit ein paar Jahren haben wir hier 'nen Polizeichef, der absolut nichts durchgehen lässt. Davor wurde jede Nacht 'n paarmal eingebrochen, und überall hingen Besoffene rum. Er hat 'n regelrechtes Ausgehverbot verhängt. Seitdem ist hier abends Ruhe. Wer trinkt und mit dem Auto fährt, der kann gleich einpacken. Ganz egal, ob weiß oder schwarz. Die erwischen jeden.» Er nimmt einen großen Schluck aus dem Bierglas, wischt sich mit dem Unterarm den Mund ab und fügt hinzu: «Ist auch verdammt gut so.»

Auf dem Fußmarsch zurück zum Campingplatz fährt zweimal der Streifenwagen an uns vorüber. Alles unter Kontrolle in Carnavon.

Vor unserer Abreise sehen wir im Frühstücksfernsehen ein Interview mit dem rechtsgerichteten holländischen Politiker Geert Wilders. Was um Himmels willen macht Geert Wilders in Australien? Er verkündet, dass er gekommen sei, um «dieses freie Land vor den Gefahren des Islam zu warnen». In Sydney und Melbourne war er schon – trotz heftiger Gegendemonstrationen. Jetzt warnt er Western Australia. Aber die Großveranstaltung in Perth wurde abgesagt. Proteste überall. Auch dagegen, dass seine Veranstaltung abgesagt wurde. Es widerspreche dem Grundrecht der freien Rede. Wilders sieht es als Beweis, dass Australien bereits in Gefahr ist. Wie geschickt manche Menschen darin sind, die Dinge zu ihren Gunsten auszulegen.

In Australien liegt der Anteil der Muslime an der Bevölkerung bei 2,2 Prozent, in den Niederlanden bei 6 Prozent. In den folgenden Tagen brach im *West Australian* eine wilde Debatte mit heftigen antiislamischen Tönen aus. Wie schnell doch die Dauerbaustelle Multikulti ins Schlingern gebracht werden kann – sogar vom Vertreter einer sehr kleinen Partei eines sehr kleinen Landes.

Wir haben genug von den Heuschrecken, genug auch von Campingplätzen. Deshalb stocken wir unsere Vorräte an Wasser und Lebensmitteln auf, füllen den Eskie mit Eiswürfeln und finden schließlich eine Tankstelle, die nicht überschwemmt wurde. Der Pächter ist Indianer, ein echter nordamerikanischer Indianer.

«Falls ihr die Toilette braucht – hier ist der Schlüssel. Musste sie absperren. Die Kids der Aborigines haben sie total versaut. Von mir aus können sie die Klos gern benutzen, aber nicht so. Hab keine Lust, ständig Klos zu putzen.»

Er reicht Paul die Bankkarte zurück und lacht plötzlich los. «Ich mag sie ja! Sind echt nette Leute, aber man muss vorsichtig sein. Sind empfindlich. Kann man ja verstehen! Wir Indianer sind auch empfindlich.» Er grinst weiter vor sich hin, poliert mit dem Handballen den Tresen.

«Wisst ihr, was dem Bäcker hier passiert ist? Nein? Dann passt mal auf: Der Bäcker hat wohl 'n paar von den Jungs rausgeschmissen und nicht besonders nett behandelt. Kommt hier schon mal vor. Aber die haben es ihm heimgezahlt, das sag ich euch! Die sind nachts in die verdammte Bäckerei eingestiegen und haben in den verdammten Brotteig für den nächsten Morgen gepinkelt. Konnte er alles wegschmeißen. Nicht schlecht, was?»

«Nein, nicht schlecht!», antworte ich.

«So sind Jungs eben, nicht?»

«Genau.»

«Na dann, gute Fahrt.»

Als ich in den Wagen steige, knallt eine letzte Heuschrecke gegen meine Wange.

Wir wollen versuchen, nach Point Quobba durchzukommen, einem besonders wilden Abschnitt der *Coral Coast* nordwestlich von Carnavon. Am Highway schaufeln Arbeiter roten Schlamm von der Fahrbahn. Paul fragt einen von ihnen, wie es weiter im Norden aussieht.

«Der Highway ist einspurig befahrbar. Die Nebenstraßen sind gesperrt. Die nach Gascoyne Junction sowieso. Wird noch Tage dauern, bis man da wieder durchkommt. Die Straße nach Quobba ist auch dicht.» Mit seiner großen schwarzen Sonnenbrille und dem gelben Schutzanzug sieht der Mann aus wie ein Alien. Wir fahren weiter.

«Gibt's noch einen anderen Weg?»

«Nein», antwortet Paul. «Aber wir werden durchkommen, und wenn wir durch den Busch fahren müssen!»

Eine riesige weiße Satellitenschüssel steht auf dem Hügel außerhalb der Stadt und hat den Sturm anscheinend unbeschadet überstanden. Die Schüssel ist eine Art Wahrzeichen Carnavons, bezeugt eine große Zeit der kleinen Fischer- und Pflanzergemeinde. 1966 wurde sie von der NASA als Beobachtungsstation für die Gemini- und Apollo-Raumfahrten aufgebaut. 1986 sammelten Wissenschaftler hier Daten über den Flug des Halley'schen Kometen. Seit 1987 ist sie außer Betrieb – eine Geisterschüssel. Trotzdem sind die Leute in Carnavon noch immer stolz darauf und die Pläne für die Einrichtung eines Raumfahrtmuseums weit gediehen – irgendwann können Besucher dann auf einem *Apollo Heritage Trail wandern* ... Hauptsache, *Heritage*!

Es gibt einen seltsamen australischen Spielfilm mit dem Titel *The Dish,* in dem eigentlich nichts passiert, abgesehen davon, dass die Techniker so einer Schüssel eine Weile den Kontakt zur Apollo verlieren und im letzten Moment wiederherstellen. Eine heroische Tat. Über die australische

Mentalität aber erzählt der Film sehr viel. Über die Begeisterung einer kleinen Stadt darüber, dass etwas passiert, dass diese Stadt für ein paar Stunden ganz wichtig ist und mit der Welt da draußen verbunden. Nach solchen Ereignissen werden Denkmäler errichtet und Museen – und ich stelle fest, dass ich einen europäischen Kulturdünkel habe, den ich am besten schleunigst ablege!

Wir fahren vorüber an zerstörten Plantagen, zerfetzten Windschutzplanen, zerbrochenen Holzpfählen. Dieser Wirbelsturm hat angeblich nichts mit dem Klimawandel zu tun. Zyklone gab es im australischen Sommer schon immer. Manche Orte, wie Onslow oder Exmouth, wurden mehr als ein Mal plattgemacht und wieder aufgebaut. Die Stadt Darwin, ganz im Norden des Kontinents, hat es am Weihnachtsabend 1971 getroffen, und sie wurde von einem tropischen Wirbelsturm fast völlig zerstört. Viele Menschen kamen damals ums Leben. Überall an der nordwestlichen Küste gibt es deshalb unterirdische Schutzräume, denn bei Windgeschwindigkeiten von bis zu 240 km/h und mehr wird so ziemlich alles weggeblasen – insbesondere australische Häuser, die meist nicht sehr solide gebaut sind.

Der Schlamm auf dem Highway beginnt zu trocknen, färbt sich blassrosa. Im Busch ist das frische Grün kräftig gewachsen, Brahmanenrinder ruhen im Schatten kleiner Bäume, wedeln mit großen Ohren die lästigen Buschfliegen weg. Nichts erinnert hier an das Unwetter. Es ist beinahe eine heile Welt, vom Regen besänftigt.

Zwanzig Kilometer nördlich von Carnavon zweigt die Straße zum Point Quobba ab. *Road closed* steht auf einem großen Schild vor einer ziemlich massiven Barriere. Reifenspuren führen in den Busch und hinter der Barriere wieder auf die Straße.

Auch wir umfahren das Hindernis und müssen noch

mehrmals in den Busch ausweichen, denn die schmale Teerstraße wurde gründlich unterspült. Je weiter wir uns der Küste nähern, desto schneller verändert sich die Vegetation, die jetzt in Salzheide übergeht. Auf der Rechten taucht die glitzernde Fläche des Lake McLeod auf. Ganz weit weg, von zitternden Hitzeschwaden verzerrt, bewegen sich winzige Trucks, Schaufelbagger, Kräne wie eine Fata Morgana, Symbolbilder eines berührten Landes. Der Bergbauriese Rio Tinto baut hier Salz und Gips ab. Wer nicht genau hinschaut, würde es gar nicht bemerken.

Beta-Carotin leuchtet blutrot in Wasserbecken an der Straße und am Rand des Salzsees. Diesmal ist es nicht BASF, immerhin. Endlich, hinter Dünen, die hoch wie Berge sind, öffnet sich eine grandiose Mondlandschaft. Hier gibt es keinen Strand, nur eine wild zerklüftete, scharfkantige Felsplatte säumt das Meer. Der Indische Ozean rennt gegen die steile Küste an, als wäre er von einer seltsamen Wut erfasst. Seine Brecher sind so gewalttätig, dass die Gischt meterhoch hinaufgeschleudert wird.

Meterhoch und breit ist auch das Schild am Ende der Straße. Riesige Buchstaben verkünden unübersehbar:

KING WAVES KILL

Diese Warnung ist verdammt ernst gemeint, denn immer wieder werden unvorsichtige Angler oder arglose Touristen von einer der Riesenwellen fortgerissen, die sich unvermutet aufbäumen, als wollten sie das Land verschlingen. Wer in diese tosenden Wasser gerät, hat keine Chance.

Der Ozean feiert hier eine immerwährende Orgie seiner Kräfte, alles ist feucht und salzig, Donnern erfüllt die Luft. Ab und zu zischt eine Fontäne bis zu zehn Meter hoch hinauf. Ein *Blowhole*! Vorsicht, Touristenattraktion!

An vielen Stellen der australischen Felsenküste gibt es diese Löcher im Gestein, das vom Meer unterspült wird. Starke Brandungswellen pessen das Wasser durch die Löcher nach oben, und dann bläst das Loch wie ein riesiger Wal. Wer zu den *Blowholes* nach Quobba will, muss neunundfünfzig Kilometer weit fahren und dieselbe Strecke wieder zurück zum Highway. Immer wieder habe ich beobachtet, dass Touristen ankommen, zehn Minuten bei den Blowholes bleiben, ein paar Fotos machen und wieder abfahren. Blowholes abgehakt. Ein erstaunlicher Mangel an Neugier zeigt sich hier, denn die Küste birgt an dieser Stelle viele Überraschungen und Abenteuer, die zu entdecken wären.

Links vom King-Waves-Schild liegt zum Beispiel das schönste Plumpsklo der Welt. Ganz allein steht es auf seinen Palisaden. Hinauf führt eine Treppe, und weil man hier fast immer allein ist, kann man bei offener Tür mit Blick auf den Ozean – eigentlich meditieren. Stundenlang.

Ein paar hundert Meter weiter links, verborgen hinter einer Düne, gibt es eine geisterhafte Ansiedlung selbstgezimmerter Schuppen, zwischen denen man ab und zu einen Menschen trifft, einen Fischer oder einen, der sich hier eingenistet hat, weil er heimatlos ist. Das Geisterdorf – es ist eher ein Geisterslum – liegt an einem der schönsten Strände, die ich kenne, einer halbrunden Bucht, im Schutz eines Korallenriffs und einer Insel der wilden Vögel. Kormorane, Möwen, weißbrüstige Seeadler, Strandläufer und Regenpfeifer, Watvögel – alle versammeln sich hier in hellen Scharen. Noch eine Orgie der Natur.

Ist das Geisterdorf noch da? Schon vor Jahren hat die Gemeindeverwaltung von Carnavon gedroht, die illegale Siedlung abzureißen. Ein großer Felsblock versperrt den gewohnten Weg entlang der Küste. Stattdessen führt eine neue Teerstraße um den Dünenhügel herum, und wir befürchten das Schlimmste. Rechts taucht eine Art Mülldeponie mit großen Containern auf, und dann liegt unser geliebter Slum vor uns – unverändert. Nur ein Schild ist neu: *Public Toilets!*

Offensichtlich haben die Fischer ihr Dorf erfolgreich verteidigt und sogar erreicht, dass sie ein bisschen Infrastruktur bekommen. Wie immer ist das Dorf verlassen, wie immer besetzen wir eine der Hütten. Nur außen … den Tisch, die Bank und den Schattenplatz. Paradies wiedergefunden.

Wir bleiben, schlafen im Auto, kochen im Windschatten der Hütte auf unserem kleinen Gaskocher Baked Beans, Tomaten und Spiegeleier. Am zweiten Tag entdecken wir, dass unter der Hütte eine wirklich sehr große Echse wohnt. Alles eine Frage der Nerven. Bei ihr und bei uns. Goannas beißen und kratzen, wenn sie sich bedroht fühlen. Unsere behält die Nerven. Wir auch.

Jeden Morgen und Abend schwimmen wir in der Bucht, reiben uns mit dem feinkörnigen Sand ab. Bei Ebbe balancieren wir über die Felsbrocken zur Insel hinaus. Vogelwolken fliegen vor uns auf. Nachts versammeln sich zwischen den Hütten unzählige Kaninchen, die im Mondlicht zu tanzen scheinen.

Am dritten Morgen fährt ein riesiger alter Bus ins Geisterdorf ein und parkt in unserer Nähe. Sein Besitzer setzt sich zu uns an den Strand – ein alter sonnenverbrannter Mann mit ausgefranstem Vollbart, der ohne große Umstände sofort von seinen Sorgen erzählt. Vor ein paar Wochen hätte ihn seine Lebensgefährtin verlassen. Ohne Vorwarnung. Wollte angeblich nicht mehr ständig unterwegs sein, auf einmal.

«Zwei Jahre lang hat's ihr Spaß gemacht …» Er schüttelt

den Kopf, kann es immer noch nicht fassen. «Sind geblieben, wo's uns gefallen hat, und wenn's genug war, dann ging es weiter. War fast zwanzig Jahre jünger als ich. Sie konnte Gitarre spielen und singen. Countrysongs. Ist unterwegs in Pubs aufgetreten und hat bisschen dazuverdient. War 'ne *top lady*!» Beim Lächeln zeigt er jede Menge Zahnlücken.

«Ist ein verdammt gutes Leben, wenn man unterwegs ist und immer bleiben kann, wo's sich gut anfühlt. Gibt jede Menge von uns. *Grey Nomads* ... das sind wir. Schon mal gehört? Aber allein macht's nur halb so viel Spaß.»

Dann erzählt er fast eine Stunde lang seine Lebensgeschichte, wie er vor 50 Jahren aus Ungarn eingewandert ist, dass er Installateur war und eine Weile sein eigenes kleines Unternehmen hatte – in Perth und später in den Goldfeldern. Dass er seine zwei Töchter seit Jahren nicht mehr gesehen hat. Die wollten nichts mehr mit ihm zu tun haben, weil er ihre Mutter wegen der singenden Lady verlassen hat. Ab und zu hätte er Heimweh nach Ungarn, obwohl er sich kaum noch daran erinnern könne. Einfach irgendwie Heimweh, nach nichts Bestimmtem.

«Vielleicht hab ich mir deshalb den Bus gekauft. Unterwegs sein ist gut gegen Heimweh und solche Sachen ...»

Als er sich verabschiedet, um sich einen Kaffee zu kochen, haben Paul und ich einen Sonnenbrand und fühlen uns ziemlich erschöpft.

«Ich finde es interessant, dass er nur einmal, ganz am Anfang, gefragt hat, was wir so machen. Er wollte nur seinen Schrott loswerden und brauchte uns als Zuhörer.» Paul betastet vorsichtig seine Stirn.

«Er ist eben einsam. Einsame Menschen verhalten sich so.»

«Blödsinn! Ich wette, dass der seine Geschichte jedem erzählt, den er zu fassen kriegt! Wahrscheinlich stimmt sie nicht mal! Welche *top lady* fährt schon mit einem zahnlückigen alten Knacker durch die Gegend! Wahrscheinlich war sie genauso abgetakelt wie er!»

«Warum regst du dich eigentlich so auf?»

«Weil ich so blöd war, die ganze Zeit zuzuhören. Weil ich 'nen Sonnenbrand habe. Außerdem ist dieses Verhalten eine Eigenschaft vieler meiner Landsleute, die ich nicht mag!»

«Ich finde, das ist ein weltweites Phänomen ...»

«... das hier besonders ausgeprägt ist!»

«Vielleicht sind Australier besonders ehrlich und zeigen offen, dass sie vor allem an sich selbst interessiert sind.»

«Na, das ganz bestimmt!»

«Du kannst ja weggehen, statt zuzuhören.»

«Du doch auch!»

«Aber ich will ja zuhören, weil mich die Geschichten interessieren.»

«Okay. Aber versuch mal, deine eigene Geschichte loszuwerden. Das schaffst du nie! Garantiert nicht!»

Paul hat recht. Bisher bin ich nur selten dazu gekommen, mehr als zwei, drei Sätze über mein eigenes Leben zu sagen. Es hatte immer nur Smalltalk-Format: Komme aus Deutschland, habe zwei Söhne, wohne in Bayern, schreibe Krimis und Reiseliteratur. Reicht ja auch.

Aber die meisten anderen legen sofort los, gehen gleich ins Detail. Stundenlang. Ein Bekannter brachte es sogar fertig, uns einen zweieinhalbstündigen Amateurfilm von seiner zweiten Hochzeit vorzuspielen. Hinterher waren wir völlig gelähmt.

Als der Alte verkündet, dass er ein paar Tage lang bleiben wolle, ergreifen wir die Flucht.

Die Nacht verbringen wir hoch auf der Düne unterm Leuchtturm. Im Landesinneren toben Gewitter. Stundenlang schauen wir dem Feuerwerk der Blitze zu, das im Sekundentakt Wege in die Dunkelheit öffnet und den Lake McLeod, den riesigen Salzsee, in unwirkliches Licht taucht. Lange lauschen wir dem fernen Grollen, das nie zu enden scheint.

Am nächsten Morgen wecken uns die Schreie von Turmfalken, die im Leuchtturm nisten. Schon um halb sieben zeigt unser Thermometer fast dreißig Grad. Ich fühle mich zerschlagen, klebrig und müde, sehne mich nach einem Bett und einer Dusche. Also zurück nach Carnavon oder an der Küste entlang zur Quobba Station, einer ehemaligen Farm, die seit einigen Jahren Hütten für Fischer und Zeltplätze anbietet? Ich plädiere für die Quobba Station, will diese einsame wilde Küste nicht verlassen.

«Es wird hart!», sagt Paul mit Grabesstimme. «Du weißt, wie Unterkünfte im Outback aussehen. Und das hier *ist* Outback!»

«Hauptsache, sie haben ein Bett und eine Dusche.»

«Fragt sich nur, was für ein Bett und was für eine Dusche!»

Wir fahren durch die Mondlandschaft der Felsenküste nach Norden zur Quobba Station. Alte Kühlschränke in einem Schuppen, ein rostiges Boot. Auf der überdachten Veranda einer Holzhütte schläft ein alter Hund, hebt nur kurz den Kopf und streckt sich dann wieder aus. Das Haus des Managers steht auf grünem englischen Rasen und hat einen Swimmingpool. Der Rest der Gegend ist strohfarben gebleicht und zittert in der Hitze. Trotz des Zyklons und seiner Regenmassen hat es hier keine Abkühlung gegeben.

Es gibt einen winzigen *General Store* mit ziemlich beschränktem Angebot, aber erstaunlicherweise einer Gefriertruhe voll Eiscreme, und der Manager erscheint erst, nachdem wir mehrfach die Glocke haben läuten lassen, eine richtige Schiffsglocke mit Klöppel.

Ja, er hat eine Hütte für uns. Klimaanlage gibt es nicht hier draußen, aber 'nen Kühlschrank. Wasser muss man abkochen, die Dusche ist außerhalb des Hauses. 110 Dollar! Zahlbar sofort! Er gibt uns den Schlüssel, weist den Weg, irgendwie nach rechts zu den Tamarisken mit den tiefhängenden Ästen und verschwindet wieder in seinem grünen Garten mit Pool. Ich möchte wetten, dass *er* eine Klimaanlage hat!

Es wurde eine der denkwürdigsten Nächte, die ich je in einer Outback-Unterkunft verbracht habe – und eine der unterhaltsamsten, wenn ich jetzt beim Schreiben zurückblicke:

Beglückt sehen wir uns um. Das Holzhaus ist geräumig, mit hohen Wänden und riesigem Ventilator an der Decke, der die Hitze ein bisschen erträglicher macht und die Luft wenigstens umwälzt. Der Kühlschrank ist sauber, die Betten ebenfalls. Es gibt keine Decken, aber die braucht man bei diesen Temperaturen sowieso nicht. Hinter dem Haus liegt eine gekachelte Terrasse, von der man zum separaten Klo und zur Dusche gelangt. Alles scheint in bester Ordnung. Wir packen aus, füllen den Kühlschrank. Das Eis in unserem Eskie ist längst geschmolzen. Obst und Gemüse legen wir in Schüsseln.

Dann entdeckt Paul durchs Fenster ein ganz besonderes Licht, das gerade durch die zarten Wolkenschleier bricht, und er hat weit draußen eine Windmühle mit Tränke entdeckt. Er will sofort los und sich mit der Kamera auf die Lauer legen. Wahrscheinlich kommen am Abend Emus, Kängurus, Kakadus und viele andere Tiere zu diesem Brunnen. Ich will auch mit, verschiebe das Duschen auf später. Also los!

Das Ergebnis ist etwas mager: Zwei Emus, ein paar durstige Schwalben, sechs Rosakakadus und ein paar schüchterne Schafe kommen zur Tränke. Als wir in der Abenddämmerung in unser 110-Dollar-Haus zurückkehren und das Licht einschalten, ist es bereits bewohnt. Die Holzdielen sind lebendig geworden. Breite wuselnde Heeresstraßen ziehen durch unsere Wohnküche ... zwei von der Hintertür aus, eine vom Vordereingang her. Den Tisch haben die Ameisen längst erobert, Obst und Gemüse annektiert, an der Kühlschranktür finden letzte Gefechte statt. Paul stößt sämtliche australische und bayerische Flüche aus, die ihm einfallen, während wir beide die ersten Angreifer von unseren Hosenbeinen wischen.

«Was jetzt?»

«Kämpfen!», erwidert er entschlossen und drückt mir einen Besen in die Hand, fegt selbst die riesigen schwarzen und kleinen roten Viecher vom Kühlschrank. Schaut hinein, stößt einen Schrei aus: Längst sind sie auch drinnen. Eine Stunde lang befinden wir uns in einem beinahe aussichtslosen Verteidigungskampf, eingekreist von feindlichen Kohorten, die über unbegrenzten Nachschub zu verfügen scheinen. Zu zweit gegen Millionen, fluchend und zwischendurch mit Lachattacken kämpfend. Irgendwann haben wir die Angriffswellen gestoppt, sinken auf die Küchenstühle und beobachten kraftlos, wie die größte Kakerlake, die wir je gesehen haben, langsam den Raum durchquert und unterm Kühlschrank verschwindet. Mir kommt es vor, als hätte sie gegrinst.

«Outback!», sagt Paul. «Blöd ist nur, dass wir selbst daran schuld sind. Grundregel: Niemals irgendwas Essbares einfach auf dem Tisch liegen lassen! Die haben natürlich unser Obst gerochen. Ich hätte daran denken müssen!»

«Ich auch.»

Wir essen Salami, Tomaten und Melone, haben zum Kochen keine Kraft. Zwischendurch springen wir auf und fegen Spähtrupps hinaus, die in Abständen von wenigen Minuten unter den Türen auftauchen. Als ich endlich auf die Terrasse hinausgehe, um zur Dusche zu gelangen, muss ich auf Zehenspitzen durch den Belagerungsring balancieren. Es ist ein bisschen wie bei Hitchcock, nur nicht *Die Vögel*, sondern *Die Ameisen*. Immerhin haben sie das Bad noch nicht entdeckt!

Die Nacht verläuft einigermaßen ruhig, obwohl ich immer wieder das Gefühl habe, als krabble etwas auf meiner Haut. Doch am Morgen weckt mich Pauls Schrei. Ich springe aus dem Bett und stoße auf der Terrasse mit ihm zusammen. Er springt wild herum, Ameisen von seinen nackten Beinen wischend.

«Sie sind im Klo!»

Sie sind tatsächlich im Klo, haben den Boden besetzt, als sammelten sie sich zum nächsten Angriff auf die Küche. Von den Kacheln ist nichts mehr zu sehen, sie haben sich in einen schwarz wuselnden Teppich verwandelt. An diesem Morgen habe ich gelernt, dass man auf der Toilette sitzen kann, ohne mit den Füßen den Boden zu berühren.

Erbsünden

Wir verlassen diesen Ort des Grauens und folgen der holprigen Staubstraße entlang der Küste. Ein paar Kilometer weiter finden wir am Rand der Klippen ein bescheidenes Denkmal, zusammengefügt aus ein paar Sandsteinquadern, eingerahmt von vergilbten Plastikblumen. Es erinnert an den Untergang zweier Kriegsschiffe, die sich am 20. November 1941 vor dieser Küste ein erbittertes Gefecht lieferten. Ein deutsches und ein australisches. Eine unwirkliche Vorstellung, und doch war es brutale Wirklichkeit. Die australische *HMSA Sydney* sank damals mit der vollständigen Besatzung, während die Männer des deutschen Kreuzers *Kormoran* sich zum großen Teil retten konnten – auch das erscheint angesichts der tosenden See und der unzugänglichen Felsenküste nahezu unvorstellbar. Was spielte sich damals hier ab? Kam Rettung aus Carnavon? Wurden die Deutschen von ihren sogenannten Feinden aus dem Meer gefischt? Hat der Farmer von Quobba Station die Männer aufgenommen?

Seltsam, an dieser verlassenen Küste auf Spuren eines Kriegs zu stoßen, in dem unsere Länder einst Gegner waren. Wir sind beide betroffen und ein bisschen verstört. Selbst Paul schafft es nicht, auf seine australische Art einfach darüber hinwegzuscherzen. Schweigend fahren wir weiter, jeder für eine Weile in seiner eigenen Welt. Ich bei der deutschen Erbsünde, Paul bei den gefallenen Helden.

Das Wort *Helden* ist sehr ernst gemeint, denn in Australien sind alle gefallenen Soldaten Helden, und in regelmäßigen Abständen werden auch Lebende zu Helden erklärt und mit Orden bedacht, Rückkehrer aus dem Krieg in Afghanistan zum Beispiel. Es gibt eine Menge Helden in Australien.

Ich wollte genauer wissen, was sich damals vor der Küste Westaustraliens abgespielt hat, und habe nachgeforscht, wie es zu dieser Schlacht am Ende der Welt gekommen ist: Ab 20. November 1941 wurde die *Sydney*, die einen Truppentransport von Fremantle nach Singapore eskortieren sollte, vermisst. Zunächst dachte man, der Zerstörer habe sich einfach nur verspätet. Am 23. November ordnete das oberste militärische Kommando eine offizielle

Suche an. Einen Tag später meldete ein britischer Tanker die Rettung von 25 deutschen Seeleuten, was man als ersten Hinweis auf eine Seeschlacht deutete. Jetzt suchte die australische Marine auch mit Flugzeugen nach der *Sydney*. Kurz darauf wurden weitere 25 Deutsche vom Truppentransporter *Aquitania* aufgenommen. Immer mehr Rettungsboote tauchten auf, und ein Rinderhirte der Quobba Station schlug Alarm, als zwei Boote mit deutschen Seeleuten die Küste erreichten. Insgesamt wurden nach und nach 318 Männer gerettet, die nach ihren Aussagen von dem deutschen Kreuzer *Kormoran* stammten und endlich vom Schicksal der *Sydney* berichteten.

Nach der Aussage von Fregattenkapitän Theodor Anton Detmers war sein Schiff als holländisches Handelsschiff namens *Straat Malakka* getarnt. Die Begegnung mit der *Sydney* fand am 19. November statt. Man ignorierte die Aufforderung der Australier zur Identifikation und beantwortete die Lichtsignale erst, als die *Sydney* immer näher kam. Allerdings war diese verzögerte Reaktion damals nichts Ungewöhnliches für Handelsschiffe – vermutlich einer der Gründe, warum sich die *Sydney* zuletzt ganz nah an das vermeintlich holländische Schiff heranwagte. Um ein Haar wäre die Begegnung glimpflich verlaufen, doch dann kam es zu einem Missverständnis beim Signalaustausch, der deutsche Kommandeur befürchtete die Enttarnung und ließ das Feuer eröffnen. Eine halbe Stunde lang tobte die Schlacht, Torpedos zerfetzten Schiffswände, Geschosse zerstörten Kommandobrücken, Feuer brachen aus. Es muss die Hölle gewesen sein. Beide Schiffe brannten, beide begannen zu sinken. Die *Sydney* trieb davon, war gegen Mitternacht nur noch ein heller Schein am Horizont und schließlich nicht mehr zu sehen. Kapitän Detmers ordnete die Evakuierung der *Kormoran* an. Aufgrund der Brände dauerte es stundenlang, ehe alle, die noch am Leben waren, das Schiff verlassen hatten. Von 380 Besatzungsmitgliedern konnten 318 gerettet werden, bevor die Minen an Bord der *Kormoran* in den frühen Morgenstunden des 21. November explodierten und das Schiff sank. Die *Sydney* aber hatte 645 australische Marineinfanteristen mit sich in die Tiefe genommen.

Sofort stellt sich für mich die Frage nach dem Warum. Schlimme Spekulationen ranken sich um diese Tragödie. Eine davon lautet, dass die Deutschen auf alle Rettungsboote geschossen hätten, die von der *Sydney* zu Wasser gelassen wurden. Eine andere, dass ein japanisches U-Boot die *Sydney* versenkte, ehe sie evakuiert werden konnte. Doch keiner der deutschen Soldaten hat je eine Aussage gemacht, die solche Gerüchte bestätigt hätten. Wenigstens einer der 318 hätte doch den Wunsch verspüren müssen, die Wahrheit zu offenbaren – und wenn es Jahrzehnte später gewesen wäre. Es bleibt nur die Hoffnung, dass erstere Legende nicht zutrifft, dass die Erbsünde nicht noch schwerer wiegt als ohnehin schon.

Je weiter wir nach Norden gelangen, desto heißer wird es, und desto schlechter wird die Straße. Plötzlich kreuzt ein Riesenlaster mit drei Anhängern voll Salz unseren Weg, der Richtung Küste unterwegs ist. Ein paar Kilometer weiter nördlich entdecken wir auf einer felsigen Landzunge eine Verladeanlage und einen Frachter, der gerade mit Salz gefüllt wird. Unwirkliches Outback. Ein Hafen im Nichts. Ein einsamer Frachter an einer wilden Felsenküste. Unterhalb der Kliffe, die beinahe senkrecht ins Meer abfallen, soll das Wrack der *Corean Star* liegen. Jedenfalls weist ein kleines Schild an der Staubstraße darauf hin. Wir wagen uns in die Gluthitze hinaus und schauen in das tiefe dunkelbaue

Wasser hinunter. Von der *Corean Star* ist absolut nichts zu sehen. Hinter uns ziehen *brumbies* vorbei, Wildpferde, von denen es im Hinterland Tausende gibt. Mit hängenden Köpfen bewegen sich die Tiere durch die mörderische Hitze.

49 Grad hat es, als wir zum Wagen zurückkehren. Eigentlich wollten wir nach Red Bluff (zum nächsten!) am Ende der Straße, 50 Kilometer weiter im Norden, doch als das Thermometer 53 Grad anzeigt, wendet Paul entschlossen und fährt zurück. Alles hat seine Grenzen. In Red Bluff wird ohnehin nichts los sein, vermutet er. Nur ein paar Surfer, die wegen der Riesenwellen dort sind, und ein, zwei versprengte Fischer, dazu jede Menge Ameisen.

Angesichts der 53 Grad stellen sich vielleicht manche die Frage, warum wir ausgerechnet im australischen Sommer unterwegs sind, und hin und wieder haben wir uns diese Frage selbst gestellt. Hauptsaison herrscht von April bis Oktober. Dann muss man fast überall Unterkünfte im Voraus buchen. Im australischen Sommer dagegen fühlt man sich wie in Italien im Winter. Beinahe allein unter Einheimischen.

Verkehrstipps und Luxusvillen

Wir fahren durch die Endloslandschaft. Es dauert lange von einem Ort zum anderen, und nichts dazwischen als Hunderte Kilometer Landschaft. Einzige Sehenswürdigkeiten sind ab und zu verrostete Autowracks oder ein kleines Kreuz mit künstlichen Blumen am Straßenrand, das an Opfer dieser langen Fahrten erinnert. Einigen Unglücklichen haben Freunde noch ein paar Bierdosen mit auf die große andere Reise gegeben. Riesige Warnschilder fordern müde Fahrer zu einer Pause auf. Immer wieder überschlagen sich Fahrzeuge und landen im Busch, weil die Fahrer eingeschlafen sind. Eintönigkeit und Hitze – es gibt kaum bessere Schlafmittel. Trotz Klimaanlage schlafft man nach zwei, drei Stunden völlig ab.

Eine besondere Gefahr, vor allem für ausländische Touristen, ist der unbefestigte Straßenrand, ein breiter Streifen voll kleiner, runder, rotbrauner Kiesel. Wer mit zwei Reifen auf diese Kiesel gerät und zu stark einschlägt, um wieder auf den festen Belag zu kommen, rutscht weg und überschlägt sich unweigerlich. Einzige Rettung: ruhig geradeaus fahren und ganz allmählich auf die feste Fahrbahn zurückkehren. Man gerät verflixt schnell in diese Situation, vor allem wenn einem Riesenlaster mit hoher Geschwindigkeit entgegenkommen, zumal die meisten Europäer ohnehin damit zu tun haben, auf der «falschen» Straßenseite zu fahren – man weicht instinktiv aus, und schon rutscht man von der Fahrbahn.

Wir rollen mit 100 Stundenkilometern dahin – 110 sind erlaubt, erscheinen für die Straße aber zu schnell und für die Endlosstrecken zu langsam. Doch niemand sollte sich im Outback vor Geschwindigkeitskontrollen sicher fühlen. Selbst da draußen kommen gelangweilte Polizisten auf die Idee, Radarkontrollen durchzuführen. Wer auch nur ein paar Kilometer zu schnell fährt, zahlt hohe Strafen. Wer rast, wird sogar seinen Führerschein verlieren. Richtig miese Polizisten vollziehen das auf der Stelle. Dann muss man sein Fahrzeug am Straßenrand abstellen und wird im Streifenwagen zum nächsten Ort gebracht. Dort darf man das Abschleppen organisieren und Freunde anflehen, Chauffeur zu spielen – Freunde, die vielleicht viele hundert, vielleicht tausend Kilometer entfernt sind. Es wird dauern, bis sie zu Hilfe kommen, falls sie denn kommen. Und wenn es ein Mietwagen ist, wird's noch komplizierter und die Abenteuerreise zum echten Albtraum. Viel Geld kostet es auf alle Fälle, weshalb Australier erstaunlich diszipliniert die 110 km/h einhalten und 90 fahren, wenn 90 verlangt wird, genau wie 60 oder 40.

Die schnellsten und unachtsamsten Autofahrer in Australien sind angeblich deutsche Touristen.

Auf meine Frage, warum es in Alice Springs, dieser entlegenen Stadt, ein so modernes Krankenhaus gebe, antwortete ein Arzt mir einmal: «Das brauchen wir für die Aborigines und die Deutschen. Die bauen hier die meisten Unfälle.»

Er meinte es ernst, und ich muss zugeben, dass ich sie gesehen habe, die verbissenen Fahrer in ihren Wohnmobilen. Ins Steuerrad verkrampft, geradeaus starrend, im Kampf gegen die Endloskilometer, die sie vom nächsten Ziel trennen, und viel zu schnell. Dabei bedarf es nur eines einzigen kleinen Kängurus und zweier Reifen auf den Rollkieseln …

Nicht nur deutsche Fahrer unterschätzen die Gefahren auf Australiens Straßen. Natürlich stoßen auch Australier mit Kängurus, Emus, Schafen, Kühen und sogar Kamelen zusammen. Vor ein paar Jahren hat ein Hummerfischer die Straßenverwaltung verklagt, weil ein Känguru vor seinen Wagen sprang und er deshalb mit einem anderen Fahrzeug zusammenstieß. «Da war kein Warnschild!», bemängelte er und verlangte vom Staat eine hohe Entschädigungssumme. Eine Welle der Empörung schwappte über ihn, als seine Klageschrift veröffentlicht wurde.

Ist das die Gesellschaft, die wir wollen?, titelte der *West Australian*, und die Leserbriefe bewiesen, dass keineswegs alle Australier der amerikanischen Krankheit verfallen sind, für jedes eigene Verschulden jemand anderen verantwortlich zu machen. Ein Leser schrieb: «Kängurus, andere Wildtiere und Fußgänger sind Teil der Gefahren, wenn man in diesem Land mit einem Auto fährt! Wer einen Führerschein erwirbt, erwirbt gleichzeitig die Verantwortung für die Konsequenzen des Fahrens!» Und eine Leserin forderte die «bedauernswerten Eltern» des überfahrenen Kängurus auf, den Fahrer zu verklagen. Sie hätten schließlich ein geliebtes Familienmitglied verloren. Andere beschrieben das Schreckensszenario eines Schilderwaldes, denn Kängurus sind nun mal überall, und sogar Krähen und Raben fliegen ziemlich häufig über die Straße. Manchmal sogar Adler. Ginge es danach, müsste auf allen australischen Straßen etwa alle fünfzig oder hundert Meter vor irgendwas gewarnt werden. Die Klage des Hummerfischers wurde abgewiesen.

Weiter mit 100 km/h, manchmal auch nur mit 90. Benzin ist teuer, und das Leben von Wildtieren ist uns wichtig. Unser eigenes auch. Irgendwann zweigt eine Straße nach Coral Bay ab, dem kleinen Badeort am Südende des Ningaloo Reefs. Wir aber wollen nach Exmouth, zum Cape Range Nationalpark und dem Nordende des Korallenriffs, das dem Great Barrier Reef durchaus Konkurrenz machen kann. Vor allem, wenn man es eine Nummer kleiner mag.

Plötzlich ist die Landschaft von roten Skulpturen durchsetzt, als hätten wir wieder eine unsichtbare Grenze überschritten. Hier beginnt das Termitenterritorium. Die großen Bauten dieser winzigen Ameisen wachsen aus dem Gestrüpp, so weit das Auge reicht. Überall stehen rote Zuckerhüte mit Türmchen, Zinnen und dicken Bäuchen. Witzbolde haben einige mit Gesichtern bemalt und ihnen Weihnachtsmützen aufgesetzt. Auf einem Hügel flackern rote Flammen im Wind, dunkle Rauchwolken steigen in den blauen Himmel. Ich werde mich nie daran gewöhnen, dass Buschfeuer hier Normalität sind.

Dann endlich Exmouth. Und die Investoren sind auch schon da. Am Golf ist ein brandneuer Yachthafen entstanden, und die neuen Luxusvillen mit eigenen Bootsanlegern entlang künstlicher Kanäle wirken wie Dubais künstliche Palmeninsel im Kleinformat. Sind wirklich so viele Reiche absolute Naturfreaks? Wollen sie alle immerzu fischen, tauchen, schnorcheln und Krabben essen? Neben außergewöhnlichen Naturerlebnissen und Shrimps hat die kleine Stadt mit ihren knapp 2500 Einwohnern nicht viel zu bieten, sie ist nur etwas für Menschen, die sich zum Leben Zeit lassen. Später erfahren wir, dass die Villenbesitzer – es sind noch lange nicht alle Häuser verkauft – natürlich einfliegen. Klar, sind ja auch fast 2000 Kilometer nach Perth. Irgendwie kann ich den Wunsch nach der Pleite gewisser Unternehmer nicht unterdrücken und denke an den Investor von Kalbarri. Aber wahrscheinlich ist das unfair. Warum sollte sich ein Touristenort am Eingang zu einem der schönsten Nationalparks nicht entwickeln dürfen? Dennoch – es gäbe sicher andere Entwicklungsmöglichkeiten als Luxusvillen mit Yachtanleger.

Im bunten Surfladen, der auch Tauch-Exkursionen anbietet, laden wir unsere E-Mails herunter. Ein junger Mann bedient uns mit der überbordenden Freundlichkeit, die wir in Perth hinter uns gelassen hatten, beendet fast jeden Satz mit *awesome* und *terrific* und telefoniert so laut, dass es uns peinlich ist. Draußen malt ein Schweigsamer hübsche bunte Fische an die Mauer, und mitten auf der Straße wandern zwei Emus vorüber. Noch ist Exmouth verschlafen wie immer, doch möglicherweise liegt es nur an der Nachsaison und der Sommerhitze. Jedenfalls ist es durchaus *awesome*.

Die Zahl der Touristen sei kräftig angestiegen in den

letzten Jahren, erzählt man uns im Touristenzentrum. Klar, die Werbung sei besser geworden, und die Sache mit dem Weltnaturerbe mache die Gegend noch interessanter.

Das Ningaloo Reef, eines der schönsten Korallenriffe der Erde, ist erst vor ein paar Jahren zum Weltnaturerbe erklärt worden, und es gibt Überlegungen, die gesamte Halbinsel um Exmouth in dieses Gebiet einzubeziehen. Die Einwohner sind da sehr gespaltener Meinung, weil es ihre kommerziellen Aktivitäten einschränkt, und überhaupt wisse man nicht, was da auf einen zukäme. Klein-Dubai in Gefahr.

Amerikaner und Außerirdische

Nicht immer war es in Exmouth so ruhig. Seine Existenz verdankt der kleine Ort dem Kalten Krieg und den Amerikanern, die in den 60er Jahren des letzten Jahrhunderts hier ein Kommunikationszentrum der US Marine einrichteten. 1967 wurde es feierlich eingeweiht – im Beisein des australischen Premierministers Holt, dessen Regierung den Pachtvertrag ausgehandelt hatte. Ein paar Monate später erhielt die Basis sogar seinen Namen: *Naval Communication Station Harold E. Holt*. Der Premierminister war nämlich beim Schwimmen in der Nähe von Melbourne verschwunden und tauchte nie wieder auf. Die Basis mit seinem Namen gibt es noch immer. Hohe Masten und Türme stehen am Nordende der Halbinsel. Mit ihrer Hilfe wurden einst Schiffsbewegungen im Indischen Ozean überwacht und der Funkverkehr mit der US Marine durchgeführt. Die Gegend ist bis heute strengstes militärisches Sperrgebiet und sorgte lange Zeit für heftige politische Turbulenzen.

Australien hatte nämlich keinerlei Kontrolle über die Aktivitäten der Amerikaner, und außerdem zahlten sie eine lächerlich geringe Pacht.

1974 besetzten mehrere hundert Demonstranten aus dem ganzen Land die Basis und nahmen sie symbolisch für das australische Volk in Besitz. Anschließende Verhandlungen führten schließlich zur gemeinsamen Nutzung. 1993 schließlich zogen die Amerikaner ihr gesamtes Personal ab, und fortan wurde die Basis vom australischen Militär genutzt. Seit 2008 gibt es einen neuen Vertrag mit den Amerikanern, und vermutlich ist die Basis inzwischen auch ein Weltraumbeobachtungszentrum, doch noch immer ist alles sehr geheim.

Um den Stützpunkt kursiert so manche Legende. In Wirklichkeit hätten die Amerikaner Außerirdische beobachtet und Weltraumexperimente durchgeführt, um ihren technologischen Vorsprung vor den Russen auszubauen. Von seltsamen nächtlichen Erscheinungen wird berichtet, leuchtenden Objekten, die sich mit ungeheurer Geschwindigkeit bewegten. Irgendwo in der Nähe von Exmouth kamen damals auch die Trümmer des Skylab herunter. Zwar lebte man von den Amis, aber ein bisschen unheimlich waren sie doch, und alles war höchst undurchsichtig. Trotz dieser Vorbehalte war es ein ziemlicher Schlag, als die Amerikaner gingen. Schließlich hatten ihre Familien auch Geld dagelassen. Seit den Anschlägen vom 11. September 2001 gelten verschärfte Sicherheitsvorkehrungen. Als würde jemand auf die Idee kommen, ein paar Masten am Ende der Welt in die Luft zu sprengen.

Noch ein historisches Kommunikationszentrum gibt es in Exmouth: Auf einer hohen Düne am Rand des Nationalparks steht der Vlamingh Head Leuchtturm, der zu Beginn des letzten Jahrhunderts die Schiffe vor dem Ningaloo Riff warnte. Der Leuchtturm hat dem tropischen Wirbelsturm *Vance* standgehalten, der im März 1999 Exmouth heimsuchte. Aber das schöne historische Wohnhaus des Leuchtturmwärters, das in der Mitte des Campingplatzes stand, finden wir nicht mehr. Der Manager erzählt uns, dass damals alles zerstört wurde: die Bäume entwurzelt, alle Mietwohnwagen umgeworfen oder weggeblasen. Eine echte Katastrophe. Er hat anstelle der Wohnwagen feste kleine Häuschen aus Beton bauen lassen, einen neuen Swimmingpool und oben auf der Düne Luxusferienhäuser mit Blick auf den Ozean.

Ob die nicht beim nächsten Zyklon wieder wegfliegen, frage ich.

Er zuckt die Achseln, hofft auf die Versicherung. Kommt ja schließlich nicht jedes Jahr ein Wirbelsturm nach Exmouth. Das Haus des Leuchtturmwärters stand immerhin fast achtzig Jahre, der Turm selbst seit 1912.

Und der Klimawandel? Die Zahl und Heftigkeit der Wirbelstürme soll in den nächsten Jahren zunehmen.

Was soll man machen … Falls wir mehr über den Leuchtturm wissen wollten, dann müssten wir zur Gemeindeverwaltung gehen.

Wir wollen und werden fündig. Ein freundlicher Herr fotokopiert uns Aufzeichnungen von Mary Jane Butler, der Frau eines der ersten Wächter des Vlamingh Head Lighthouse. Wir nehmen sie mit in den Cape Range Nationalpark, wo wir beim Yardie Creek Homestead eine Hütte mieten, diesmal für 130 Dollar pro Nacht. Ich vermeide es, Paul anzusehen, weiß, was er denkt: Ameisen, Kakerlaken, Spinnen, Schlangen für 130 Dollar. Ich denke das auch, doch das Homestead, eine ehemalige Schaffarm, liegt im Nationalpark. Als wir ankamen, waren Kängurus, Emus, Spinifextauben und Kakadus um eine Tränke versammelt. Palmen stehen hinter den drei Hütten der ehemaligen Schaffarm, und vor unserer nistet in einem kleinen Eukalyptusbaum ein Cape Canary. Und: Es gibt einen Pool! Vom Meer trennt uns nur eine schneeweiße hohe Düne. Zum Teufel mit den Kakerlaken.

Die Hütte ist groß, die überdachte Veranda riesig, die Klimaanlage funktioniert nur in einem Raum und macht einen Höllenlärm, der Ventilator gibt nach zehn Minuten den Geist auf, und den Lichtschalter des Schlafzimmers finden wir erst, nachdem wir die Fischer in der Nachbarhütte um Hilfe gebeten haben. Er ist hinter dem Schrank versteckt.

«Bisschen tricky», grinst der Fischer.

«Ich sage nichts», sagt Paul und sagt natürlich doch etwas, nämlich dass es eine absolute Zumutung sei und dieser Mangel an Wartung und so weiter und so weiter.

«Aber in italienischen, griechischen und sogar manchen irischen Ferienhäusern ist es auch nicht besser», verteidige ich schon wieder seine Landsleute.

«Deshalb fühlen sich Italiener, Griechen und Iren hier wahrscheinlich so wohl», faucht er. «Ist ja alles wie zu Hause!»

Aber als er die erste Kakerlake auf dem Rand der Spüle balancieren sieht, muss er doch lachen. Ameisen beschränken sich diesmal auf das Waschbecken im Bad. Das ist akzeptabel. Wir haben alle Lebensmittel sorgfältig im Kühlschrank verstaut. *Der* immerhin funktioniert, wenn er auch klingt wie ein Traktor.

Später am Abend setzen wir uns auf die Veranda, und ich lese bei einem Glas Wein die Geschichte der Mary Jane Butler vor. Vom Meer weht warmer Wind herüber, der Mond ist fast voll. Schnell werden wir ins Jahr 1914 zurückversetzt, in ein ganz anderes Exmouth.

Der Erste Weltkrieg war erst ein paar Wochen alt, als sich mein Leben – wie das vieler anderer – völlig veränderte. Ich folgte meinem Mann zum Vlamingh Head Lighthouse. Die Gegend lag so isoliert, dass ich erst zwei Jahre später wieder eine weiße Frau traf. Zwanzig Meilen von uns entfernt gab es einen Farmer, doch der war nicht verheiratet. Post erhielten wir höchstens einmal im Monat – «Sattelpost», die von einem Aborigine geliefert wurde. Er blieb meist nur für eine Zigarettenlänge, einen «Smoko», und so war kaum Zeit für die dringendsten Antworten. Wir hatten kein Auto, keinen Strom.

Mir machte es große Angst, wenn die Ureinwohner Rum in die Hände bekamen und ganz verrückt wurden. Dann veranstalteten sie ein «Corroboree», eine wilde Zeremonie, und ich verzog mich schnellstens in den Leuchtturm. Unzählige Verletzungen habe ich behandelt, wenn endlich alles vorüber war.

Unser Quartier war wunderbar, mit großen Räumen und Veranden. Unglücklicherweise konnte man die Veranden am Abend kaum benutzen, weil vom Strand Tausende von Krabben heraufkamen und alles fraßen, was an ihrem Weg lag. Die Männer traten sie zur Seite, doch ich konnte sie nicht ertragen. Am ersten Abend nach unserer Ankunft ruhte ich mit meinem fünf Monate alten Baby auf der Veranda und stellte mir vor, wie wunderbar kühl es hier in den Sommermonaten sein würde. Aber kurz darauf schrie ich laut auf, weil zwei Krabben ihre Zangen in meinen Fuß gebohrt hatten, und unzählige weitere sich näherten. Ich flüchtete mit meinem Kind ins Schlafzimmer. Seitdem meide ich jeden Kontakt mit den gefräßigen Ungeheuern.

«Mich würde interessieren, wo die Krabben hingekommen sind», sage ich.

«Die werden jetzt von den höchst erfolgreichen Krabbenfischern von Exmouth verarbeitet», grinst Paul. «Lies weiter.»

Wir hatten keinen Landungssteg. Unsere Vorräte wurden vom Versorgungsschiff einfach am Strand abgelegt. Es dauerte ein paar Tage, ehe unser einziges Pferd, Captain, alles zu den Häusern heraufgetragen hatte. Vor der Ankunft des Versorgungsschiffes waren unsere Vorräte jedes Mal knapp geworden. Ein paarmal bin ich deshalb mit Captain zu der Farm gefahren, die zwanzig Meilen entfernt lag. Frisches Fleisch war wichtig für unsere Ernährung. Immer wieder aufs Neue erstaunten mich die unzähligen Kängurus am Weg. Dutzende von riesigen roten «Boomern» saßen hoch aufgerichtet im Busch und starrten uns an. Sie waren kein bisschen ängstlich, hüpften ein paar Sätze, fraßen dann weiter und schauten. Ich werde diesen Anblick nie vergessen.

Kängurus gibt es noch, wenn vielleicht auch nicht so viele wie damals, doch die riesigen roten *boomer* sind verschwunden. Nur im Northern Territory haben wir ab und zu einen gesehen. Auch von Meeresschildkröten, die heute unter strengem Schutz stehen und im Februar und März an den Stränden des Cape Range Nationalparks ihre Eier im Sand vergraben, erzählte Mary Jane:

Es gab jede Menge Schildkröteneier, und ich konnte sie wunderbar brauchen. Sie sehen aus wie Billardkugeln. Ihre Schale ist weich und gleichzeitig widerstandsfähig. Ich kann herrliche Kuchen, Puddings oder Omeletts aus ihnen machen. Das Eiweiß ist allerdings ungenießbar. Man muss bei Morgengrauen in die

Dünen gehen, um sie zu finden. Manchmal findet man unter dem Sand achtzig Eier, manchmal sogar mehr.
Ich habe zugesehen, wie Eingeborene von einem Boot ins Meer sprangen und mit einer großen Schildkröte wieder auftauchten. Sie brachten das Tier an den Strand, töteten es und aßen seine dampfende Leber. Die Aborigines halten sie für eine Delikatesse.

«Warte mal», sagt Paul, «und bitte nicht erschrecken. Schau dir kurz den Balken über uns an.»

Ich lege den Kopf in den Nacken und schaue. Auf dem Balken sitzt eine handgroße, hell behaarte Spinne.

«Und jetzt?»

«Gar nichts. Lies einfach weiter, und ich beobachte sie. Falls sie runterkommt, sag ich: Abhauen!»

«Ist es ein *huntsman*?»

«Ich hoffe.»

Das hoffe ich auch. *Huntsmen* sind erschreckend anzusehen, aber ganz und gar harmlos, also lese ich weiter.

Einmal geriet eine riesige Seekuh, ein «Dugong», in seichtes Wasser, und unser Pferd erwies sich dabei als sehr nützlich. Wir schlangen Seile um die Seekuh. Mit jeder großen Welle zog Captain sie näher an den Strand. Nach einem langen wilden Kampf hatten wir endlich unser Dugong. Sein Fleisch schmeckte besser als das zarteste Schweinefleisch. Wir brieten es und machten außerdem so viel davon ein, wie wir nur konnten. Es schmeckte auch Wochen später noch köstlich. Außerdem ließen wir große Mengen an Öl aus, das wir verkauften, und ein paar Monate später erhielten wir einen ansehnlichen Scheck. Was für eine enorme Kreatur, unser Dugong.

Wie sich die Zeiten ändern, und doch laufen sie nach immer gleichen Mustern ab. Erst wird eine Tierart von uns gefräßigen Menschen beinahe ausgerottet, dann wundern wir uns, wohin sie verschwunden sein könnte, und endlich wird sie unter Schutz gestellt – manchmal gerade noch rechtzeitig, manchmal zu spät. Bei den Dugongs und den Walen hat es ganz knapp gereicht. Ob die Meeresschildkröten überleben, wissen wir noch nicht. Zu viele sterben in den Schleppnetzen der Fischereiflotten, die unsere Ozeane durchkämmen.

«Sie hat weder Ameisen noch Kakerlaken erwähnt», sagt Paul. «Erstaunlich!» Dann meldet er sachlich, dass der Huntsman auf dem Weg nach unten sei, und wir treten den geordneten Rückzug an.

In der Morgendämmerung steigen wir zum Leuchtturm hinauf, versuchen die Existenz des Campingplatzes und des Städtchens Exmouth zu vergessen und die Welt mit den Augen von Mary Jane zu sehen. Als die Sonne aufgeht, reicht der Blick so weit über das flache Land und den Ozean, dass ein ganzer Kontinent vor uns zu liegen scheint und ich mich fühle, als hätte ich den Boden unter den Füßen verloren, würde einfach wegfliegen. Wahrscheinlich war es angesichts der unbekannten Riesenwelt da draußen ungeheuer wichtig, Puddings und Kuchen zu backen. Auch das Einmachen von Dugongs erdet vermutlich und hilft gegen die Furcht vor dem Ausgesetztsein.

Ningaloo Niño

In sicheren Regionen bin ich durchaus bereit, mir eine Taucherbrille aufzusetzen und durch ein Plastikrohr zu atmen. In Australien nicht so sehr … auch nicht in einem Weltnaturerbe. Zu viele eher unangenehme Meeresbewohner versammeln sich hier. Passionierte Taucher werden mich für feige halten, aber seit ich die tropische Unterwasserwelt durch den Glasboden eines Bootes studiert habe, bleibe ich lieber an der Oberfläche.

Vom Ufer aus schaue ich – ein bisschen neidisch – den tapferen Schnorchlern zu und bewundere im Milyering Visitor Centre die Wunder des Korallenriffs in einem Dokumentarfilm.

Das Ningaloo Reef zieht sich über 250 Kilometer an der Küste entlang und ist dabei meist nur 100 Meter vom Strand entfernt. Es beherbergt eine Artenvielfalt, die unbeschreiblich ist: 500 Fischarten, Mantas, Haie, Meeresschildkröten, Dugongs, Buckelwale. Über 200 Korallenarten in allen Formen und Farben haben das Riff gebaut, und über das Jahr verteilt gibt es immer neue Höhepunkte dieser Orgie des Lebens zu bestaunen: die Eiablage der Schildkröten von November bis Februar, das Laichen der Korallen immer acht oder neun Tage nach Vollmond im April und Mai. Die Versammlung gigantischer Walhaie, die bis zu 21 Tonnen wiegen und angesichts des Überflusses an kleinen Fischen und Plankton in eine Art Fressrausch geraten. Mantas in großen Schwärmen, die wie großflüglige Fledermäuse den Ozean durchwandern. Buckelwale auf der Durchreise.

Ich lerne, dass Korallen zweigeschlechtlich sind, Hermaphroditen des Meeres, dass ihre Zweige Eier und Spermien gleichzeitig ausstoßen, dass ihr Laich kleine Fische in Massen anzieht und die kleinen Fische wiederum Walhaie, die größten Fische der Welt. *Schwimmen mit Walhaien* ist bei den Touristen sehr beliebt. Als «friedliche Riesen» werden sie bezeichnet – die kleinen Fische dürften da anderer Ansicht sein …

Paul und ich beschränken uns jedenfalls darauf, im

seichten klaren Wasser zu baden und den weißen Reihern beim Fischen zuzusehen. Uns wiederum schauen die vielen Kängurus des Cape Range Nationalparks zu, während sie in den Dünen am Strandhafer knabbern. Zwei Tage später wird eine Touristin beim Schnorcheln von einem Tigerhai ins Bein gebissen. Es ist nur ein kleiner Biss, doch für uns ist es eine große Bestätigung. Zumal wir am Tag zuvor einen Spaziergang zwischen den Mangroven gemacht hatten. In den tiefen Gezeitenflüssen zählten wir Dutzende junger *Bronze Whalers*, brauner, kleiner und weniger kleiner Haie, die in rasender Geschwindigkeit Jagd auf Fische machten.

Im Laufe dieser Woche verändert sich etwas. Wir beobachten es mit zunehmender Sorge bei unserem abendlichen Bad im Meer. Das Wasser wird wärmer und von Tag zu Tag trüber. Am Ufer lagern sich rötliche Algen ab, werfen Blasen und beginnen zu stinken. Am fünften Abend schwimmen wir lieber im Pool vor unserer Hütte. Das Wasser in unserer einsamen Bucht unter den weißen Dünen hat sich in eine Brühe mit Badewannentemperatur verwandelt. Beim Einkaufen in Exmouth kommen wir mit einem Fischer ins Gespräch, der ebenfalls vom viel zu warmen Meereswasser spricht und davon, dass die Krabben sterben.

Wir machen die ungewöhnliche Hitze verantwortlich, die seit Wochen das Land beherrscht und die seichten Küstengewässer aufheizt. Doch beim Schreiben dieses Buches fand ich einen Bericht der australischen Wissenschaftsagentur CSIRO, die während der Sommermonate 2010/2011 einen Anstieg der Wassertemperaturen um bis zu fünf Grad festgestellt hat. Ursache war nicht nur die Hitzewelle an Land, auch im Indischen und Pazifischen Ozean herrschten extreme klimatische Bedingungen, die das Oberflächenwasser stark erwärmten.

Unsere roten Algen am Strand waren eine eher lächerliche Begleiterscheinung, ein kleines Warnsignal. Erst nach und nach stellte sich heraus, dass die gesamte Unterwasserwelt schwer geschädigt worden war. Natürlich schlugen zunächst die Fischereiunternehmen Alarm. Es sind ja vor allem wirtschaftliche Schäden, die Schlagzeilen machen. Die Bestände an Krabben, Meerohren und Muscheln nahmen an der Coral Coast und im Mid West rapide ab und wurden zum Teil völlig zerstört. Dann stellte sich heraus, dass die Korallen des Ningaloo Reef zu bleichen begannen, und auch die zunehmende Angriffslustigkeit der Haie brachten Wissenschaftler mit der Erwärmung der Ozeane in Verbindung.

«Ningaloo Niño» wurde das Phänomen getauft, in Anlehnung an «El Niño», die warme Meeresströmung aus Südamerika, die auch Auswirkungen auf das Klima in Australien hat und zu Dürren und Hitzewellen führt. An der Westküste Australiens führt ebenfalls eine warme Meeresströmung entlang, die Leeuwin-Strömung, und sie trug das aufgeheizte Wasser weit nach Süden. Im Rahmen des Klimawandels müsse man auf eine Zunahme solcher Ereignisse vorbereitet sein, warnten die Wissenschaftler, und die westaustralische Fischereibehörde fügte hinzu, dass die Auswirkungen des «Ningaloo Niño» noch immer zu spüren seien und die Bestände sich auch zwei Jahre später nicht völlig erholt hätten. Der Fischereiminister Norman Moore ließ beruhigend verlauten, dass es sich bei dieser ungewöhnlichen Meereserwärmung hoffentlich um ein einmaliges Ereignis handele. Liberale australische Politiker wollen einfach nicht, dass es eine Klimaerwärmung gibt. Für sie wäre die eleganteste Lösung ein Gesetz gegen globale Erwärmung oder zumindest eine Ausnahmeregelung für Australien.

Doch es kommt ganz anders. Auch im Sommer 2011/2012 heizt sich der Indische Ozean wieder viel zu sehr auf und ganz besonders im Jahr 2012/2013. Ein neuer «Ningaloo Niño» fließt an der Küste nach Süden und trägt tropische Fische bis Perth und Bunbury – zum Entzücken der Hobbyfischer. Weiter im Norden ist niemand entzückt.

Und während ich schreibe, entwickelt sich vor der nordwestlichen Küste ein tropischer Wirbelsturm von gigantischen Ausmaßen, der in die höchste Gefahrenkategorie eingestuft wird. Die Menschen in Port Headland, Broome, Karratha und Exmouth warten angespannt darauf, in welche Richtung er sich in Bewegung setzen wird. Obwohl er noch über 150 Kilometer von Port Headland entfernt ist, herrschen bereits Windgeschwindigkeiten von über 200 km/h. Die Menschen kaufen Lebensmittel und Wasser, nageln Bretter vor die Fenster ihrer Häuser und befestigen alles, was wegfliegen könnte. Die Minenarbeiter stocken ihre Biervorräte auf. Aborigine-Communities werden evakuiert. Über all das wird im Fernsehen genauestens berichtet.

Port Headland ist der Eisenerzhafen für die großen Minengesellschaften Fortescue Metals Group und BHP Billiton. Jedes Jahr werden hier 495 000 Tonnen Eisenerze verladen, nachdem sie mit kilometerlangen Zügen aus den Minen im Pilbara transportiert wurden. Jetzt wird der Hafen stillgelegt, müssen die Schiffe in Sicherheit gebracht werden. *Red Alert!* Alarmstufe eins! Wann wird er kommen, der Zyklon *Rusty*? Wo genau ins Landesinnere vorstoßen? Werden die Wellen wirklich 20 Meter hoch an die Küste stürmen? Wird der Regen den gesamten Norden unter Wasser setzen? Die Meteorologen und die Medien malen ein Katastrophenszenario. Die Menschen warten und fürchten sich.

Währenddessen wird auch Queensland zum zweiten Mal innerhalb von zwei Wochen überflutet, wird die Touristenhochburg Gold Coast von den schlimmsten Stürmen heimgesucht, die es hier je gab. Teile Melbournes im Bundesstaat Victoria stehen unter Wasser, obwohl hier erst vor kurzer Zeit ungewöhnlich heftige Buschfeuer wüteten. In Tasmanien brennt es und rund um Perth.

Es ist ein Sommer der Extreme, und es sieht so aus, als würde Australien besonders unter dem Klimawandel zu leiden haben. Auf unserer Reise sind die Katastrophenmeldungen im Fernsehen treue Begleiter, und am unteren Rand des Bildschirms erscheint nahezu täglich die Aufforderung zur Evakuierung bestimmter Wohngegenden. Mal im Osten, mal im Westen, mal hier wie dort gleichzeitig.

Das Wetter ist nahezu der wichtigste Teil der Nachrichtensendungen, und wer sollte sich auch für irgendein Ereignis im fernen Europa interessieren, wenn demnächst sein Haus weggeweht wird, unter Wasser steht oder abbrennt? Selbst der Rücktritt des Papstes wird hier allenfalls mit wohlwollendem Verständnis wahrgenommen.

Paul hat ein Faible für extremes Wetter und empfindet es als einen Akt der Unfreundlichkeit, wenn Stürme und Feuer mehr als 2000 Kilometer entfernt ausbrechen. Er wäre mit seiner Kamera am liebsten überall mittendrin. Nur zu gefährlich sollte es natürlich nicht werden. Gern erzählt er deshalb davon, wie er in der Pilbara Region auf Fototour unterwegs war und von den Regenmassen eines Wirbelsturms überrascht wurde. Drei Tage lang musste er auf einem Hügel ausharren, weil sich das Land in ein rotes Meer verwandelt hatte, die Straße einfach untergegangen war. Er behauptet, dass er seinen Hügel mit Schlangen und Echsen geteilt hätte und höllisch aufpassen musste, wenn er einen Fuß aus dem Wagen setzte. Proviant und Trinkwasser hatte er genügend, und so schrieb er Tagebuch, las alte Zeitungen und genoss das Ausgesetztsein. Am dritten Tag gaben Freunde eine Vermisstenmeldung heraus. Irgendwie hatten Polizei und Medien die Sache wohl falsch verstanden, jedenfalls wurde daraufhin ein vermisster Deutscher gesucht. Landesweit. Durchaus logisch, denn es gehen immer wieder deutsche Touristen im Outback verloren. Vermutlich hatten die Freunde erwähnt, dass er aus Deutschland angereist war. Als die Wasser wieder abgeflossen waren, fuhr Paul weiter, und auf dem Weg zum Great Northern Highway kam ihm ein Streifenwagen entgegen und stoppte ihn. Der Polizist fragte, ob er irgendwo da draußen einen Deutschen gesehen hätte, es sei einer abgängig.

Paul verneinte guten Gewissens, sie unterhielten sich ausführlich übers Wetter, wie alle Australier, wünschten sich einen schönen Tag, gute Fahrt und trennten sich.

Erst am nächsten Tag, als er seinen Wagen in Marble Bar parkte, um einen Kaffee zu trinken, lief eine Frau auf ihn zu und rief:

«*You are missing!*»

«Ich? Wieso?»

«Du bist der vermisste Deutsche! Ich hab deinen Wagen erkannt!»

«Aber ich bin kein Deutscher!»

«Wieso fährst du dann seinen Wagen?»

Da endlich dämmerte ihm, dass er tatsächlich der vermisste Deutsche war, und er meldete sich bei den Freunden. Er war nicht einmal auf die Idee gekommen, dass ihn jemand vermisst haben könnte. Der unaufmerksame Polizist aber blieb lange Gesprächsstoff.

«Hätte ja sein können, dass ich dem vermissten Deutschen das Auto geklaut hatte, dass der arme Kerl zu Fuß unterwegs wäre oder sogar tot. Wenn alle Polizisten so gute Fahnder sind, dann gute Nacht Australien.»

Der Wirbelsturm Rusty entwickelt sich – zur Enttäuschung der Medien – *nicht* zu einem nationalen Desaster. Er geht an einem relativ unbewohnten Ort an Land und füllt das ausgedörrte Zentrum Westaustraliens mit Wasser. Seine Wolkenfelder sind so gewaltig, dass sie bis nach Tasmanien ziehen. Der Wind aber lässt nach, und die Eisenerzzüge rollen wieder. Irgendwann jedoch – das wissen alle – wird wieder ein ganz großer Sturm kommen, vielleicht der allergrößte von allen.

Überlebensregeln

Im australischen Outback verlorenugehen, ist ziemlich einfach. Vor allem, wenn man abenteuerlustig ist, wenig zuverlässige Autos fährt, die Warnungen der Einheimischen in den Wind schlägt und sich um den Wetterbericht nicht kümmert. Es gibt inzwischen eine wahre Flut von Informationsbroschüren, die Touristen auf das Hinterland vorbereiten sollen. *Survival in the Outback* lautet einer der Titel. Reisende, die nicht besonders mutig sind, sollten diese Texte lieber nicht lesen, da sie dann möglicherweise sofort nach Europa oder in andere halbwegs sichere Gegenden zurückfliegen möchten. Wer sich aber hinauswagen möchte, der sollte sich unbedingt mit ihnen auseinandersetzen, auch wenn ihm oder ihr dabei ein bisschen bange wird.

Hier nur die wichtigsten von unzähligen Regeln:

- Möglichst nicht allein fahren
- Mindestens 60 Liter Wasser mitnehmen
- Straßen, die nur für Fahrzeuge mit Vierradantrieb ausgewiesen sind, auch nur mit solchen befahren, *nicht* mit einem klapprigen VW-Bus oder einem gemieteten Wohnmobil
- Im Fall einer Panne, oder wenn man sich im Sand festgefahren hat, niemals zu Fuß Hilfe holen, sondern beim Fahrzeug warten
- Den eigenen Urin muss man nur im äußersten Notfall trinken, dann aber kann er einem das Leben retten
- Wer in sehr einsame Gegenden aufbricht, sollte sich beim Polizeirevier im letzten Ort melden und die ungefähre Ankunftszeit im nächsten angeben. Dann wird, wer nicht halbwegs rechtzeitig ankommt, auch gesucht – wie man an Pauls Beispiel sieht
- Wer mit dem Auto in ein Buschfeuer gerät, sollte versuchen, nicht in Panik zu geraten (das ist ein Zitat aus dem offiziellen Ratgeber!) und erst an einer Stelle mit möglichst wenig Vegetation anhalten. Verbrannter Boden ist dabei sicherer als unverbrannter. Scheinwerfer und Warnlichter eingeschaltet lassen, Fenster schließen und Klimaanlage abschalten, um möglichst wenig Rauch ins Wageninnere zu lassen

Über all das kann man scherzen und darüber hinweggehen. Doch für einige wird die Nichtbeachtung dieser Regeln ernste Folgen haben. Nur zwei Beispiele, die sich innerhalb einer Woche ereignet haben: Ein älteres Ehepaar aus der Schweiz schlug in der Nähe von Wyndham einen selten befahrenen Pfad entlang des King River ein. Der Mietwagen blieb irgendwann im tiefen Sand stecken, und die beiden waren sehr weit von der nächsten menschlichen Behausung und einer befahrenen Straße entfernt. Sie hatten weder ausreichend Wasser noch festes Schuhwerk dabei, machten sich aber trotzdem zu Fuß auf den Weg. Durch Zufall fand man sie kurz vor Sonnenuntergang. Ihre Sandalen hatten sich inzwischen aufgelöst, und sie liefen auf wunden, nackten Füßen, hatten Flusswasser getrunken, waren von Insekten zerstochen und von der Sonne verbrannt. Sie hatten so ziemlich alles falsch gemacht, was man falsch machen kann.

Weniger Glück als die Schweizer hatte ein Hobby-Goldsucher, der in der Nähe von Menzies mit einem Metalldetektor unterwegs war, angeblich sogar ein erfahrener *prospector*. Vielleicht hat er Gold gefunden, vielleicht wurde er davon so beflügelt, dass er immer weiter in den Busch lief, bis er nicht mehr zurückfand. Vielleicht fiel er seinem Goldrausch zum Opfer. Vielleicht sogar einem Verbrechen. Zwei Wochen lang suchten Polizisten, Feuerwehr und Freiwillige nach ihm. Er war und blieb verschwunden. Nur sein verlassenes Auto und sein Zelt fanden die Helfer. Und im heruntergekommenen Menzies Hotel murmelte die Barfrau unheilschwanger: «Manche hat man in dieser Gegend viel später in einem flachen Grab gefunden.»

Besonders tragisch finde ich das Schicksal eines jungen Lastwagenfahrers, der offensichtlich überhaupt keine Ahnung vom Outback hatte. Bei Wiluna im Norden der Goldfelder – und das ist wirklich totales Outback – übersah er die Abzweigung zu einer Uranmine, die er beliefern sollte. Er fuhr geradewegs in die Wüste und folgte der Gunbarrel Road, einem Track, auf den sich selbst Abenteurer nur im Konvoi wagen. Seinen Irrtum bemerkte er erst, als die Straße immer unwegsamer wurde. Er versuchte den Truck zu wenden – ein ziemlich aussichtsloses Unterfangen auf einem schmalen Weg mitten im Busch. Der Truck blieb stecken. Offensichtlich in Panik, machte sich der Fahrer auf den Weg zurück nach Wiluna, und auch er machte alles falsch, was man da draußen falsch machen kann. Ich habe ein Gedicht über ihn geschrieben, weil mich sein Schicksal so erschüttert hat. Es war seine erste Fahrt, sein erster Job.

Einer ist gestorben.
Weit draußen im Land.
Dreihundert Meter vom Wasser,
stand in der Zeitung,
Dreihundert Meter vom Leben.

Vorher war er gelaufen,
getaumelt, gekrochen.
Zweiunddreißig Kilometer weit.
Ohne Hut, ohne Wasser.
Bei zweiundvierzig Grad.
Suchte Schatten beim Laufen,
Taumeln, Kriechen.
Unter kleinen Bäumen, Büschen.
Weit von der Straße.
Keiner sah ihn,
nur einer kam.
Einer, der ihn hätte finden können,
und nur den Laster fand.

Da stolperte er noch irgendwo im Busch,
machte, was man nicht machen darf,
draußen im Niemandsland,
wo Fehler mit dem Tod bestraft werden.

Gibt welche, die verschwinden im Never Never.
Verglühen. Ertrinken in Seen,
die es nie gegeben hat.
Dieser wurde gefunden.
Von Jägern auf der Suche
nach großen Echsen.
Ein paar Stunden nach seinem Tod.
Dreihundert Meter vom Wasser.

Dongas und Vegemite

Auf dem Weg ins Pilbara müssen wir im Nanutarra Roadhouse übernachten. Müssen, weil es bereits dunkel wird und die Straße nach Parapurdoo und Tom Price nachts zu einem Känguru- und Rinderslalom wird. Die Hitze ist noch immer unerträglich, und ich will nicht im Auto schlafen.

«Die haben hier nur Dongas», sagt Paul.

«Was sind Dongas?»

«Boxen mit Klimaanlage, ohne Fenster und so klein, dass gerade ein Bett reinpasst und ein Koffer quer vor die Tür. Kostet mindestens 100 Dollar die Nacht inklusive Wanzen und Flöhen!»

Wir haben den Donga trotzdem genommen. Warum? Einfach, um liegend in einem kühlen Raum zu schlafen. Solch vermeintlich selbstverständliche Dinge sind im Outback-Sommer reiner Luxus. Während ich in den Gemeinschaftswaschräumen eine salzige Dusche nehme, erkundet Paul die Gastronomie des Rasthauses und kehrt empört zurück.

«Für einen halben Liter Iced Coffee im Tetrapack verlangen die acht Dollar! Keinen Cent kriegen die von mir!»

«Nur die 110 Dollar für den Donga und die Dusche, was?»

«Ich wollte im Auto schlafen!»

«Ich aber nicht.»

Kurze Eruption, die nach wenigen Minuten in sich zusammenfällt. Streiten ist bei dieser Hitze zu anstrengend. Aus Protest gegen die Preise im Roadhouse essen wir Knäckebrot mit Vegemite-Aufstrich und die letzten Tomaten. Zum Glück ist wenigstens das Wasser in unserer Kühlbox kalt.

Vegemite ist eine teerartige, beinahe schwarze Masse, die in Dänemark verboten wurde. Sie schmeckt extrem salzig, extrem nach Hefe, und um der australischen Seele nicht zu nahe zu treten, möchte ich sie einfach als extrem grenzwertig beschreiben. Ein bisschen erinnert Vegemite an konzentriertes Maggi als Brotaufstrich. Erstaunlicherweise ist es ein fester und sehr beliebter Bestandteil der australischen Ernährung. Man schmiert die Masse dünn auf Toast, und sie versorgt angeblich mit allen Arten und Abarten von Vitamin B. *Proudly produced in Australia!* Ich weiß nicht, warum Vegemite in Dänemark verboten wurde – möglicherweise wegen Beleidigung der Geschmacksnerven. Paul hat lange versucht, mir Vegemite schmackhaft zu machen, sogar mit dem Werbelied aus seiner Kindheit. Er sang:

We are the little Vegemites
As happy as can be.
Oh yes we have our Vegemite
for breakfast, lunch and tea.
We love our Vegemite,
we adore our Vegemite!
It puts a rose in every cheek!

Ich war durchaus angerührt von seinem Vortrag, obwohl ich das Lied für eine perfide Gehirnwäsche halte. Trotzdem esse ich Vegemite nur in äußersten Notfällen, wenn es gar nichts anderes gibt. Vegemite im Donga ist jedenfalls eine interessante Erfahrung.

Das einzig Positive, was ich über diese Nacht sagen kann: Es gab weder Wanzen noch Flöhe. Vor allem war es sehr kalt, da sich die Klimaanlage nicht regulieren ließ. Als wir die Tür aufmachten, füllte ein Schwall heißer Luft unsere fensterlose Kiste derartig schnell, dass wir sie schnell wieder schlossen. Abschalten konnten wir die Klimaanlage auch nicht, weil wir sonst erstickt wären. Gegen Morgen fühlten wir uns wie Rinderhälften in einem Kühlhaus.

Bei Sonnenaufgang flüchten wir ins Freie, um wieder aufzutauen, setzen uns auf die Stufen zu unserem Donga. Alle Gebäude des Rasthauses thronen auf Palisaden, denn gleich nebenan fließt der Ashburton River. Derzeit ist allerdings nur sein weites rotes Bett zu sehen, das auf die Wassermassen wartet, die hier regelmäßig aus dem Landesinneren strömen, wenn dort Gewitter niedergehen oder viele hundert Kilometer entfernt ein Wirbelsturm durchzieht. Straße, Roadhouse und Land stehen dann binnen Minuten unter Wasser.

Das leere Flussbett säumen große *Rivergums*. Seidig glänzen ihre Stämme, an denen rote Rinde in Fetzen herabhängt. Viele ihrer Äste sind abgebrochen, die Eskapaden des Flusses haben den alten Eukalyptusbäumen sichtlich zugesetzt. Über den Baumwipfeln kreisen Schwärme weißer Kakadus. Ihr Lärmen erinnert stets an Verzweiflungsschreie, als fürchteten sie, in der Masse ihrer Gefährten verlorenzugehen. Niemals verstummen sie. Nur kurz lassen sie sich in den Zweigen der *Rivergums* nieder, stieben gleich wieder auf, steigen hoch hinauf, lassen sich fallen, hinunter ins rote Flussbett, wo sie geschäftig und krakeelend herumwatscheln.

Unterdessen rollt langsam ein *roadtrain*, ein Laster mit drei Anhängern, vom Highway auf den Parkplatz. Es folgt ein zweiter, dann ein dritter. Die Chromteile der Zugmaschinen blitzen in der aufgehenden Sonne. Zwei Raben landen mit gesträubten Kehlfedern vor uns im roten Staub und betrachten uns aus seltsam hellen Augen.

Wir rühren Pulverkaffee mit kaltem Wasser an, essen ein paar Kekse und werfen den schwarzen Vögeln die Krumen zu. Die Sonne ist schon wieder zu heiß – um zehn vor sieben.

Weiter.

Die Straße nach Paraburdoo zweigt kurz hinterm Roadhouse vom Great Northern Highway ab, und wenig später zeigt sich die Landschaft des Pilbara in ihrer ganzen Schönheit. Plötzlich färbt sich die Erde schokoladenbraun und dunkelrot, hellgrüne Spinifexbüschel bedecken die Hügel wie Horden langstacheliger Igel. Das Stachelkopfgras ist perfekt an die harten Lebensbedingungen angepasst. Borstig, hart und dicht wehrt es sich gegen Hitze und Trockenheit und zaubert dabei noch einen weichen, grünen und goldenen Schimmer über das Land. Eine gelungene Täuschung – im Spinifex kann man sich nur mit kräftigen Stiefeln und dicken Jeans schmerzfrei bewegen.

Die Gipfel der Berge sind abgeflacht, ihre Flanken und Täler durchziehen Erzadern, die in Millionen Jahren aus der Erde gewaschen wurden. Überall liegen schwarzrote Steine auf der roten, harten Erde herum, große, kleine … als hätte jemand sie mutwillig ausgestreut. Bäumchen wachsen hier, keine Bäume. Kühe drängen sich in ihren kleinen Schatten, starren zu uns herüber. Ihr Fell ist rotbraun wie der Boden. Was sie wohl fressen auf diesen stachligen Weiden?

Am Straßenrand liegt ein totes Kalb, vertrocknet und halb abgenagt von Krähen und Adlern. Als wir in der Ausfahrt einer Minenstraße anhalten, finde ich, an einem Ast hängend, die blutigen Köpfe von vier *bustards* (Australientrappen). Wer erlaubt sich in dieser Einsamkeit solch grausige Scherze? Gelangweilte Minenarbeiter, die ein bisschen Jagen gegangen sind? Aborigines, die Weiße erschrecken wollen? Ein Fluch? Eine Warnung?

Im Eisenland

Weiter nach Parapurdoo. Links und rechts der Straße liegen, unsichtbar, überall Erzminen. Einziger Hinweis sind Schilder am Beginn roter Staubstraßen, die in die Berge führen, und die Warnung vor *roadtrains*. Ab und zu steigt irgendwo aus dem Busch eine rote Staubwolke auf. Wir sind im Eisenland angekommen.

Das Pilbara birgt die reichsten Eisenerzvorkommen der Erde, und seit der Hunger der Welt immer größer geworden ist, haben sich die Minengesellschaften auf das rote Land gestürzt wie die Geier. Das Pilbara ist Boomland geworden.

Wir staunen, als wir in Paraburdoo ankommen: Der Berg über der Arbeitersiedlung ist deutlich kleiner geworden in den vergangenen zwei Jahren. In Zwölf-Stunden-Schichten tragen Arbeiter das Gestein ab, das sie reich machen soll. Seit Beginn des Booms sind die Löhne in schwindelnde Höhen gestiegen – 120 000 Dollar im Jahr ist noch eine bescheidene Summe. Höher Qualifizierte verdienen 250 000 oder auch 300 000 Dollar, ein saftiges Stück vom Kuchen, den sie Jahr für Jahr aus der Erde sprengen.

Die Luft in Paraburdoo ist schwer und warm, und sie

riecht seltsam metallisch. Überall sind die weißen Four-Wheel-Drives der Minenarbeiter unterwegs, rot bestaubt, mit roten Wimpeln an hohen Stangen und gelben Blinklichtern auf dem Dach. Unbehaust wirkt diese Arbeitersiedlung mit ihren zu breiten Straßen und dem leicht schmuddeligen Einkaufszentrum. Kein Ort zum Bleiben.

Ein bisschen außerhalb liegt der kleine Flughafen, und der ist lebenswichtiger Bestandteil der Bergbauoperationen und schnellste Verbindung zur weit entfernten Hauptstadt Perth. Seit einigen Jahren besteht die Belegschaft der Bergwerke im Pilbara zum großen Teilen aus Pendlern, den sogenannten *Fly-in, Fly-outs*. Zwei Wochen Arbeit in den Minen, zwei Wochen Pause zu Hause in Perth oder sonst wo. *Fly-in, Fly-out* könnte das Ende der Bergbausiedlungen bedeuten, und wir sind gespannt, was unser Freund Hank berichten wird, der bei Rio Tinto in Tom Price beschäftigt ist.

Auf dem Weg dorthin kommen wir an einer Aborigine-Community vorbei. Ein paar heruntergekommene Fertighäuser mit Antennen und Satellitenschüsseln auf dem Dach stehen da herum, ein paar rostige alte Autos, ein paar neue. An einem Mast weht die rot-schwarz-gelbe Fahne der Ureinwohner, und ein paar Hunde streunen herum. Kein Mensch ist zu sehen.

Tom Price liegt in einem Talkessel, der vom Mount Nameless und der Eisenerzmine eingerahmt wird. Natürlich hatten die Ureinwohner diesem namenlosen Berg längst einen Namen gegeben, doch danach fragte keiner, als man ihn benannte, und so blieb es dabei. Zumindest für die Weißen. Der eigentliche Name des Berges aber ist Jarndunmunha.

Gleich am ersten Abend fährt Hank uns mit seinem

schwarzen Jeep hinauf. Immerhin ist Jarndunmunha 1128 Meter hoch, zu hoch für eine kleine Tour bei knapp vierzig Grad. Der steinige Pfad ist so steil, dass ich mich festhalte und die Augen schließe. Hank lacht mich aus.

Ganz oben präsentiert er die Aussicht mit einer Geste, als hätte er all das selber geschaffen: die kleine Stadt in ihrer grünen Oase, den zweieinhalb Kilometer langen Zug, der gerade schwer beladen zur Küste aufbricht, die riesigen Haulpaks, die das Eisenerz vom Minenberg ins Tal transportieren, um sofort leer wieder hinaufzufahren, in ununterbrochener Reihe, einer nach dem anderen, Tag und Nacht, tagein und tagaus. Winzig sehen sie von hier oben aus, wie geschäftige Käfer, und sind doch die größten Laster der Welt.

Auch der Minenberg von Tom Price wurde inzwischen fast ganz weggesprengt, zerquetscht und fortgebracht, nach China, Japan, Amerika oder Europa. Australiens Gestein ist über die ganze Welt verbreitet, hat ungeahnte Metamorphosen vollzogen, steckt in Autos, Gebäuden, Maschinen, lagert als Goldbarren in Tresoren, treibt Kernkraftwerke an oder bedroht uns in nuklearen Sprengköpfen.

Die uralte geologische Beschaffenheit dieses verwitterten Kontinents ist Quelle des Reichtums seiner modernen Gesellschaft, macht sie aber gleichzeitig abhängig von permanentem globalen Wachstum und Bedarf. Doch all diese Zusammenhänge erscheinen auf diesem Berggipfel unwirklich und unbedeutend.

Hinter dem menschlichen Getriebe im Tal und in der Mine steigen die Hamersley Ranges und die anderen uralten Berge des Pilbara auf. Rote Berge und Schluchten, die im Abendlicht glühen, während die Täler und Ebenen bereits von blauen Schatten verhüllt werden. Über Tom Price hängt eine schwarze Gewitterwolke und lässt einen

Regenbogen herab. Uns kommt es vor, als hätte das Land uns begrüßt.

Später sitzen wir bei eiskaltem Bier zusammen, und Hank erzählt. Mit den *Fly-in, Fly-outs* sei es besser geworden, seit die Minengesellschaft strenge Drogenkontrollen eingeführt hat.

«Na ja, das betrifft eigentlich alle, auch diejenigen, die hier permanent wohnen. Gab 'ne Menge, die Marihuana und stärkere Sachen genommen haben. Und Alkohol, jede Menge Alkohol natürlich. Wenn jetzt einer mit verdammten Promille im Blut oder sonst was bei der Arbeit erwischt wird – der fliegt sofort raus. Bei den hohen Löhnen überlegen sich die Jungs und Mädels genau, was sie machen. Obwohl ...» Hank kratzt sich nachdenklich im Nacken und verzieht den Mund. «Vor ein paar Tagen sind wieder mal ein paar Kumpels ausgerastet. Haben unter Tage mit nacktem Oberkörper diesen blöden neuen Modetanz geübt, Harlem Shake oder wie der heißt ... während der Nachtschicht um halb drei Uhr morgens. Irgend so ein Idiot hat es mit dem Handy gefilmt und auf YouTube gestellt. Die sind alle fristlos entlassen worden, und ich glaub nicht, dass die noch mal einen Job in den Minen kriegen. Die haben alle weit über 100000 Dollar im Jahr verdient. Das is 'n echter Schock!»

«Sind die immer so scharf?»

Hank wiegt den Kopf.

«Total scharf! Du musst bedenken, dass hier draußen auch ganz schön raue Burschen arbeiten. Wenn die nicht ganz genau wissen, was sie dürfen und was nicht, dann funktioniert es nicht mehr. Jetzt wissen alle ganz genau: Wenn wir da unten Disco spielen, dann haben wir keinen Job mehr. So ist das! Da geht's um Sicherheit und Disziplin!»

«Harte Zeiten!»

Er zuckt die Achseln. «Dafür verdienst du dreimal so viel wie woanders.»

«Leben die *Fly-in, Fly-outs* immer noch in Lagern?»

«Klar, das Stalag 5 läuft bestens!» Hank lacht sein tiefes dröhnendes Lachen. «Aber Stalag bedeutet nur, dass die Jungs sich ordentlich benehmen müssen. Ansonsten leben die wie Gott in Frankreich! Kriegen prima Essen, haben 'nen Pool, Sportgeräte, Sportplatz, Fernsehen, DVDs. Ab und zu dürfen sie einkaufen gehen, und um neun Uhr müssen alle im Lager sein. Aber ich sag euch ehrlich: Nach 'ner Zwölf-Stunden-Schicht läuft sowieso nicht mehr viel.»

Hank fährt einen Haulpak. Im Schneckentempo den Berg rauf und im Schneckentempo wieder runter. Zwölf Stunden lang. Eine Woche Tagschicht, eine Woche Nachtschicht, eine Woche frei. Während der Monsterlader befüllt und geleert wird, darf er sich kurz die Füße vertreten. Sein Führerhaus ist klimatisiert, er hat ein Radio, CDs und literweise Coca-Cola. Zuckerfrei, seit er an Diabetes leidet. Zweimal in zwölf Stunden hat er zwanzig Minuten Pause.

Wie er das immer noch schafft, nach all den Jahren? Wieder zuckt er die Achseln und zwinkert mir zu.

«Schwierig sind die Nachtschichten, weil ich dann am Tag schlafen muss. Manchmal geht es nicht. Ich schlaf einfach nicht ein. Dann ist es eine Höllenanstrengung, während der Schicht wach zu bleiben. Fühlt sich an wie Folter, das sag ich euch. Aber ich muss wach bleiben, sonst wird der Job lebensgefährlich. Wenn ich mich nicht konzentriere, kann die Karre Hunderte Meter abstürzen.»

Er wischt sich Bierschaum vom Bart. Light Beer, davon darf er genau eine Dose pro Tag trinken, der Zuckerkrankheit wegen. Plötzlich lacht er auf. Vor einem Jahr sei eine tolle Geschichte passiert.

«Einer der Haulpak-Fahrer ist gefeuert worden und war entsprechend wütend. Auf seiner letzten Fahrt hat er die verdammten Eisenerzbrocken über eine Strecke von mehreren hundert Metern abgekippt – so richtig schön verteilt, dass keiner mehr fahren konnte. Dann ließ er seinen Haulpak einfach stehen und ging. Hat gute zwei Stunden gedauert, bis die wieder alle Steine weggeräumt hatten. Riesengeschrei. Zeit ist Geld! Jede Stunde, die gearbeitet wird, kostet Hunderttausende! Behaupten sie jedenfalls.»

«Haben sie ihn erwischt?»

«Keine Spur! Hat sich in Luft aufgelöst!»

Wie lebt man in einer Bergarbeitersiedlung wie Tom Price? Wie überlebt man? Tom Price hat ungefähr 3600 Einwohner, es liegt 454 Meter hoch, 300 Kilometer von der Küste entfernt, umgeben vom harten, großen Outback. Es wurde erst in den 60er Jahren gegründet, als im Pilbara die ersten Minenprojekte begannen. Benannt wurde es nach dem Präsidenten des US-Unternehmens *Kaiser Steel*, der die Erschließung des Pilbara unterstützte, weil er für seine Hochöfen Eisenerz brauchte.

Damals begann in der Geschichte Westaustraliens und Australiens im Allgemeinen ein völlig neues Kapitel: das Zeitalter der Maulwürfe. Bis dahin hatte man in Australien zwar Gold gefunden, von allen anderen Bodenschätzen nahm man jedoch an, dass sie so gut wie nicht vorhanden waren. Eisenerz war zum Beispiel so knapp, dass es nicht exportiert werden durfte.

Im Jahre 1952 aber machte ein Schaffarmer eine geradezu weltbewegende Entdeckung. Es klingt ein bisschen wie im Märchen, ist aber eine Tatsache: Der Farmer Lang Hancock flog mit einem Leichtflugzeug über seinen nicht gerade kleinen Besitz im Pilbara (vermutlich wollte er Schafe zählen), geriet in ein Gewitter und musste notlanden. Er wählte eine relativ flache Felsplatte, landete sicher und traute seinen Augen nicht: Er stand auf Eisen. In den folgenden Wochen fand er heraus, dass eine Eisenerzader von 100 Kilometer Länge durch seinen Landbesitz verlief. Wie er darauf reagiert hat, ist nicht überliefert.

Dieser Lang Hancock war der Vater jener Gina Rinehardt, die heute die reichste Frau Australiens ist und mit ihren Ratschlägen zum Thema harte Arbeit immer wieder den Zorn der Normalbürger auf sich zieht. Das legendäre Flugzeug steht inzwischen in einem Museum der *Hall of Fame* in Perth. Hancock selbst erregte wiederum den Zorn seiner Tochter, weil er im Alter seine Haushälterin heiratete, eine Philippina namens Rose. Nach Hancocks Tod zog Gina sogar vor Gericht, um die Besitztümer ihrer Stiefmutter zurückzufordern. Unter anderem ein bescheidenes Haus im Wert von 35 Millionen Dollar im besten Wohnviertel von Perth, direkt am Swan River. Die aktuellste Entwicklung ist, dass zwei von Ginas Töchtern und ihr einziger Sohn wiederum ihre Mutter verklagen. Vielleicht Stoff für eine Fernsehserie – *Der Fluch des Eisens* oder so ähnlich.

Mit Lang Hancocks Entdeckung jedenfalls erwachte das Land der Schaf- und Rinderzüchter, der Weizenbauern und Wollproduzenten am Ende der Welt, das bisher nur von gelegentlichen Goldräuschen heimgesucht worden war. Ein ungeahnter Boom brach aus, die Börsen rotierten, denn überall im Land fand man plötzlich alle möglichen Reichtümer. Nicht nur Eisenerz, auch Kupfer, Bauxit, Nickel, Zinn, Diamanten, Uran, Blei, Asbest und vieles andere. Man hatte einfach nicht danach gesucht. Geologen rückten an und durchforsteten das Outback und natürlich auch das Pilbara. Es lag Reichtum in der Luft.

Der jahrtausendealte Friede dieser wilden Landschaft war bisher nur durch Schafe, Rinder, wenige Farmer und ihre *stockmen* gestört worden. Jetzt aber rückte das Heer der Minenarbeiter an. Der Abbau des Eisenerzes erfolgte fast überall im Tagbau. In kürzester Zeit taten sich in den Eisenbergen riesige Krater auf. Von Tom Price wurde eine Eisenbahnstrecke zur Westküste gebaut, nach Dampier. Von Newman aus eine nach Norden. Häfen entstanden, Siedlungen für die Arbeiter, Staubstraßen, die für Fahrzeuge eine Herausforderung waren. Ganze Familien zogen aus den Städten in die Einsamkeit der Minensiedlungen, angezogen von der Aussicht auf Arbeit und besseren Lohn.

Die indigene Bevölkerung, die Banyjiama, Innawonga und Kurrama, konnte nicht verhindern, dass ihr Land brutal in Besitz genommen und geplündert wurde. Nur wenige von ihnen haben Arbeit in den Minen gefunden. Die anderen leben in Communities draußen im Land und sehen zu, wie die Berge abgetragen werden.

Tom Price war jahrelang eine so gut wie in sich geschlossene Bergwerkssiedlung, in der man unter härtesten Bedingungen lebte. Viele Arbeiter und ihre Frauen nahmen regelmäßig *Prozac*, jene gemütserhellenden Pillen, die das Leben erträglicher machen. Es muss ein bisschen was von *Schöne neue Welt* gehabt haben – eine andere Form der Verbannung, eine freiwillige diesmal, weil sie einen ziemlich gut bezahlten Job garantierte, was damals eher selten war.

Aber es gab auch Selbstmorde. Manche hielten es in der Einsamkeit des roten Landes nicht aus und gingen zurück in die Stadt. Wer blieb, schaffte es irgendwie, sich an dieses isolierte und harte Leben anzupassen. Die Arbeiter erhielten Häuser, Gärten wurden angelegt, ein kleines Einkaufszentrum gebaut. Materielle Anreize wurden geschaffen, um die Arbeiter zu halten. So zahlte man sein Haus zwar ab, doch im Grunde war dieses Abzahlen ein Sparvertrag mit der Minengesellschaft. Wer alles abbezahlt hatte, bekam sein Geld wieder zurück.

Das einzige Hotel mit Kneipe erhielt damals den Spitznamen *Animal Bar*, weil sich viele Arbeiter dort tierisch betranken, prügelten und fluchten. Die angestellten Arbeiter der Mine schoben es auf die *contractors*, die Freiberufler, die besonders schwere Jobs übernahmen. Es gab jede Menge Konflikte. Trotzdem wuchs die Gemeinschaft allmählich zusammen. Man half sich gegenseitig in schwierigen Situationen, und die gab es zuhauf. Ehen zerbrachen an Alkohol und Gewalt, Männer hauten einfach ab, ließen Frauen und Kinder zurück. Gewerkschafter wurden entlassen, weil sie Unruhe in die Belegschaft brachten.

Mit den Jahren wurde es ein bisschen besser, die Siedlung öffnete sich für Touristen und Geschäftsleute. Es gab ein Freiluftkino, ein Schwimmbad, eine Malgruppe, Kunstausstellungen, Feste. Das Einkaufszentrum wurde renoviert. Die Nähe zum Karijini Nationalpark, einem der schönsten und größten Nationalparks Australiens, zog immer mehr Touristen an. Da diese auch die riesige Eisenerzmine sehen wollten, wurden Führungen durchs Bergwerk organisiert.

Und ganz unbemerkt geschah etwas Seltsames: Viele der Arbeiter und ihrer Frauen begannen das wilde Land, dem sie eine winzige Überlebensoase abgerungen hatten, zu mögen, ja, sogar zu lieben. Heute schaffen einige den Absprung in die sogenannte zivilisierte Welt nicht mehr. Bleiben einfach, verbringen das Alter hier, obwohl sie vielleicht irgendwo ein Haus am Meer besitzen, das einmal als Altersruhesitz gedacht gewesen war. Ehe sie zu lieben begannen.

Alison ist eine von ihnen. Siebenunddreißig Jahre lang war sie mit einem Minenarbeiter verheiratet. Dann verließ er sie und suchte sich in Thailand eine Jüngere – übers Internet. Er hinterließ ihr ein Haus am Meer im Südwesten des Landes, wo es kühler ist und die Leute aus Perth Urlaub machen. Ihre erwachsenen Kinder leben im Osten, und sie ist allein in Tom Price zurückgeblieben.

Sie hätte längst fortgehen können, doch sie blieb. Das Haus am Meer hat sie vermietet. Alison ist zweiundsechzig, groß, graublond und kräftig. Im Lauf der Jahre hat sie begonnen zu malen, macht Collagen aus plattgefahrenen Bierdosen, Reliefs aus Gips, streut rote Erde über feuchte Ölfarben, verbindet so das Land mit seinem Abbild. Mehrere Preise hat sie mit ihren Bildern gewonnen und lächelt darüber, obwohl sie schon ein bisschen stolz darauf ist. Ich kenne Alison seit vielen Jahren und bewundere ihre Unabhängigkeit von Konventionen.

Ihr Haus ist vollgestopft mit einem wilden Sammelsurium von Fundstücken: Steine, Hölzer, Skulpturen, Bilder, Bücher, Klamotten. Alison ist Sammlerin, und sie ist dem Pilbara verfallen. Jeden Tag macht sie mit ihrem Hund eine lange Wanderung durch den Busch, meist am Nachmittag, wenn es nicht mehr so heiß ist und die Farben intensiver werden.

Am zweiten Nachmittag begleite ich sie weit hinaus, in ein Tal voll Spinifex und kleinen Mulgabäumen. Die Erde ist knallrot hier, schwarze Steine liegen herum, und ganz oben auf den Bergrücken wachsen bizarre Bäume, die an Indianer auf dem Kriegspfad erinnern. Vom Boden steigen noch immer Hitzeschwaden auf, doch ab und zu weht von den Bergen eine kühlende Brise herab.

Alison trägt feste Stiefel und hat einen Stock in der Hand. Ein Hut mit breiter Krempe schützt Kopf und Gesicht vor der Sonne, und in einem kleinen Rucksack hat sie zwei Wasserflaschen verstaut. Eine für sich und eine für den Hund. Grundausstattung im Outback. Ich trage mein Wasser selbst.

Sie führt mich zu seltsam geformten Felsen, die wie glatte, breite Stufen aussehen, fährt mit der Handfläche darüber und lächelt.

«Es ist nämlich so», sagt sie, «dass dieses Land mein enger Freund geworden ist. Ich fühle mich eigentlich wie die Banyjiama, das sind die Leute, die hier schon immer gelebt haben. Ich gehöre zum Land wie sie. Dieses Land ist einfach zu mächtig. Irgendwann packt es dich und lässt dich nicht mehr los.»

«Und das Haus am Meer? Früher wolltest du unbedingt ans Meer.»

«Ab und zu will ich auch ans Meer. Für ein paar Tage oder Wochen. Aber dann zieht es mich wieder zurück, weil ich das Land in mir trage. Du wirst mich für verrückt halten, aber ich hab mir sogar schon den Platz ausgesucht, an dem irgendwann meine Asche verstreut werden soll.» Alison breitet die Arme aus und legt den Kopf in den Nacken. «Ich bin so froh, dass ich ein Teil von all dem bin, und das will ich auch bleiben! Seit einiger Zeit träume ich ab und zu von der Regenbogenschlange. Einer von den Elders hat mir gesagt, das Land rede mit mir.»

Einen Augenblick lang spüre ich so etwas wie Neid angesichts dieser Verwurzelung, die Alison erfahren hat. Ihre Bilder, ihre Skulpturen – alles kreist um das Land, und sie selbst bewegt sich in ihm mit traumwandlerischer Sicherheit.

Später erzählt sie mir die Schöpfungsgeschichte des

Karijini mit seinen tiefen Schluchten und verborgenen Wassern:

«Eine der Songlines kommt von der Küste her, von Karratha, und führt durch den Millstream. Warlu, die große Schlange, verfolgte zwei Jungen, die das Gesetz verletzt hatten. Sie kroch in die Erde, brach in Millstream wieder hervor und verschlang die beiden. Sie formte den breiten Fluss und alle Bäche, bis sie die Hochebene des Karijini erreichte. Dort wurde sie vom bösen Geist eines Buschmanns angegriffen und verletzt. Ihr Blut grub die Schluchten in den Fels. Sie selbst zog sich in die tiefsten von ihnen zurück und ruht bis heute in den Wasserbecken. Und deshalb ist es wichtig, die große Schlange um Erlaubnis zu bitten, ehe man dort schwimmt.»

Die grausame Schöpfungsgeschichte passt zu diesem atemberaubenden Land, das so viele Überraschungen bereithält. Der Millstream, auf halber Strecke zwischen Tom Price und dem Hafen Dampier gelegen, ist ein Paradies in der roten Wüste. Grün, üppig, mit breitem Fluss, der einem See ähnelt, mit Wasservögeln, Fischen, Palmen, Schilf. Karijini dagegen ist hart, rot, stachlig. Spinifexland mit Mulgabäumchen, die fünfzig Jahre fast ohne Wasser auskommen können. Die weißen Stämme der Geistereukalypten sind häufig von Buschfeuern gezeichnet, wachsen aus schwarz verkohlten Strünken. In den Hochebenen klaffen tiefe Risse, die sich in Jahrtausenden dort eingegraben haben, hundertfünfzig Meter tief, zweihundert Meter. Schwarzrot glänzen die Gesteinsschichten, Eisenoxide, Quartze. Zwanzig dieser gewaltigen Schluchten gibt es in diesem zweitgrößten Nationalpark Australiens, der sich über ein Gebiet von über 600 000 Hektar erstreckt. Manche der Schluchten sind hundert Kilometer voneinander entfernt.

Karijini bedeutet «Kommt von weit her, ist sehr alt», seine Berge und Schluchten sind heilige Orte der Ureinwohner. Erst vor wenigen Jahren hat Karijini seinen Namen zurückerhalten. Bis in die 90er Jahre nannte man ihn Hamersley Range Nationalpark. *Reconciliation*, Aussöhnung. Am Eingang zum Nationalpark wurde aus diesem Grund ein bemerkenswertes Informationszentrum gebaut, das von Menschen der alten Aborigine-Völker verwaltet und betrieben wird. Der große Bau fügt sich ganz organisch in die Landschaft ein, und drinnen erfährt man so ziemlich alles, was Informationstafeln, Bilder und kleine Filme über Karijini sagen können. Seine Geheimnisse aber muss man selbst erspüren.

100 000 Touristen kommen inzwischen pro Jahr. Viele von ihnen respektieren dieses alte Land, sind beim Wandern und Campen achtsam. Andere weniger. Abseiling, Rafting, Freeclimbing, Lärm und Besäufnisse an den Gumpen der Schluchten passen nicht zu Karijini. Ein paarmal sind wir diesen neuen Aktivitäten begegnet und konnten sie nicht begreifen. Und ich musste wieder an die Worte unseres Freundes Archie Weller denken: «Wir haben keine Kathedralen wie die Europäer. Die Felsformationen und Schluchten dieses Kontinents sind unsere Kathedralen und heiligen Orte.»

Ab und zu stürzt einer der Waghalsigen ab oder wird von einer plötzlichen Flutwelle weggeschwemmt, als hätte die Große Schlange sich erhoben.

Paddy, der Ranger

Bei Alison haben wir den Ranger Paddy kennengelernt. Klein, drahtig und rotblond ist er, kann seine irische Abstammung nicht verleugnen. Die australische Sonne hat seiner keltischen Haut schlimm zugesetzt und auf Unterarmen und Handrücken verhornte, aufgerissene Schwären hinterlassen. Die Ärztin im kleinen Krankenhaus von Tom Price wird sie wegschneiden. Das macht sie jedes Mal, wenn neue Schwären kommen. Es beunruhigt Paddy nicht weiter – es ist eben Teil des Lebens da draußen.

Er lädt uns ins Camp der Ranger ein, will uns eine ganz besondere Schlucht zeigen. Dazu müssen wir früh am Morgen aufbrechen und deshalb bei ihm übernachten. Also fahren wir am Spätnachmittag in den Karijini, mit Taschen voll Gemüse und Obst, um Paddys Vorräte aufzufüllen. Der Weg zum Camp führt durch das Tal zwischen Mount Bruce und dem Bergplateau der großen Schluchten hindurch. Auch Mount Bruce ist ein spiritueller Ort der Aborigines und heißt eigentlich Punurrunha. Im Licht der tiefstehenden Sonne schimmert er wie ein Saphir, färben sich die Spinifexbüschel plötzlich blaugrün. Der Mount Bruce scheint in unberührter Landschaft zu stehen, doch sein hoher Rücken verbirgt das Bergwerk Marandoo, das ebenfalls von Rio Tinto betrieben wird. Auf der Landkarte ist es eine Insel im Nationalpark, ein ausgesparter Fleck, freigegeben zur Bearbeitung. Die Straße, die den Nationalpark durchschneidet, wurde erst vor ein paar Jahren asphaltiert, verbindet Tom Price und Paraburdoo mit dem Great Northern Highway und der Minenstadt Newman. Dort, auf der nördlichen Seite von Karijini, sind Fortescue Metals, BHP Billiton und Hancock Prospecting aktiv. Hier steckt jeder seine Claims ab, ist jeder auf der Suche nach seinem eigenen Stück vom Kuchen. Fliegende Hunde überall.

Kängurus flüchten in großen Sprüngen, auf der Straße liegt eine plattgefahrene Schlange, und die Berge werfen lange Schatten. Fünfzig Kilometer fahren wir durch den Nationalpark, ehe eine holprige Staubstraße zum Camp der Ranger abzweigt. Paddy erwartet uns bereits, sitzt auf den Stufen zu seinem Fertighaus und trinkt Bier.

«Bin richtig froh, dass ihr ein paar Tage bei mir bleibt. Ist manchmal verdammt einsam hier draußen.» Er bringt uns zwei Gläser voll honigfarbenen Biers. «Selbstgebraut!», sagt er stolz.

Es schmeckt auch selbstgebraut und irgendwie nach Kopfschmerzen. Ich nehme mir vor, das nächste Glas dankend abzulehnen. Wir sitzen alle drei auf den Stufen und schauen ins Land hinaus. Rechts von uns liegen ein zweites Rangerhaus und ein großer offener Schuppen voll mit Geräten und zwei Kleinlastern. Ein Stacheldrahtzaun trennt das Camp vom Busch, und ich frage mich, wozu man hier draußen Zäune braucht. Um Claims abzustecken?

Vor dem anderen Haus sitzt auch ein Mann in Rangerkleidung. Ein Aborigine.

«Setzt ihr Ranger euch am Abend nicht zusammen?», frage ich. «Ich meine, wegen der Einsamkeit.»

Paddy verzieht das Gesicht.

«Ja, schon. Manchmal.»

«Mögen die andern dein Bier nicht, *mate*?», grinst Paul, und Paddy lacht. Bemerkungen wie diese kann man wahrscheinlich nur in Australien ungestraft machen.

«Eigentlich mögen sie's ganz gern, *mate*! Vor allem, weil es nichts kostet. Aber ich hatte ein paar Schwierigkeiten, und Robert, da drüben, ist total sauer. Deshalb knirscht's hier zurzeit, und es ist gut, dass ihr gekommen seid.»

Ich würde wirklich gern fragen, was passiert ist, doch Paddy starrt in sein Glas und schweigt so hartnäckig, dass ich es bleiben lasse. Drüben am Zaun läuft ein magerer Dingo entlang, schaut kurz herüber und verschwindet nach links. Zwei Welpen folgen ihm, über dem ausgebleichten Gras sind nur ihre Ohren und Schwänze zu sehen.

Endlich seufzt Paddy, steht ächzend auf und zeigt uns das Gästezimmer. Zwei Matratzen auf unterschiedlich hohen Bettgestellen dicht nebeneinander und Berge von Decken, Leintüchern und Kissen am Boden.

«Sucht euch das Passende zusammen», sagt Paddy. «Fühlt euch wie zu Hause. Dusche ist gegenüber. Wenn ihr nachts was hört, dann kann es die weiße Frau sein, die hier umgeht. Soll eine Aborigine sein, die hier bei einem Buschfeuer umgekommen ist. Sie war die Kinderfrau von Farmern, die hier wohnten. Ich hab sie schon ein paarmal gesehen. Manchmal massiert sie den Leuten die Füße. Bei mir hat sie's erst einmal gemacht.»

«Wahrscheinlich, als er zu viel von seinem Selbstgebrauten getrunken hatte», flüstert Paul, nachdem Paddy in der Küche verschwunden ist.

An diesem Abend entfaltet sich vor uns eine der vielen seltsamen Geschichten des Hinterlands: das Leben des Paddy O.

Als wir seine Wohnküche betreten, ist es ein kleiner Schock, denn plötzlich befinden wir uns in Indien. Überall stehen Statuen indischer Götter herum, ihre kitschigen bunten Bilder bedecken die Wände. In einer Ecke glitzert ein großer paillettenbesetzter Elefant. Und das Seltsamste: In einem Glaskasten hängen an Bändern silberne Medaillen, und auf jeder ist ein – pardon – nackter Hintern abgebildet. Es riecht nach Räucherstäbchen und Moschus.

Paddy steht inmitten dieser erstaunlichen Sammlung,

trinkt Bier, kocht Pasta und beginnt sofort zu erzählen. Dass er diesen Job erst seit zwei Jahren mache und vorher in der Gemeindeverwaltung von Karratha gearbeitet habe. Seine Frau sei immer noch da, aber wahrscheinlich sei inzwischen alles aus zwischen ihm und ihr. Seit Monaten habe er nichts mehr von ihr gehört.

«Sie ist total sauer!» Er verdreht die hellblauen irischen Augen. «Kann ich sogar verstehen. Aber hier draußen ist es wirklich verdammt einsam. Tagsüber mach ich meine Runden im Nationalpark, und da trifft man dann ganz nette Leute. Touristen. Erstaunlich, wie viele Frauen heute allein reisen oder mit 'ner andern Frau. Ab und zu hab ich dann eine von denen zum Übernachten eingeladen, oder manchmal auch zwei. War meistens total harmlos. Wir haben die halbe Nacht über spirituelle Sachen geredet, Indien und so was. Oder wir haben Musik gemacht. Ich war früher mal eine Weile in Indien. Hab all das Zeug hier mitgebracht.» Nachdenklich rührt er in der Pastasoße, trinkt dann einen kräftigen Schluck Bier. «Na ja, manchmal war es auch nicht so harmlos. Wie's eben so kommt. Ich hatte einen Computer, und hier draußen gibt's sogar Internet. Mit vielen Frauen hab ich dann Mails geschrieben. War richtig gut!»

Ich schaue mich um, sehe aber keinen Computer. «Wo ist er denn?»

«Hab keinen mehr. Eines Abends komm ich von meiner Tour zurück, und meine Frau ist da. Überraschungsbesuch. Die hat meinen Computer angestellt und die Briefe gelesen. Ich Idiot hatte kein neues Passwort eingegeben, und sie kannte das alte.»

«Oh», sagt Paul.

«Ja, oh! Die hat meinen verdammten Computer in tausend Stücke gehackt! Das war's dann! Seitdem hat sie nicht mehr mit mir geredet.»

«Warum hast du dir keinen neuen gekauft?»

Paddy zuckt die Achseln. «Geht ganz gut ohne. Jetzt les ich mehr, und die Frauen schreiben mir Briefe. Ist auch schön. Hab schon einen kleinen Koffer voll.» Er stößt einen tiefen Seufzer aus. «Aber jetzt hab ich andere Schwierigkeiten. Unser Boss, der *Head Ranger*, hat mir verboten, Frauen einzuladen. Ich würde das Ansehen der Naturschutzbehörde schädigen! Wetten, dass meine Ex dahintersteckt? Das wäre also auch abgehakt.»

Paddy drückt Paul Teller und Besteck in die Hand. Schweigend decken wir den Tisch, schieben qualmende Räucherstäbchen zur Seite, die in einem Becher voll Sand stecken. Die Pasta mit frischer Tomatensoße und Oliven ist erstaunlich gut, doch Paddy scheint von der Tragik seiner Situation überwältigt. Erst nach seinem vierten Bier taucht er wieder aus seiner Traurigkeit auf, und ich wage es, ihn nach den silbernen Medaillen im Kasten an der Wand zu fragen. Es folgt eine Erklärung, die weder Paul noch ich verstanden haben. Irgendwie geht es um den Mond und seine Beziehung zu runden Hintern und darum, dass er den Frauen diese Medaillen verliehen hat – aus Dankbarkeit. Zu *Legends of the Universe* habe er sie ernannt, und das hat ihnen wohl gefallen.

Doch Paddys Geschichte ist noch nicht zu Ende. Nach dem sechsten Bier gesteht er, dass man ihn zum *Dunny Ranger* degradiert hätte. Ein *Dunny* ist ein Klo, und jeder Nationalpark in Australien hat viele, viele Toiletten. Die werden regelmäßig gesäubert, die Desinfektionsspülung, in die man nach der Benutzung die Klobürste eintauchen soll, wird aufgefüllt, ebenso das Klopapier. Paddy darf nur noch Fragen der Besucher beantworten und nicht mehr selbst Kontakt suchen. Und nachdem er mit einer Gruppe *Fly-in, Fly-outs* in eine Schlägerei geraten ist, darf er auch niemanden mehr daran hindern, etwas Falsches zu tun. Oh, Paddy.

Die Nacht nach diesen schweren Geständnissen wird heiß und schwer. Ich rolle von meinem höheren Bett ständig zu Paul hinunter, warte vergeblich auf das Erscheinen der weißen Frau und schlafe erst gegen Morgen ein, als wir eigentlich zu unserer Wanderung aufbrechen sollten. Doch Paddy rührt sich nicht – die sieben oder acht Bier waren wohl selbst für einen Iren zu viel –, und so brechen wir erst gegen halb zehn Uhr auf. Viel zu spät, natürlich.

Mit Rucksäcken voller Wasserflaschen und Sandwiches machen wir uns auf den Weg und erreichen nach langer, extrem holperiger Fahrt durch den Nationalpark den Ausgangspunkt unserer kleinen Expedition: Dales Gorge. Über ungefähr 500 Felsstufen geht es steil hinunter in die Schlucht, und ich denke besorgt daran, dass wir auch wieder hinauf müssen.

Wo die Touristen nach links gehen, um in einem kleinen Felsenteich zu baden, schlägt Paddy den kaum sichtbaren Pfad nach rechts ein. Die Schlucht wird hier ein bisschen breiter, und überall wächst üppiges Schilfrohr. Es ist feuchtheiß hier unten – ein Paradies für Schlangen, wie Paul sachlich feststellt. Paddy, der Ranger, hat in seinem Katzenjammer seine Stiefel vergessen und ist nun in Sandalen unterwegs. Oh, Paddy!

Aber es scheint ihn nicht zu beunruhigen. Stoisch geht er voran und räumt Äste und überhängendes Schilf aus dem Weg. Nach einer halben Stunde schweigsamen Wanderns deutet er auf eine Felswand mit unzähligen kleinen Höhlen und Vertiefungen.

«Hier haben die Banyjiama ihre Toten beerdigt. Das ist ein sehr geheimer und spiritueller Ort. Wer es nicht weiß, geht einfach vorbei, und das ist gut so.»

Still ist es in der grünen Schlucht, die von roten Felswänden eingefasst wird. Nur ab und zu fährt ein Windstoß durch das Schilf, knacken Äste unter unseren Stiefeln.

Inzwischen ist der Pfad nicht mehr zu sehen, lange ist wohl schon niemand mehr durch die Schlucht gewandert. Es geht auf Mittag zu und wird allmählich brutal heiß. Zum Glück können wir eine Weile im Schatten dichter Eukalyptusbäume wandern ... oder uns vielmehr einen Weg bahnen, denn Schilf und Gestrüpp wachsen schulterhoch. Einmal bleibt Paddy abrupt stehen, und raschelnd und schlängelnd flüchtet etwas Unsichtbares, sehr tief unten. Er schaut auf seine nackten Füße und grinst.

Ich dagegen denke mit Grauen daran, was geschähe, wenn er von einer Schlange gebissen würde, einer King Brown zum Beispiel, deren Gift tödlich wirkt, wenn nicht schnell genug ein Serum gespritzt wird. Ihn zurückzutragen wäre unmöglich. Paul müsste Hilfe holen, ich bei Paddy bleiben. Plötzlich macht es mich wütend, dass er so nachlässig mit sich umgeht. Doch ehe ich den Mund öffnen kann, um meinen Ärger herauszulassen, lächelt Paddy mir auf seine jungenhafte Art zu, zwinkert mit dem rechten Auge und sagt: «Wir sind gleich da. Macht euch auf was gefasst, es ist wirklich etwas ganz Besonderes! Der Pool der blauen Frau!»

Paddy und seine Frauen. Eine weiße, eine blaue und viele mit runden Hintern. *Legends of the Universe.*

Weiter geht's. Längst sind wir schweißgebadet. Seit zweieinhalb Stunden kämpfen wir uns schon durch den unwegsamen Sumpfwald. Große Bremsen umschwirren uns, *marchflies*. Ihren Stich kann man nicht spüren, erst nach ein paar Stunden beginnt er teuflisch zu jucken. Immer wieder schlägt Paul heftig auf meinen Rücken, um eines der Biester zu erlegen. Doch die haben mindestens sieben Leben, fliegen fort, als wäre nichts geschehen, und setzen zum nächsten Angriff an. Die Buschfliegen haben uns natürlich auch längst entdeckt, und so verläuft diese Wanderung mit brausender Begleitung.

Ein bisschen entschädigt werden wir durch unerwartete Bilder, wenn sich der grüne Dschungel kurz öffnet: Eine riesige gefleckte Echse ruht auf einem Baumstamm, große orangefarbene Schmetterlinge trinken am Rand eines kleinen Tümpels. Aber langsam wird es Zeit für die blaue Frau, denn Paul hat bereits mehrmals vernehmlich geflucht.

Genau in dem Augenblick, als ich ebenfalls meinen ersten Fluch loswerden möchte, öffnet sich die grüne Hölle, und staunend schauen wir auf einen schimmernden See, der von einem Bach gespeist wird, dessen Wasser schnell über Felsstufen herabsprudelt. Schwarzrote Felsen rahmen den Talkessel ein und bilden in der Mitte des Sees eine Insel.

«Auf der Insel können bestimmte Menschen die blaue Frau sehen. Eine verzauberte Aborigine, die vor einem Buschmann geflohen ist. Manchmal verwandeln sie sich in Sterne, wenn sie vor den Kerlen abhauen müssen. Die hier wurde ein Wassergeist. Ist bei denen auch nicht anders als bei den Griechen.» Er wischt sich den Schweiß von der Stirn. «Ich brauch 'ne Abkühlung! Los, rein ins Wasser!»

«Aber das ist doch ein spiritueller Ort. Da können wir nicht einfach …»

«Können wir schon! Du gehst jetzt runter an den See, nimmst eine Handvoll Wasser in den Mund, spuckst es zurück in den See und bittest die Große Schlange und die blaue Frau um die Erlaubnis, hier baden zu dürfen. Alles klar?»

Alles klar! Diese Zeremonie habe ich schon ein paarmal durchgeführt. Der Erste, der sie mir vor ein paar Jahren beibrachte, war Hank, der raue Minenarbeiter.

«Sicher ist sicher», hat er damals gesagt. «Ich glaub ja normalerweise nicht an solchen Hokuspokus – aber die Schluchten im Karijini sind speziell. Da walten Kräfte, mit denen ich mich nicht anlegen möchte.»

Alle drei schöpfen wir Wasser, sprudeln es zurück, stehen eine Weile stumm am Seeufer. Dann reißen wir die Kleider vom Leib und legen uns in den Bach. Jeder auf eine Felsstufe. Das klare, kühle Wasser spült sämtliche Mühen von uns. Ich könnte für immer so liegen bleiben. Nur die blaue Frau hat sich leider keinem von uns gezeigt.

Erst gegen Abend kehren wir ins Camp der Ranger zurück, zerschlagen und todmüde. Auf der Fahrt hat Paddy uns erzählt, dass vor ein paar Wochen ein neuer *Head Ranger* eingesetzt wurde.

«Robert, der Aborigine, den ihr gestern gesehen habt, ist deshalb verdammt sauer. Er ist hier der Älteste, und er wäre dran gewesen. Stattdessen haben sie einen Engländer genommen, der noch nie im Pilbara gearbeitet hat. Wahrscheinlich, weil er studiert hat! Aber Robert weiß garantiert mehr über das Land als der Studierte! Ist ja ein netter Kerl und kann nichts dafür, bloß stinkt die ganze Geschichte verdammt nach Diskriminierung.»

«Unternimmt er was dagegen? Robert, meine ich? Gegen Diskriminierung gibt es doch sicher Gesetze.»

«Klar, gibt es, aber dafür ist Robert nicht der Typ. Da müsste er ja vor Gericht ziehen. Das bringt er nicht. Robert sorgt für das Land, der will nicht Karriere machen. Aber dass die Sache ungerecht ist, das weiß er, und das tut weh!»

Paddy hat es ganz gut beschrieben. Der Schmerz über die Nichtachtung prägt die gesamte indigene Bevölkerung Australiens. Es ist eine tiefe Wunde, die vom fröhlichen Geplärr des weißen *positive thinking* meist übertönt wird, doch sie ist da und bricht immer wieder auf … selbst hier draußen im Camp der Ranger.

Als wir endlich ankommen, durchgerüttelt und ausgedörrt, trinken wir zu viel eiskaltes selbstgebrautes Bier. Doch auch in dieser Nacht sehe ich die blaue Frau nicht. Dafür werde ich am nächsten Morgen mit den schlimmsten Kopfschmerzen bestraft, die ich je in meinem Leben hatte. Oh, Paddy, *you legend of the universe*.

Das verlassene Camp

Als meine Kopfschmerzen nachlassen, brechen wir zu einer Erkundungsfahrt in den Busch auf. Ohne Paddy. Er muss seine Pflichten als *Dunny Ranger* erfüllen. Wir haben uns am Morgen von ihm verabschiedet, wollen weiter. Gleich hinterm Lager der Ranger führt ein Sandweg ins weite Tal hinein. Die Erde ist knallrot hier und ein bisschen feucht vom letzten Gewitter vor zwei Tagen. Merkwürdige Fundstücke säumen den Weg: eine nagelneue Toilettenschüssel, ein Kühlschrank, ein eisernes Bettgestell ohne Matratze. Der Weg zeigt keine frischen Reifenspuren, sieht aus, als wäre er lange nicht mehr benutzt worden. Von den Zivilisationsresten im Gebüsch geht etwas Beunruhigendes aus, und Paul lenkt unseren Wagen im Schritttempo weiter gen Westen.

Nach ungefähr zehn Kilometern öffnet sich vor uns ein baumloser Platz: zerfetzte Zelte, eingefallene Hütten und Wohnwagen, dazwischen ein paar Autos mit platten Reifen, verbeult und rostüberzogen. Schauplatz eines Verbrechens? Einer Naturkatastrophe? Wir lassen den Wagen stehen, gehen vorsichtig zu Fuß weiter. In zerbrochenem

Glas spiegeln sich Wolken. Ein Kinderschuh steht in der Mitte des leeren Platzes, ein paar Schritte weiter liegt ein Männerstiefel. Es ist vollkommen still. Klammen Herzens umkreisen wir die Hütten, wagen uns nur allmählich näher heran. Seltsames Gefühl der Bedrohung, als würden wir beobachtet.

Paul versucht die Anspannung zu durchbrechen. «Pass nur auf», sagt er leise, «gleich fliegen Speere durch die Luft!» Aber er sagt es so leise, dass die Spannung nur noch wächst. Herzklopfen.

Wir finden keine Leichen, keine Hinweise auf ein Verbrechen, und trotzdem kehren wir schnell zum Wagen zurück und fahren weiter, schauen uns noch lange um, ob niemand folgt. Das Camp der Aborigines wirkte, als wäre es in großer Eile verlassen worden, strahlte eine seltsame, ungreifbare Bedrohung aus.

«Wahrscheinlich ist einer ihrer Elders im Lager gestorben», sagt Paul nach einer Weile. «Dann können sie nicht mehr bleiben. Aber vielleicht haben sie auch einfach einen besseren Ort gefunden. Ich hatte keine Ahnung, dass es hier im Nationalpark mal eine Community gegeben hat. Aber klar, es ist ja ihr Land. Sie haben es zurückbekommen.»

Der rote, sandige Weg führt uns weiter durch das Tal, ist an manchen Stellen bereits von Gräsern überwachsen. Bald wird er nicht mehr zu sehen sein. Als wir nach vielen Kilometern endlich die Teerstraße erreichen, sind wir erleichtert und gleichzeitig verwundert über die Ängstlichkeit, die sich in unsere Abenteuerlust geschlichen hat.

Und dann kommt Munjina. Die Sonne sinkt bereits, und über den roten Bergen ballen sich schwarze Gewitterwolken zusammen. Munjina ist australische Urlandschaft nördlich des Karijini. Munjina ist Savanne, ist Land der Geistereukalyptusbäume, der roten Felsen, Schichtberge,

Spinifexhügel. Munjina ist eine Orgie gewaltiger Schönheit, der wir uns widerstandlos ergeben. Bis der letzte Sonnenschimmer verlischt, beobachten wir das Schauspiel der Farben und Formen, sind nur noch Augen, und Paul verzweifelt schier an dem Wunsch, jede Sekunde mit seiner Kamera festzuhalten.

Dann ist es dunkel. In der Ferne zucken Blitze. Wieder eine Nacht im Hilux. Auf einem Aussichtspunkt nahe dem Great Northern Highway. Das Dröhnen der *roadtrains* begleitet unseren Halbschlaf. Ihre Scheinwerfer irrlichtern im Tal tief unter uns. Am Morgen entdecke ich Einschusslöcher in einem Blechschild, das die Gegend als Naturschutzgebiet ausweist. Es sind so viele, dass nur noch wenige Buchstaben der Aufschrift unversehrt geblieben sind.

«Hoons», murmelt Paul.

«In Perth hatten sie wenigstens keine Knarren!»

«Ach, wahrscheinlich waren das nur ein paar Minenarbeiter, denen langweilig war. Oder dumme Jungs von einer der Rinderfarmen.»

«Was wäre passiert, wenn sie zufällig letzte Nacht vorbeigekommen wären?»

«Wahrscheinlich hätten sie uns ein bisschen erschreckt – weiter nichts.»

«Wie – ein bisschen erschreckt? In die Luft geschossen oder in unsere Reifen? Unser Auto zum Schaukeln gebracht und dreckig gelacht?»

«Wahrscheinlich alles zusammen. Lass uns fahren. Ich brauche Kaffee und ein richtiges Frühstück.»

Mein Blick auf Munjina ist nicht mehr unbeschwert. Nach den Gewittern steigt durchsichtiger Nebel auf. Regen und Nebel riechen anders als in Europa, fremd. Es ist ein brandiger, erdiger Geruch, als wäre das Land gelöscht worden.

Wir fahren, bemüht, nicht wie Flüchtende zu erscheinen. Wieder ist die geteerte Straße, der Great Northern Highway, so etwas wie Rettung vor den Ungewissheiten des Outback. Er durchschneidet Munjina auf fast brutale Weise, wurde aus den Felsen herausgesprengt, hat alle Adern bloßgelegt. Ein Schwarm grüner und blauer Wellensittiche fliegt auf, tröstliche, lärmende Wolke.

Paul fährt schnell, will raus aus den Bergen. Wir brauchen nur zwanzig Minuten bis zum Auskie Roadhouse am Rand der Berge und der großen Ebene, die bis zum Meer reicht. Zehn Riesenlaster stehen schon da, der elfte und zwölfte rollen gerade auf den rotstaubigen Parkplatz, wirbeln kleine rote Wolken auf. Die frühe Sonne hat die Feuchte des Gewitterregens schon wieder getrocknet.

Kurz darauf sitzen wir an einem kleinen Kunststofftisch auf Kunststoffstühlen, schlürfen heißen Kaffee aus Pappbechern, essen Toast mit Eiern, Speck und gebackenen Bohnen. Truckies kehren frisch gewaschen und mit nassen Haaren aus den Duschen zurück, wechseln beim Frühstück ein paar Worte, vertilgen riesige Portionen von Würsten, Chips, Eiern. Auf dem leeren Stuhl neben mir liegt eine zerlesene Ausgabe der Zeitschrift *Woman's Weekly* vom vorletzten Monat, auf dem Cover Kate und Prinz William, und nicht mal die grelle Neonbeleuchtung kann uns die Illusion von Geborgenheit nehmen.

Die gelöschte Tragödie

Nach zwei Stunden fahren wir wieder hinaus in die Ungeborgenheit, machen uns auf den Weg nach Wittenoom. Die Abzweigung kurz hinterm Roadhouse gibt es noch, auch den Wegweiser. Der Name Wittenoom aber wurde ausgelöscht, man kann ihn nur noch ahnen – ein paar der Buchstaben haben Abdrücke auf dem blauen Grund hinterlassen. Seit 2007 ist Wittenoom von den neuen Straßenkarten verschwunden, wird aus Reiseführern getilgt. Wittenoom soll es nicht mehr geben. Keiner soll es mehr suchen.

Beschlossen wurde diese Auslöschung bereits vor Jahrzehnten. Doch Wittenoom und seine Einwohner haben sich zäh gegen die Vernichtung behauptet, obwohl Stück für Stück der kleinen Minenstadt abgerissen wurde, ein Gebäude nach dem anderen, ein Stückchen Infrastruktur nach dem anderen. Dann gab es kein Wasser mehr, schließlich auch keinen Strom, und trotzdem existierte Wittenoom noch immer. Die letzten fliegenden Hunde verteidigten ihren Schlafplatz sogar noch gegen die Bulldozer, trotzten der Tragödie, die viele von ihnen hautnah miterlebt hatten.

In den Bergen, die sich hinter Wittenoom erheben, liegt das erste Bergwerk Australiens, in dem blauer Asbest abgebaut wurde. Und es liegt da noch immer, mit all seinen erodierten Abraumhalden. Entdeckt hatte der findige Schafzüchter Lang Hancock dieses verhängnisvolle Mineral bereits Mitte der dreißiger Jahre des letzten Jahrhunderts. Es war sozusagen sein erstes Minenprojekt, ehe er zwanzig Jahre später zum Eisenerz-Tycoon wurde. Unter schwierigsten Umständen wurde damals Asbest aus dem Berg geholt, in Säcke verpackt und auf Pferden zum einzigen Hafen Point Samson transportiert. Bis 1940 produzierte Hancock auf diese Weise 364 Tonnen blauen Asbests – oder vielmehr: Er ließ es von Männern aus dem Berg graben, die arglos in Wolken von Asbeststaub arbeiteten. Man kann Hancock keinen Vorwurf machen – niemand wusste damals um die tödlichen Folgen des Asbeststaubs. Alle

Bergleute auf der ganzen Welt waren Stäuben ausgesetzt: Kohlestaub, Gesteinsstaub, Eisenerzstaub, Asbeststaub, selbst Alabasterstaub. Staublungen gehörten zum Risiko bei der Arbeit unter oder über Tage, gehören noch heute dazu.

Erst in den späten 50er und 60er Jahren stellte sich allmählich heraus, dass Asbestfasern in der Lunge zur tödlichen Asbestose führen können. Bis dahin und noch viele weitere Jahre war Asbest auf der ganzen Welt verbreitet – als Dämmstoff in Bauwerken, als Brandschutzmaterial, in Bremsbelägen, Eternit. Noch heute wird Eternit als Baumaterial verwendet … von den Armen in Südamerika zum Beispiel oder in Italien.

Doch zurück zum Bergwerk im Outback, am Ende der Welt, am nördlichen Rand des Karijini Nationalparks. Die Arbeiter brauchten Wohnungen, eine Kneipe zum Biertrinken, eine Tankstelle, einen *General Store*, und so entstand am Fuß der Berge die Minenstadt Wittenoom, die zu ihren besten Zeiten fünftausend Einwohner zählte. Die Fluktuation der Bergleute war hoch, zu mühsam und hart erschien vielen die Arbeit in der Asbestmine. Immer neue Arbeiter bekamen ihre Dosis Asbeststaub ab und gingen wieder. Der Wind trieb die feinen Fasern der Abraumhalden bis in die Stadt und weit ins Land hinaus. 1966 wurde die Mine geschlossen. Aus Gründen der Gesundheitsgefährdung und wegen mangelnder Rentabilität. Es wäre interessant herauszufinden, welcher der beiden Gründe der ausschlaggebende gewesen ist.

Die Bevölkerung zerstreute sich in alle Winde, doch ein harter Kern blieb, schmolz allmählich auf weniger als hundert zusammen, schließlich auf fünfzig. Die aber waren wirklich hart, hatten Wurzeln geschlagen, so tief wie die Geistereukalyptusbäume. Und irgendwie schafften sie es zu überleben. Ein paar bekamen Sozialhilfe, andere waren Rentner. Sogar ein bescheidener Tourismus entwickelte sich – der Überlebenskampf des kleinen Wittenoom wurde bekannt, machte Reisende aus dem In- und Ausland neugierig. Eine ganz eigene alternative Lebensform bildete sich heraus und vereinigte bizarre Persönlichkeiten.

Noch 1996 gab es eine *Wittenoom Progress Association*, die den Ort als idealen Ausgangspunkt zur Erkundung des Karijini anpries. Damals konnte man auch noch durch den Yampire Gorge in den Nationalpark fahren, obwohl der voll Asbeststaub war. Auch wir fuhren damals hindurch. Mit geschlossenen Fenstern, Tüchern vor Nase und Mund und mit klopfenden Herzen. Kurz danach wurde diese Straße für immer geschlossen.

Alison aus Tom Price erzählte mir von verrückten Festen im Wittenoom Gorge, damals in den Siebzigern, Achtzigern und Neunzigern, Festen voller Lebenslust, mit Musik, Alkohol, Marihuana. Sie erzählte von guten und bösen Hexenmeistern, die gegeneinander arbeiteten, von Künstlern und Musikern und Outcasts. Alison hat die allmähliche Auflösung der Stadt hautnah miterlebt, hat die Übriggebliebenen unterstützt.

Warum sie nicht fortgegangen sind? Warum sogar neue dazukamen, trotz der drohenden Staubwolken, die noch immer von den graublauen Abraumhügeln aufgewirbelt wurden, wenn der Wind heftig durch die Wittenoom Gorge pfiff? Es gibt viel Wind dort draußen.

Als ich Wittenoom zum ersten Mal sah, wusste ich sofort, warum sie nicht aufgaben. Die erfolgreich verteidigten Häuser lagen an einem sanften, erstaunlich grünen Hang unterhalb roter Berge, die bis oben hin mit Spinifex betupft waren. Quergestreifte Berge, deren Gesteinsschichten in vielen Farben leuchten. Es gab viel Platz zwischen den Häusern, denn die Bulldozer hatten gute Arbeit geleistet. Gnädig bepflanzte die Natur danach alle Zwischenräume, nur die Straßen und Straßenschilder waren noch da. Unzählige Kängurus lebten hier und wenige Menschen. In den Tümpeln und Seen des Wittenoom Gorge konnte man selbst im heißesten Sommer schwimmen, denn Wasser gab es immer, und jenseits des sanften Hangs dehnte sich unendliches Buschland bis zum Horizont. Im trockenen Sommer steigen dort rote Willi Willis auf, Windhosen, die sich hundert Meter hoch in den Himmel drehen. Das demolierte Geisterstädtchen war ein Ort der wilden Schönheit und Freiheit geworden – abseits von Zivilisation und Bürokratie. Ein Stück australische Anarchie.

Bei unserem vorletzten Besuch konnten wir noch in die Wittenoom Schlucht hinauf. Die Straße war abenteuerlich, auch hier hatten die Bulldozer gewütet, um Besucher abzuschrecken. Wir fuhren bis ans Ende, vorbei an den Überbleibseln der Asbestmine, mit geschlossenen Fenstern und abgeschalteter Klimaanlage. Ganz oben in der Schlucht befanden sich damals noch die Verwaltungsgebäude aus blassroten Steinquadern. Und es gab sogar Hüter dieser geisterhaften Gebäude: Tony und Vera.

Geisterhaft war auch unsere Begegnung. Mit einer bunten Schürze bekleidet, stand Vera – schmal, dunkelhaarig, ein bisschen zerknittert – hinter einem Stand mit selbstgemachter Marmelade in kleinen Gläsern und einem Stapel alter Bücher. Auch ein paar Zitronen und Orangen bot sie feil und lachte dabei fröhlich, als wäre es völlig normal, dass hier am Ende der Welt, am Ende einer offiziell gesperrten Schlucht, jemand Marmelade verkaufte.

«Ich hab euren Wagen gehört», sagte sie. «Ihr müsst nicht glauben, dass ich den ganzen Tag hier stehe.»

Wir kauften Feigenmarmelade, vier Orangen und einen

vergilbten Bildband über Venedig. Sehr frühe Fotografien. Tony schlenderte herbei, groß, muskulös, dichtes graues Haar und dunkle Augen. Er warf einen verächtlichen Blick auf den Bildband.

«Ich kann Venedig nicht leiden», murmelte er. «Es ist dreckig und stinkt.» Dann erzählte er uns, dass er und Vera bald weggehen würden. Alles hier – er wies auf die großen Gebäude, an deren Außenwänden grellrote Bougainvillea blühte – all das würde in ein paar Wochen abgerissen. Auch das Haus, in dem er und Vera seit über dreißig Jahren wohnten.

«Vita passata», sagte er plötzlich auf Italienisch und verschwand zwischen den Büschen, wirkte mit einem Mal gebeugt und viel älter als ein paar Minuten zuvor.

«Er will nicht weg von hier», versuchte Vera zu erklären. «Das hier ist sein Leben, obwohl er in Venedig geboren wurde. Nur ein einziges Mal waren wir zusammen dort. Es hat ihm nicht gefallen. Die ganze Zeit war er wütend … vielleicht war es nur der Schmerz, nicht bleiben zu können. Er hat nie darüber gesprochen.»

Auch Vera hatte italienische Vorfahren und eine deutsche Großmutter. Als sie herausfand, dass ich Deutsche war, atmete sie tief ein und sprach laut und deutlich: «Kennst du das Land, wo die Zitronen blühn … dorthin, mein Geliebter, möcht ich mit dir ziehn.»

Ich glaube, dass ich sie damals mit offenem Mund angestarrt habe.

«Goethe», lachte sie, «hat mir meine deutsche Großmutter beigebracht.»

Das war vor acht oder zehn Jahren. Wer weiß, die Zeit vergeht schnell. Bei unserem letzten Besuch vor vier Jahren war die Zufahrt zur Schlucht blockiert. Aber den Edelsteinladen gab es noch, den berühmten *Gem Shop*. Die Besitzerin war eine von den ganz Harten, die nie aufgeben, ihr Laden eine Fundgrube für Mineraliensammler. Außerdem verkaufte sie Schmuck, Getränke und Schokoriegel. Viele Kunden hatte sie nicht mehr, aber sie hielt durch. Sie erzählte uns, dass Tony und Vera zu ihrer Tochter nach Sydney gezogen seien. Dort sei Tony an Asbestose gestorben.

Jetzt sind wir wieder auf dem Weg nach Wittenoom. Und nicht nur wir. Alle paar Kilometer werden wir von Fahrzeugen irgendwelcher Minen überholt, die uns mit rotem Staub zuschütten. Eins nach dem andern donnert vorüber. Rot bestaubt sind auch die Gräser und Büsche links und rechts der Straße.

Alison hatte uns vorgewarnt. «Die graben alles um da draußen, eine Mine nach der andern wird da aufgemacht. Ich fahr nicht mehr hin, weil ich es nicht aushalte. Ich kann es nicht mit ansehen, wie sie das Land zerstören.»

Wittenoom ist noch immer da, auch 2013. Aber es stirbt immer schneller. Der Edelsteinladen ist von Vandalen heimgesucht worden. Sie haben alles kurz und klein geschlagen, den Schmuck und viele Mineralien gestohlen. Ich kann ihr dreckiges Lachen hören, während ich am Haus mit seinen zerbrochenen Fenstern entlanggehe. Hoons.

Noch immer steht schräg gegenüber an der Hauswand *Doc Holiday's Delicatessen*, obwohl es hier schon lange nichts mehr zu kaufen gibt und ganz sicher keine Delikatessen. Die Zapfsäule der ehemaligen Tankstelle sieht aus wie ein Skelett. Richtig lebendig sind nur noch die Kängurus, die Wittenoom endgültig in Besitz genommen zu haben scheinen. Ob Kängurus auch Asbestose bekommen?

Wissenschaftler schätzen, dass die Aktivitäten rund um die Asbestmine in Wittenoom über die Jahrzehnte an die 6000 Opfer fordern werden. Selbst nach dreißig, vierzig

Jahren kann diese heimtückische Lungenkrankheit plötzlich ausbrechen und in kurzer Zeit zum Tod führen. Mir fällt dazu eine Bemerkung unseres Freundes Hank ein, die er so nebenbei fallenließ, als wir über die gefährliche Luft in Wittenoom sprachen: «Hier ist überall Asbest im Gestein. Auch in den Eisenerzgruben. Man redet nur nicht drüber.»

Wir fahren nach Tom Price zurück – nicht auf dem Weg, den wir gekommen sind, sondern auf der alten Staubstraße, die Karijini umrundet. Der Sonnenuntergang überrascht uns mit unfassbaren Farborgien, sämtliche Rottöne erscheinen am Himmel und auf den Bergflanken. In diesen Augenblicken erscheint das Land unverletzt und unbesiegbar. Dann wird die Erde dunkelviolett, schließlich schwarz, und der Känguruslalom beginnt. Manche der großen Roten liegen im warmen Straßenstaub und lassen sich nur vertreiben, wenn Paul kräftig auf die Hupe drückt. Kurz vor Tom Price begegnen wir dem Eisenerzzug auf seinem Weg zum Hafen Dampier. Ein Waggon nach dem anderen zieht an uns vorüber, zweieinhalb Kilometer lang, jeder beladen mit 30000 Tonnen Eisenerz. Eine ganz andere Große Schlange, keine aus der Traumzeit.

Alison freut sich über unsere Rückkehr. Zusammen gehen wir in das einzige chinesische Restaurant in Tom Price, schnell, denn es ist bereits zehn nach acht, und ab neun gibt's nichts mehr. Neben der *Animal Bar*, die heute Wert darauf legt, nicht mehr so genannt zu werden, ist es das einzige Restaurant in Tom Price. Kaum haben wir bestellt, beginnt Alison, heftige Verwünschungen gegen die Bergbaugesellschaften auszustoßen, das ganze «rücksichtslose Pack», das dabei sei, ihr geliebtes Pilbara zu verwüsten. Ausgelöst hat diesen Ausbruch unser Bericht über Wittenoom. Ja, Alison wusste bereits, dass der Edelsteinladen geplündert wurde. Sie kennt die Besitzerin, spricht ihr Mut zu, seit ihr Mann vor zwei Jahren an Asbestose gestorben ist. Noch einer. Trotzdem kehre die Edelsteinfrau immer wieder nach Wittenoom zurück.

«Hat ja sonst keine Heimat. Außerdem gehören ihr ein paar Häuser, die noch stehen.»

«Das war, glaube ich, keine gute Investition», versucht Paul das Gespräch aufzulockern.

«Könnte witzig sein, wenn die Situation nicht so ernst wäre!», kontert Alison. «Hier geht allmählich alles den Bach runter: Die Minen haben so viel Wasser abgepumpt, dass an manchen Stellen der Boden absackt. Wir kriegen hier draußen *sink holes,* die dann eingezäunt werden. Ich weiß das von den Rangern, denn natürlich redet wieder mal keiner darüber. Kann sogar passieren, dass die Schluchten im Karijini bald kein Wasser mehr haben.»

«Davon hat Paddy gar nichts erzählt.»

«Vergiss Paddy ... wenn der etwas sagt, dann verliert er seinen Job. Hat sowieso Schwierigkeiten genug. Ich kann mir das erlauben! Ich kann euch auch erzählen, dass Gina Rinehardt eine Mine nahe den Schluchten aufmachen wollte und dass sie vor ein paar Jahren im Karijini ein Luxushotel mit Casino bauen wollte. Wurde stinksauer, als alle gegen sie waren und die Aborigines und die Naturschutzbehörde sich mal richtig auf die Hinterbeine gestellt haben! Damals kursierte der Witz, man könnte *Tom Price* doch in *Tom Vegas* umtaufen.» Alison lacht bitter.

«Na ja, sie ist die Tochter von Lang Hancock», meint Paul.

«Das kannst du wohl sagen – für mich ist sie dreimal so schlimm wie ihr Vater!»

«Sonst noch irgendwelche Katastrophen?»

«Klar!» Alison schaut Paul angriffslustig an. «Die neue Generation von Arbeitern: Denen ist das Land völlig wurscht. Die wollen nur schnell ihr Haus in Perth abbezahlen, dann sind sie wieder weg. Die lassen sich gar nicht erst auf das Land ein. *Fly-in, Fly-out,* das trifft die Entwicklung ganz genau. Manche hier sagen *Fly-in, Piss-off*! Irgendwann ist Tom Price dann genau so eine Geisterstadt wie Wittenoom, und das Pilbara sieht aus, als wäre es bombardiert worden!»

Als eine freundlich lächelnde Chinesin unser Essen bringt, greift Alison entschlossen nach den Stäbchen. «Noch ist es nicht so weit!», sagt sie. «Noch ist das Land stärker!»

Weit ist das Land

Wir wollen weiter nach Norden, verzagen beinahe angesichts der riesigen Ausmaße Westaustraliens. Nach Broome ist es von Tom Price aus fast genauso weit wie nach Perth: 1300 Kilometer. Wir beschließen, nicht den Weg entlang der Bahnlinie zur Küste zu nehmen, sondern auf dem Great Northern Highway nach Port Headland zu fahren.

Doch während ich schreibe – bei 42 Grad, auf einem unbequemen Barhocker sitzend, den Laptop auf einer selbstgebauten Bartheke, unter einem heißen Blechdach in einem Dorf namens Sandstone –, während neben mir in einem kleinen Pool unzählige Schwalben die Mücken von der Wasseroberfläche schnappen, da kann ich nicht anders, muss doch einen gedanklichen Abstecher nach Dampier machen.

Dampier ist *der* Eisenerzhafen von Rio Tinto, ist voll mit Sheriffs des firmeneigenen Sicherheitsdienstes, voll

Erzstaub und nächtlicher Beleuchtung. Voll von Hafenarbeitern, Verladearbeitern, Angestellten des firmeneigenen Elektrizitätswerks. Die Mieten hier sind wie überall im Pilbara in geradezu wahnwitzige Höhen gestiegen. Ein Fernsehbericht zeigte Familien, die für ein mittelgroßes Haus 1800 Dollar pro Woche (!) bezahlen. Das war schon vor zwei Jahren so, alles boomt – auch die Abzocke. Leute, die nicht genug verdienen, können gleich ein Zelt im Busch aufschlagen.

Wir fuhren damals allerdings nicht nach Dampier, um die Immobilienpreise zu studieren, wir wollten zur Burrup Halbinsel und vor allem zur Deep Gorge, der tiefen Schlucht. Murajuga ist der ursprüngliche Name der Halbinsel, welche die größte Galerie von Felsmalerei auf der ganzen Welt beheimatet. Über 10 000 Bilder sind hier auf 700 Stätten verteilt. Diese Zeugnisse der alten Kultur geraten immer stärker in Bedrängnis, denn die Folgen des Booms breiten sich aus, beanspruchen immer mehr Platz für neue Hafenanlagen, neue Gasbohrungen. Wie formulierte es eine Informationsbroschüre so treffend: «Der Bergbau-Boom, der in den 60er Jahren begann, veränderte das Gesicht der Landschaft und das Leben der Menschen auf dramatische Weise.»

Deep Gorge liegt ganz am Eingang zur Burrup Halbinsel, fast unbeachtet in der Nähe einer beliebten Badebucht. Nur ein winziges Schild weist auf die Schlucht hin. Und eigentlich ist es auch keine richtige Schlucht, eher eine schmale Lücke in einem Haufen riesiger Felsbrocken, der aussieht, als hätten Monsterbagger ihn zusammengeschoben, bis er hundert Meter hoch war. Eine Abraumhalde der Traumzeit, Zehntausende von Jahren alt.

Es schien, als hätte seit langer Zeit niemand mehr den schmalen Pfad betreten, der zwischen den schwarzroten

Blöcken hindurchführte. Kängurus flüchteten mit großen, lautlosen Sprüngen, kletterten die Felsen ganz hinauf, fast wie Bergziegen, und schauten neugierig auf uns herab. Zikadenkreischen, das plötzlich abbricht, Stille.

Plötzlich entdeckten wir sie, die Bilder eines schwierigen Überlebenskampfes, bei dem unzählige Geister gebannt werden mussten. Winzige Emu-Fußabdrücke auf glatten Felsplatten, Schildkröten, Fische, abstrakte Menschlein, Speere, Kängurus, Kreise, Symbole, deren Bedeutung wir nicht kannten. Die schmale Schlucht weitete sich unversehens zu einem beinahe runden Versammlungsplatz.

Es war Spätnachmittag, die Hitze lastete schwer, wurde von den Felsen zurückgeworfen. Ein beunruhigender Ort, eine Art Geisterstadt der Ureinwohner, denn hier hatte wohl lange keine Versammlung mehr stattgefunden. Wir achteten auf jeden Laut, waren schreckhaft, zuckten zusammen, wenn irgendwo ein Stein ins Tal rollte, ein Vogel schrie oder das Schnarren der Zikaden unvermittelt wieder einsetzte.

Hier an meiner Outback-Bar, unter einer Uhr aus einem riesigen Bierglas, bin ich froh, dass wir Dampier und Karratha auf dem Weg nach Norden diesmal ausgelassen haben. Längst habe ich genug vom Boom, von neuen Industrieanlagen und den Horden von Männern in Four-Wheel-Drives mit roten Wimpeln an langen Stangen.

Aber auch auf dem Great Northern Highway sind wir ihnen nicht entkommen, und in Port Headland, dem Hafen der Konkurrenten von Rio Tinto, schon gar nicht. Alles, was ich über Port Headland sagen kann, ist, dass es ein Eisenerzhafen ist – alles voll rotschwarzem Staub, und es riecht sogar nach Eisen. Wir fahren sofort weiter Richtung Broome, wieder 600 Kilometer Endloslandschaft, entlang des

90 Meilen langen Strandes, der irgendwo links von uns liegt. Alles ist überdimensional auf diesem Kontinent. Wir durchqueren den westlichen Rand der Great Sandy Desert, der riesigen Wüste, die vom Northern Territory bis an den Indischen Ozean reicht.

Kurz nach der Brücke über den De Grey River geraten wir in einen beängstigenden Sandsturm. Rot und schwarz rast er heran und über uns hinweg. Rot vom Sand und schwarz von der Asche eines Buschfeuers verhüllt er Himmel und Erde. Am Mittag wird es plötzlich Nacht, und wir begreifen, dass der Sandsturm vor einem Gewitter hergetrieben wird, das jetzt über uns hereinbricht wie der Weltuntergang. Blitze zischen aus schwarzen Wolken, die sich in schwarzen Strömen über dem Land ausleeren. Der ersehnte Regen ist immer zu heftig, verwandelt auch diesmal das ausgedörrte Land in ein Meer. Auf einmal erscheint Ertrinken wahrscheinlicher als Verdursten.

Diesmal ertrinken wir nicht, das Gewitter zieht nach links ab, als hätte es eine Theatervorstellung beendet. Der Himmel wird blau und rosig, die roten Seen dampfen, und die Endloslandschaft wechselt ihre Farben.

Es ist weit nach Broome. Paul erzählt, dass er vor vielen Jahren auf dieser Strecke Expressbusse gefahren ist. Zwischen Broome und Port Headland hätten ihn eines Nachts Halluzinationen heimgesucht. Die niedrigen Büsche der Wüste verwandelten sich plötzlich in einen Wald mit riesigen Bäumen.

«Wenn du müde bist und stundenlang auf diese schnurgerade Straße starrst, dann wirst du allmählich verrückt!»

«Und dann?»

«Dann hab ich angehalten, den zweiten Fahrer geweckt und mich aufs Ohr gehauen. Aber die verdammten Bäume hab ich sogar noch mit geschlossenen Augen gesehen.»

Weiter nach Norden. Das Wasser verdampft, die Luft wird schwerer, und kurz vor Broome ist die Vegetation beinahe tropisch.

Broome selbst liegt im Sommerschlaf. Die Saison beginnt hier mit dem australischen Herbst (April–Mai) und erlebt ihren Höhepunkt im Winter (Juni, Juli und August). Es gibt nämlich in Australien ein ähnliches Phänomen wie in Europa. Der Winter löst Fluchtbewegungen aus, und auch Australier streben zur Wärme. Wer den Winter im Osten oder Südwesten des Kontinents einmal erlebt hat, der wird es verstehen. Es ist kalt, windig und regnerisch. Also folgt man der Sonne – schließlich bietet der Kontinent auch angenehmere Klimazonen. Samt Wohnwagen, Wohnmobilen, Booten und Zelten setzen sich Nomadenzüge in Bewegung und fahren zum Beispiel nach Broome.

Die kleine Stadt am Ende der Great Sandy Desert und fast am Ende der Welt ist – trotz Sommerschlafs – unglaublich lebendig. Als wir den Wagen abstellen und den Ortskern zu Fuß erkunden, fällt uns auf, dass wir überall Aborigines treffen. Plötzlich bestimmen sie das Straßenbild, bewegen sich nicht irgendwo am Rand wie in den Minenstädten oder selbst in Carnavon. Und sie sind freundlich. Frauen strecken ihre Arme aus, spielerisch, klatschen unsere Hände aneinander. *«G'day sister!»*

Es macht mich froh, von den Frauen «Schwester» genannt zu werden. Gern wäre ich wirklich ihre Schwester, doch mir ist sehr bewusst, dass ich Reisende bin. Immer ein bisschen fremd und manchmal von einer Sehnsucht nach Nähe und Bleiben erfüllt. Jetzt immerhin für ein paar Stunden «Schwester», und ich fühle mich wohl in dieser fremden Stadt. Wir bummeln nach Chinatown hinein … Chinesen gibt es nicht mehr viele, aber die alten Häuschen aus Wellblech mit Veranden und Säulen sind noch da, beherbergen Boutiquen, Juweliere, Restaurants, Cafés und Kunstgalerien. Das ist Broome 2013.

Broome vor 140 Jahren war nichts als eine kleine Siedlung für Perlenfischer, gegründet von japanischen Unternehmern. Jahrzehntelang tauchten Aborigines, Chinesen und Malayen nach den wertvollen Perlen – unzählige fanden dabei den Tod, ertranken oder wurden von Haien zerfetzt. Anfang des 20. Jahrhunderts lieferte Broome 80 Prozent des Perlmutts für die weltweite Produktion von Knöpfen. Später wurde das gefährliche Tauchen nach Perlen und Perlmuscheln durch Perlfarmen ersetzt, die es noch heute gibt. Broomes neue Chance lag dank seines guten Klimas und seiner wunderbaren Strände im Tourismus.

Heute hat es Kunstfestivals zu bieten und Opernfestspiele unter freiem Himmel, es ist Zentrum für die Kunst der Aborigines aus der Kimberley-Region, und die berühmte Cable Beach liegt nur vier Kilometer vom Zentrum entfernt. In den Sümpfen südlich der Stadt eröffnet sich Vogelbeobachtern ein Paradies, und in den Felsen haben sich Fußabdrücke von Dinosauriern erhalten. Und das sind nur ein paar Höhepunkte – aber all das steht in den Informationsbroschüren oder im Internet, ich will ja keinen Reiseführer schreiben.

Für mich ist Broome vor allem einer der Orte, an denen die Stämme der Aborigines in der Gesellschaft allmählich wieder einen festen Platz einnehmen. Broome ist Touristenort der Weißen, und gleichzeitig ist Broome Ort der Bardi, Yawuru, Nyul Nyul, Nimanburr und Jukun.

Wir besuchen den ersten Buchverlag, der von Aborigines gegründet wurde: Magabala Books. Wunderbare Bücher gibt es dort zu entdecken, Gedichtbände, Geschichten der Wüstenfrauen, Kinderbücher, Traumzeitlegenden, Romane. Paul hat Mühe, meine Kauflust zu bremsen. Ich nehme «Yorro Yorro – everything standing up alive» von David Mowaljarlai aus Derby mit und einen Gedichtband.

Es gibt auch eine Radio- und Fernsehstation, die ausschließlich von und für Aborigines und die Bewohner der Torres-Strait-Inseln betrieben wird. Auch ganz abgelegene Communities werden so mit Informationen, Kultur und Musik versorgt, mit Musik von den vielen Bands, die inzwischen von Aborigines gegründet wurden.

Aborigines arbeiten als Touristenführer, in der Gemeindeverwaltung, sind erfolgreiche Künstler. Ein Holländer namens Frans ist in Broome seit vielen Jahren so etwas wie der gute Geist der Aborigines. Wachsam hütet er das Copyright der Traumgeschichten, passt auf, dass seine Freunde nicht übervorteilt werden. Seit Jahrzehnten lebt er mit ihnen, ist ein echter Bruder geworden.

Frans lässt uns in den inneren Bereich des Minyirr Parks ein, einem Ort der Schöpfung für das Volk der Rubibi. Am Fuß einer Düne, unter hohen Akazienbäumen, liegt eine Art Lager. Dort erfahren wir von Robert, einem Rubibi, dass Minyirr Ort der Schöpfung wie auch der Heilung sei. Hierher kehre der Geist der Verstorbenen zurück, um wiedergeboren zu werden. Robert klettert mit uns auf die Düne und zeigt aufs Meer hinaus. Von dort seien die Schöpfungsgeister gekommen und hätten hier, in Minyirr, mit ihrer Wanderung begonnen, die ins Land hinein zum Wolfe Creek Crater führe und bis in die Mitte des Kontinents zum Uluru.

Die anderen Völker nördlich und östlich des Uluru würden diesen Ursprung kennen und in ihre Erzählungen einbeziehen, erklärt Robert. *Songlines*, das sind Lieder und Legenden, die den Ureinwohnern ihren Weg durch das Land gewiesen haben und noch heute weisen. Anhand dieser

Lieder wissen sie, welche Orte sie meiden müssen, welche heilend und hilfreich sind, wo Wasser und Nahrung zu finden sind. Ein ganzes Netz von Songlines verläuft durch das Land und auf den großen Monolithen zu, das spirituelle Zentrum in der Mitte Australiens.

Die dunkle Seite der Sonne

All das klingt gut, hoffnungsvoll, und trotzdem gibt es eine dunkle Seite der Sonne. Die Formen des Rassismus sind anders geworden, subtiler vielleicht. Erschreckend viele junge Aborigines begehen Selbstmord, zerrissen zwischen Tradition und Moderne, leidend an Diskriminierung und Chancenlosigkeit. Es ist ein Dauerproblem, eines, das niemand übersehen kann, wenn er Australien bereist. Klar, man kann wegschauen. *Positive thinking and no worries.* Aber dann fehlt etwas Wesentliches.

Immerhin wird inzwischen in der australischen Gesellschaft darüber gesprochen. Weil in Westaustralien gerade Wahlkampf herrscht, bekommt im *West Australian* vom 28.02.2013 sogar ein Elder und Geistlicher Raum für einen Leitartikel. Sealin Garlett mahnt die Politiker, bei all den hitzigen Debatten über *law and order* die bittere Ungleichheit im Rechtssystem nicht zu vergessen. Der Anteil der Aborigines an der westaustralischen Bevölkerung beläuft sich auf 3,4 Prozent, Aborigines stellen jedoch 70 Prozent der jugendlichen Gefängnisinsassen, bei den Erwachsenen sind es 40 Prozent. Für Reverend Garlett sind diese Menschen nicht nur Teil einer Statistik. Er erlebt ihr Scheitern beinahe täglich und gibt ein Beispiel für ihre Diskriminierung:

Kürzlich hörte ich von einem Ehepaar, das bei einer nächtlichen Fahrt von der Polizei angehalten wurde. Ihr Wagen, ein Toyota Prado 2012, war nagelneu, und sie wurden vermutlich nur angehalten, weil sie schwarz waren. Ihr Neffe saß auf dem Rücksitz, und beide Polizisten leuchteten mit starken Taschenlampen in das Gesicht des Jungen und befragten ihn lange und auf eine Weise, als hätte er gerade ein Verbrechen begangen. Sie wollten nicht einmal den Führerschein des Fahrers sehen, nein, sie verhörten ausschließlich den Neffen. In einer Situation wie dieser kann man der Polizei offenen Rassismus verwerfen. Dieser junge Mann war noch nie mit dem Gesetz in Konflikt geraten, doch dieses Erlebnis wird er niemals loswerden.

Reverend Garlett wirft der Regierung von Western Australia eine rassistische und drakonische Gesetzgebung vor. Dies bedeute für Aborigines die Rückkehr zu einer Vergangenheit, die nie wiederholt werden sollte – das sei doch die Essenz der öffentlichen Entschuldigung vom ehemaligen Ministerpräsident Kevin Rudd bei den Ureinwohnern gewesen.

Sealin Garlett fährt fort:

Als Anführer meiner Gemeinschaft sehe ich die seelische Fassungskraft der Jungen zusammenbrechen. Es geht so weit, dass sie es nicht mehr aushalten. Wenn junge Menschen ins Visier des Rechtssystems geraten, driften sie schnell in Depressionen ab. Viele sagen mir, dass sie sich lieber umbringen, als gegen ein System zu kämpfen, auf das sie keinerlei Einfluss haben. Zu meinem großen Schmerz habe ich viele dieser jungen Menschen zu Grabe getragen.

Gesetzesverstöße müssen geahndet werden, schreibt Garlett, aber Rassismus und Vorurteile haben mit Gerechtigkeit nichts zu tun.

Mir fallen dazu ein paar Geschichten ein – eine aus der Vergangenheit, die mir ein junger Nyoongar erzählt hat. Sein Großvater hatte ein Jahr lang gespart, um sich einen Anzug kaufen zu können. Als er zum ersten Mal in seinem nagelneuen Anzug ausging, wurde er verhaftet. Die Polizisten beschuldigten ihn, den Anzug gestohlen zu haben.

Der Schriftsteller Archie Weller hat zu diesem Thema Erzählungen geschrieben, die den Atem stocken lassen. Der Besitz eines Fotoapparats führt zum Beispiel zur Festnahme eines Fußballstars, der Aborigine ist, anderen wird ein Kasten Bier im Kofferraum eines Autos zum Verhängnis. Schwarze Haut scheint gleichbedeutend zu sein mit Schuld.

Paul erinnert sich daran: «Wenn irgendwo eingebrochen wurde, hat man immer die Aborigines verdächtigt. Das hat sich seit meiner Kindheit nicht geändert. Natürlich haben Aborigines Einbrüche verübt oder sind gewalttätig geworden, wenn sie betrunken waren. Aber die Weißen waren und sind auch nicht besser. Nur gingen bei Schwarzen gleich sämtliche Alarmglocken los – das ist eben Rassismus.»

Umgekehrt funktioniert es ebenfalls. Viele Aborigines trauen den Weißen nicht mehr, aus gutem Grund. Einer der spektakulärsten Fälle der letzten Jahre, ein drastisches Beispiel für Nichtachtung und Grausamkeit: Zwei Polizisten nahmen in der Gibson-Wüste den Elder einer abgelegenen Community fest. Es ging um ein nicht besonders schweres Vergehen. Sie steckten ihn bei einer Außentemperatur von 42 Grad ohne Wasser in ihren Zellenwagen, der keine Klimaanlage hatte. Als sie ihr Ziel nach beinahe fünfstündiger Fahrt erreichten, war der Gefangene tot, gestorben an Flüssigkeitsmangel und Hitzschlag. Das war vor über vier Jahren. Die Untersuchung des Falles dauert immer noch an. Die Angehörigen haben bis heute keine Entschädigung erhalten.

Reconciliation? Es wird lange dauern.

Durch dichten Busch und Sumpfland fahren wir an die Küste der Dampier-Halbinsel nördlich von Broome. Robert hat uns vor den Tücken des Sumpfes gewarnt, uns davon abgeraten, Abstecher zu machen, irgendwelche Seitenwege zu nehmen. Wir wollen dem Lurujarri-Traumzeit-Pfad ein Stück folgen, der von Minyirr 80 Kilometer an der Küste entlangführt. Der unsichtbare Weg ist eine der *songlines* der einheimischen Goolaraboolos. Einmal im Jahr, im australischen Winter, lädt dieses kleine Volk Gäste ein und nimmt sie mit auf die 80 Kilometer lange Wanderung. Viele Gäste können allerdings nicht mitkommen, denn die Familienmitglieder sind zahlreich – an die 200 machen sich gemeinsam auf die Wanderschaft.

Doch jetzt ist Sommer, und wir versuchen es allein, fahren deshalb so weit hinaus, weil wir die touristische Cable Beach umgehen wollen. Zwanzig Kilometer nördlich von Broome sind wir mitten in der Wildnis. Der tropische Sumpfwald reicht bis an den Strand und geht unvermutet in bizarre Felsskulpturen über. Sie erinnern an versteinerte Geistwesen, manche haben Tierköpfe, Vogelschnäbel. Einige scheinen zu kämpfen.

Vor uns liegt eine Küste voller Geschichten, die wir nur erahnen können. Blutrot ist die Erde unter den Wurzeln der Bäume, weiß der Sand, türkisgrün das Meer. Unzählige Krabben flüchten vor uns, Einsiedlerkrebse ziehen ihre Schneckenhäuser mit sich über den Sand, feine Linien hinterlassend, die wie ein goldenes Netz in der Sonne schimmern. Marella, der Emu-Mann, hat dieses Land geschaffen.

Marella ist auch der Name dreier Sterne, die angeordnet sind wie der Fußabdruck eines Emus, wie ein Schatten auf der Milchstraße sehen sie aus.

Wir wandern zu lange auf dem Traumpfad, verführt von der Vielgestaltigkeit der Küste. Als die Sonne sinkt, fallen Moskitos über uns her. Die Dunkelheit bricht hier im Norden viel schneller herein. Wir haben Mühe, unseren Wagen wiederzufinden, folgen immer wieder kleinen Wegen in den Wald, die ins Nichts führen, kehren zum Strand zurück. Längst hat das Meer unsere Spuren im Sand getilgt.

Es ist stockdunkel, als wir endlich die Felsskulpturen wiedererkennen, mit denen unsere Wanderung begonnen hatte. Zerstochen und erleichtert stehen wir kurz darauf vor unserem alten Hilux. Über uns wölbt sich die Milchstraße. Schweigend fahren wir zurück. Im Licht der Scheinwerfer sieht der Sumpfwald bedrohlich aus, und als wir die ersten Häuser von Broome erreichen, atmen wir beide auf.

Plötzlich ist Zivilisation ganz wichtig, nach einem Ausflug in eine andere Dimension schafft sie Realität. Wir halten vor dem ersten geöffneten Lokal in Broome, trinken Kaffee, essen *salt and pepper squid*, Pommes mit Tintenfischringen, und fühlen uns auf seltsame Weise gerettet.

Was sagte Alison in Tom Price? «Dieses Land ist einfach zu mächtig. Irgendwann packt es dich und lässt dich nicht mehr los.» Uns hatte es an diesem Nachmittag und Abend gepackt.

In dieser Nacht lese ich weiter in *Yorro Yorro*, den Erzählungen über die Schöpfungsgeschichte der Kimberleys und die mächtigen Geistwesen, die Wandjinas. Ich wünsche mir, David Mowaljarlai kennenzulernen, der den Mut hatte, mit einer weißen Fotografin die heiligen Stätten seines Volkes in Bildern festzuhalten. Eindrücklich beschreibt er seine Kultur und die Legenden, tief besorgt, dass sie verlorengehen werden. Ich lese die ganze Nacht, denn wieder hat das Land mich gepackt. Es sind erstaunliche Lieder, die David aufgeschrieben hat. Eines spricht so deutlich über Schuld und Sühne, dass es in abgewandelter Form auch christlichen Ursprungs sein könnte:

There's a history kept on you.
All your life's actions
can look at you like spears.
You can't escape your life record.
The spear-holders are the spirit men,
they make you face your life record
after you die.

David beantwortet in seinem Buch auch die Frage, ob Aborigines in den alten Tagen Selbstmord begangen hätten: Niemals sei so etwas vorgekommen. Heute brächten sie sich um, weil sie betrunken seien oder weil sie eingesperrt würden.

Aborigines wachsen im Geist der Fürsorge auf, der Sonnenwärme, des Feuers und der Liebe ihrer Familie. Das sind die Elemente des Wachstums, die Elemente Wandjinas. Wandjina kann nicht ins Gefängnis gehen. Wenn Aborigines von all dem abgeschnitten sind, wollen sie sich umbringen. Sie sterben einfach und gehen nach Dulugun (Dulugun ist die Toteninsel). Es gibt nur diesen Weg, und sie kommen alle zurück.

Wandjinas und Boabs

Auf der Fahrt von Süden nach Norden begreifen wir immer deutlicher die extremen Gegensätze Westaustraliens und des ganzen Kontinents. Im Südwesten und Südosten ballt sich die Zivilisation und die weiße Übermacht. Les Murray bezeichnet es in einem Gedicht als «Rinde der nach Pommes riechenden Stadt» zwischen dem Hinterland und den Salzwasserwellen der Ozeane. Je weiter wir nach Norden vordringen, desto mächtiger wird die Natur, desto gegenwärtiger die alte Kultur.

Die Stadt Derby liegt nur knapp 200 Kilometer nördlich von Broome, doch auf dem Weg dorthin verändert sich die Landschaft auf dramatische Weise. Plötzlich stehen Boabs in der Savanne, Riesenbäume mit bauchigen Stämmen, die das Land in einen wundersamen Park verwandeln – eine Erinnerung an Afrika, an Gondwana. Boabs sind für die Aborigines dieser Gegend zugleich Beisetzungsorte und Orte der Schöpfung. Tod und Leben gehen hier ineinander über, alles bergen diese seltsamen Bäume in ihren gefäßartigen Stämmen, starken Ästen und großen Früchten.

Derby hat gerade mal 5000 Einwohner, ist eine grüne Gartenstadt voll duftender Franjipani-Bäume und bunter Bougainvilleen. Kleine Gruppen von Aborigines sitzen im Schatten ausladender Feigenbäume. Langsam rollen wir die Hauptstraße entlang Richtung King Sound. Schwarze Kinder flitzen auf Skateboards und Rollern neben uns her, einige überholen uns sogar.

Dann bleiben die Häuser zurück, und die Straße führt, ein bisschen erhöht, durch Sumpfland, das in graubraunen glänzenden Schlick übergeht. Mangrovenbäumchen wachsen hier. Schwärme von Watvögeln aller Art stochern mit ihren Schnäbeln im Schlamm. Wenn es nicht so warm wäre, könnten diese Schlickfelder ein Teil des Wattenmeers an der Nordsee sein.

Die Straße endet in einem breiten Holzsteg auf hohen Pfählen, der weit draußen einen Bogen beschreibt und dann wieder zum Ufer zurückführt. An den Verladerampen da draußen wurden die Rinder der großen Farmen in den Kimberleys auf Schiffe verfrachtet. Heute dienen sie hauptsächlich dem Abtransport von Zink und Blei aus den Minen im Hinterland. Rinder werden von hier nur noch selten exportiert.

Graublau erstreckt sich der King Sound Richtung Ozean, sein Wasser ist trüb vom Schlamm. Um elf Meter sinkt hier der Wasserspiegel bei Ebbe und legt die fetten Schlickbänke frei, und wenn er bei Flut wieder um elf Meter steigt, trägt das Wasser Fische und Salzwasserkrokodile in die Mangrovensümpfe.

Wir lassen den Wagen vor dem hölzernen Anleger stehen und gehen zu Fuß weiter. Große Schilder verbieten das Schwimmen im Meer, warnen vor den Krokodilen. Glucksend und schmatzend kriecht die Flut heran. Fünf alte Frauen sitzen mit baumelnden Beinen am Rand des Stegs und angeln. Zahnlückiges Lächeln grüßt uns. Noch sind ihre Plastikeimer leer.

Ich will zurück in die Stadt, hoffe David Mowaljarlai zu treffen. Paul ist skeptisch. Immer wieder fällt mir seine seltsame Scheu auf, wenn es um direkten Kontakt mit Aborigines geht.

«Kindheitstrauma», knurrt er. «Du weißt es doch. Ich bin als Zwölfjähriger von einer Bande jugendlicher Aborigines verprügelt worden und habe jahrzehntelang nichts anderes als Warnungen und Vorurteile gehört. Das prägt. Aber ich lerne!»

Wir fragen im Büro der Aborigine-Behörde nach David.

Zwei schwarze Frauen schauen auf, wenden den Blick ab, antworten nicht. Ein junger Mann geht mit uns raus auf die Veranda. Ein weißer junger Mann, der hier ein Praktikum absolviert. Er studiere in Perth Sozialwissenschaften, erzählt er uns, und dann fügt er hinzu, es wäre besser, wenn wir nicht nach David fragten. David sei gestorben, und außerdem seien eine Menge Leute hier nicht damit einverstanden, dass er dieses Buch geschrieben hätte. Die Traumzeitgeschichten und Legenden gehörten dem Volk, den Menschen der Kimberleys, und nicht allen anderen. David sei sehr angefeindet worden, trotz seiner Stellung als Elder der Ngarinyin.

Wann David gestorben sei?

Schon vor ein paar Jahren.

Eigentlich wollten wir in Derby übernachten, doch jetzt haben wir die Lust dazu verloren und machen uns auf den Weg zur Gibb River Road, dem wilden Weg in die Kimberleys.

Eine Möglichkeit gibt es noch, David ein wenig nachzuspüren: Mowanjum. Die Mowanjum Community liegt südöstlich von Derby und ist eine der ersten unabhängigen Aborigine-Siedlungen in den Kimberleys gewesen – unabhängig nach der langen rechtlosen Zeit. Mowanjum besteht aus drei Stämmen, die gemeinsam Wächter der Wandjinas sind. In ihrer Verantwortung liegt es, die Felsbilder der mächtigen Geistwesen immer wieder zu erneuern. Hier versuchen die Alten, die Jungen zur Bewahrung ihrer Kultur und ihres Erbes zu ermutigen, was in der heutigen Zeit offensichtlich nicht mehr so einfach ist. Die englische Adoptivmutter des Aborigine-Schriftstellers Archie Weller sagte, als wir über Initiationen junger Männer sprachen, einmal lachend zu uns: «Wer hat schon Lust, sich im Busch mit einem rostigen Messer beschneiden zu lassen? Ich kann verstehen, wenn die Jungen abhauen und sich dem entziehen!»

Ihr Sohn wies sie damals zurecht – es gehe um ganz andere Dinge. Aber ein bisschen mitgelacht hat er trotzdem.

David Mowaljarlai hat in der Gemeinschaft von Mowanjum gelebt. Wir werden seinen Namen dort nicht aussprechen, denn die Namen der Toten sollen gegenüber Aborigines nicht berührt werden, um ihren Weg in die andere Welt nicht zu stören.

Es ist mitten am Nachmittag, und das Licht ist golden, als wir nach Mowanjum hineinfahren. Kein Mensch ist vor den niedrigen Häusern zu sehen, im Schatten der Bäume parken nur wenige Autos. Ein paar Hunde streunen herum, hier und da liegt Zivilisationsmüll vor den Veranden – zerbrochenes Plastikspielzeug, alte Fernseher. Eine Community eben.

Das Kulturzentrum der Siedlung ist eine große Halle. Vorsichtig gehen wir hinein, befinden uns in einem langen Flur. Auch hier ist niemand zu sehen. Wo sind sie nur alle? *Walkabout*? Auf einer der langen Wanderungen irgendwohin? Immerhin – aus einem Zimmer am Ende des Flurs dringen Stimmen, die Tür steht halb offen. Drei Männer diskutieren ziemlich heftig – zwei Aborigines und ein Weißer.

«Hi, wir würden gern ein paar Bilder sehen», sage ich, als sie sich umwenden und uns anstarren.

«Geht ruhig in die Halle rein, rechts! Schaut euch um. Aber die Bilder, die vorn auf dem Podium liegen, nicht fotografieren. Klar?» Der Weiße deutet auf Pauls Kamera.

«Klar und danke!»

Die drei nicken und diskutieren weiter.

Auch die Halle ist menschenleer. Aber Hunderte von

Bildern stapeln sich oder sind an die Wände geheftet. Atemberaubende Bilder. Rot und Schwarz. Eulen, Menschen, Wandjinas, Bäume. Großzügige Kompositionen, kaum Punktmalerei. Wir gehen umher, heben hier ein Blatt auf, ziehen dort eines unter Bergen von Papierbögen hervor.

Es gibt in Mowanjum mehrere sehr bekannte Künstler, was man sofort sehen kann. Am berühmtesten ist Donny Woolagoodja, der zur Eröffnungsfeier der Olympischen Spiele 2000 in Sydney das Bild eines Wandjina malte. Doch keines der Werke in dieser Halle ist signiert, alles liegt herum, als wären die Künstler gegangen, nachdem sie ihre Arbeit getan haben. Und wer seine Aufgabe erfüllt hat, der kann gehen.

Wieder ein Ort, an dem ich gern bleiben würde, um Schwester zu werden, um mit den anderen zu malen. Jahrelang malen, etwas verstehen und dann weiterziehen, weil die Arbeit getan ist. *Walkabout.*

Nach einer Stunde steigen wir in unseren Wagen. Die drei Männer sind inzwischen verschwunden. Wir fahren hinaus aus Mowanjum, und niemand scheint unsere Anwesenheit wirklich bemerkt zu haben.

Ende der Endloslandschaft der Halbwüsten. In den Kimberleys gibt es viel Wasser und Regen. Der Sommer ist hier Regenzeit. Die Boabs treiben neu aus und fangen an zu blühen. In der Trockenzeit sehen sie aus wie tot, werfen alle Blätter ab. Jetzt ist die Savanne lebendig und grün und geschmückt mit den Bauwerken der Termiten – Felder voller Minikathedralen in abstrakt-gotischem Stil.

Kurz vor Sonnenuntergang erreichen wir die King Leopold Ranges. Hoch über den Tälern und Ebenen, den Gräsern und Bäumen bleiben wir auf der Höhe des Ingris Gap stehen. Uns gegenüber reichen die alten, abgeschliffenen

Die Murmeln des Teufels

Eines der unvermeidlichen Minenfahrzeuge samt Staubladung

Sonnenuntergang bei Laverton

Uluru und Vollmond

Bergarbeiterhütten in der Geisterstadt Gwalia

Blick in die größte Goldgrube der Welt: der Super Pit

The Blast

Hannan Street in Karlgoorlie

Grab eines Goldsuchers auf dem Friedhof von Menzies

Skulptur des Bildhauers Gromley auf dem Lake Ballard

Roter Staubsturm bei Mukinbudin

Der große Sturm

Berge bis an den Horizont, ihre steilen Kuppen schimmern rot im letzten Licht. Der Abendgesang der Vögel klingt vollkommen anders als bei uns, erinnert eher an Geister und Kobolde. Ein Keckern, Kreischen, Kichern ist um uns. Wir schlafen im Auto, knapp unter der Milchstraße.

Natürlich fürchte ich mich manchmal in dieser gigantischen Einsamkeit, wache mitten in der Nacht auf, weil irgendein Geräusch mich aufgestört hat, horche in die Nacht hinaus, habe Herzklopfen. Aber da ist nichts. Nur Sternschnuppen fallen, und es ist so still, dass ich meine, ihr Verzischen zu hören.

Ich bin bei uns der Wachhund, obwohl Paul von den Menschen Schlechteres erwartet als ich. Er schläft, ich passe auf. Wenn die Sonne aufgeht, schwindet meine Wachsamkeit, und ich könnte schlafen, aber dann ist es zu spät. Der Morgen breitet die ganze unberührte Schönheit dieser Landschaft vor uns aus, und an Schlaf ist nicht mehr zu denken.

Wieder ein Ort zum Bleiben, zum tagelang Schauen und Staunen. Trotzdem fahren wir nach einer Blechtasse voll Tee und ein paar Früchten weiter. Die Straße ist rot und staubig, zwei wilde Esel flüchten vor uns. Jabirus fliegen auf, dunkle storchenartige Vögel, und dann gelangen wir inmitten der Berge unvermutet an eine kleine Tankstelle mit *General Store*. Der Imintji-Store gehört eigentlich zur Imintji Aboriginal Community, wird aber von einem Weißen geführt. Das ist in allen Communities so, die ich besucht habe. Immer sind es Weiße, die Geschäfte führen und sich um die Verwaltung kümmern, meist Leute von der Behörde für Aborigines, Sozialarbeiter oder Ähnliches. «Beschützende Betreuung» sei das, was, finde ich, viel aussagt.

Wir erkundigen uns nach dem Zustand der Straße, die

während der Regenzeit fast immer gesperrt ist. Reines Glück, dass wir überhaupt so weit gekommen sind.

«Noch ist sie offen», sagt der Verwalter des kleinen *General Store*. «Aber ich kann euch nicht sagen, wie lange noch. Glaube kaum, dass ihr bis Wyndham durchkommt. Aber ihr könnt es ja versuchen.»

Wir versuchen es. Kurz nach Imintji begegnen wir einer Gruppe fröhlicher junger Aborigines, die im Gänsemarsch hinter einem Alten herlaufen. Alle tragen Speere. Sie lachen uns zu und winken. Seit Derby waren wir allein auf dieser Straße unterwegs.

Kilometer 286 seit Derby. Irgendwo hier muss links von der Straße der Galvans Gorge liegen, eine kleine Schlucht mit einem See, einem Wasserfall und dem Bild eines Wandjina an der Felswand. Aber im dichten Busch ist kein Weg zu erkennen. Die Gräser sind hoch, die Bäume stehen dicht. Zwei Stunden lang irren wir herum, steigen einen Hang hinauf, sehen aber auch von oben nichts als Bäume und Büsche. Es ist feuchtheiß, und die Gegenwart von Schlangen ist uns sehr bewusst. Die besonderen Orte präsentieren sich auch in den Kimberleys niemals einfach so. Man muss sie suchen, sich führen lassen. Diesmal ist es ein schmaler Bach, der uns endlich den Weg zeigt. Wir folgen seinem Lauf durch ein erstaunlich grünes Tal, von einem Seerosenteich zum anderen.

Plötzlich stehen überall mächtige Pandanusbäume, rote Felswände rücken zusammen, und da ist der See, der Wasserfall. Feigenbäume umschlingen mit ihren Wurzeln das Ufer. Über diesen Ort der Schöpfung wacht der Kopf des Wandjina. All unsere Anstrengungen sind vergessen. Es ist ein Paradiesort.

Erst nach langer Zeit wagen wir es, in dem wunderbaren See zu schwimmen. Nicht ohne die Große Schlange um

Erlaubnis gebeten zu haben. Hier im Norden, weit weg von Perth, fangen wir an, das Land und seine Geheimnisse zu spüren und zu respektieren. Es ist wie eine Reise von der Gegenwart in die Vergangenheit, vom Lärm in die Stille, von einer Dimension in eine andere.

Der Legende nach ruht die Große Schlange unter dem See, und im stillen Wasser warten die Geistkinder auf ihre Eltern. Aborigines müssen ihre Kinder nämlich träumen – erst dann werden sie geboren.

Rote Fluten und ein Rebell

Nein, wir schaffen es nicht. Aber immerhin kommen wir bis zum Barnett Roadhouse. Zwei der Grey Nomades, der umherziehenden Rentner, machen hier Urlaubsvertretung und grillen sogar ein Steak für uns – mit Bohnen aus der Dose. Sechs Wochen wollen sie bleiben. Beide sind knapp über siebzig und finden es hier draußen *terrific*. Keine Angst vor Schlangenbissen, Krankheit, Notfällen, Einsamkeit? So weit weg von allem? Absolut keine Angst, beteuern beide. Sie machten das schon seit Jahren. Es sei das wahre Leben nach dem falschen! Endlich.

Wieder schlafen wir im Auto. Der Himmel ist klar – vielleicht können wir morgen weiter. Aber in der Nacht ziehen Gewitter auf, und Regenwände stürzen vom Himmel, füllen die Gibb River Road mit rotem Schlamm und rotem Wasser. Weiter nördlich soll es schon die Straße weggeschwemmt haben, warnen uns die beiden Alten beim ersten Morgengrauen. Sie haben es über ihr Funkradio gehört, raten uns umzukehren.

Wir brechen auf, es ist allerdings eher ein Schwimmen

als ein Fahren. Einen Fluss nach dem anderen überqueren wir, Flüsse, die es gestern noch nicht gab. Meist ist die Straße selbst zum Fluss geworden. Einmal beginnt der Hilux seitlich zu treiben, verliert für ein paar Sekunden den Boden unter den Reifen. Als wir ein Stück unterhalb der Straße wieder festen Grund spüren, sind wir beide etwas blasser als zuvor. Zum Glück führt der Weg in die Leopold Ranges aufwärts, und der Regen lässt nach.

Draußen in der Ebene holt uns die Hitze wieder ein. Ich habe noch nicht erzählt, dass unser Hilux keine funktionierende Klimaanlage besitzt. Er ist ein älteres Modell, und Paul ficht immer wieder Kämpfe mit ihm aus, in deren Verlauf er ziemlich unflätige Ausdrücke für ihn erfunden hat. Immerhin hat er uns bisher nicht im Stich gelassen, aber die fehlende Klimaanlage ist eine Herausforderung. Wir sind gezwungen, alle Temperaturen so zu ertragen, wie sie eben sind. Es ist die Hitze, die uns mürbe macht. Manchmal ist sie so gnadenlos, dass ich ausflippen könnte, mich einem Koller nahe fühle. Australien pur – ohne den Filter zivilisatorischer Annehmlichkeiten.

Um nicht wegzudämmern, konzentrieren wir uns auf unsere Ziele, aufs Schauen, machen uns gegenseitig auf Entdeckungen aufmerksam, drehen die Musik auf, bis sie uns auf die Nerven geht.

Endlich erreichen wir die senkrechten roten Felswände des Windjana Gorge. Hundert Meter ragen sie auf, stehen da wie eine unüberwindliche Mauer, waren angeblich einst mit dem Great Barrier Reef verbunden. Ein Korallenriff auf dem Trockenen, mit Zinnen wie eine endlos lange Burgmauer aus roten Steinen, zur Abschreckung der Feinde. Gelächter unsichtbarer Vögel klingt über den Fluss, ein unheimlicher Ort.

Hier fand die Schlacht gegen die Bunuba statt, die sich

in der Schlucht vor den Weißen verborgen haben. Anführer dieser Rebellen war Jandamarra, der auch *Pigeon* genannt wird. Dieser junge Bunuba arbeitete lange Zeit als Viehhirte und später sogar als Spurenleser der Polizei, der er dabei half, Aborigines zu fangen, die Schafe erlegten. Er muss gelitten haben, zerrissen zwischen Loyalität gegenüber seinen weißen Kollegen und Verbundenheit mit seinen Stammesgenossen. 1894 siegten die Blutsbande. Jandamarra erschoss einen Polizisten, befreite Gefangene, die zu seinem Volk gehörten, und lebte fortan als Anführer einer Rebellengruppe in den Schluchten der Napier Ranges. Drei Jahre lang hielt er die Suchtrupps der Weißen zum Narren, lieferte sich mit ihnen Gefechte, überfiel Viehzüchter und entkam jedes Mal wieder. Man sagte ihm übernatürliche Kräfte nach, und er wurde ein Held, eine Legende. Ironie der Geschichte: Es war ein anderer Tracker, der ihn schließlich aufstöberte und erschoss – ein Aborigine.

Und weil Jandamarra ein Held war – so etwas wie ein Robin Hood der Aborigines oder ein *Brave Heart* –, gibt es natürlich inzwischen den *Pigeon Heritage Trail*. Dieser Weg vom Windjiana Gorge zum Tunnel Creek, wo Jandamarra getötet wurde, führt durch Savanne, vorbei an der alten Polizeistation.

Der Tunnel Creek ist ein Höhlenfluss, der dunkel aus einem Berg hervorbricht, versteckt hinter einem Durcheinander aus Felsblöcken. Sein Wasser ist eiskalt. Wir waten in die feuchte Finsternis hinein, rutschen auf glitschigen Steinen aus, und ich fühle mich, als würde ich dem Styx folgen und hätte den Eingang zur Unterwelt gefunden. Kein Platz zum Verweilen. Frierend kehren wir um, sind froh, draußen wieder warme Steine unter unseren bloßen Füßen zu spüren, entdecken erst jetzt Felsbilder und die Nester großer Hornissen zwischen dicken Wurzeln, die das

Gestein sprengen. Es ist ein bedrohlicher Ort, einer, den wir gern verlassen.

Die Bunuba haben den Widerstand gegen die Viehzüchter und die Enteignung ihres Landes übrigens lange Zeit aufrechterhalten. Wie die Weißen kämpften sie mit Gewehren. Sie waren so stark, dass um 1900 ein Viertel der westaustralischen Polizei in den Kimberleys stationiert wurde. Irgendwann waren die Bunuba dann doch geschlagen.

Wieder konzentrieren wir uns auf ein Ziel, kämpfen gegen Schläfrigkeit und Hitze. Vor Einbruch der Dunkelheit wollen wir das Städtchen Fitzroy Crossing erreichen. Wir brauchen eine Dusche und nach Tagen wieder ein richtiges Bett. Auf der Karte sieht es ziemlich nah aus, doch die rote Staubstraße windet sich in endlosen, weichen Kurven durch dieses wilde, grüne Land. Im Schatten der Bäume stehen und liegen Rinder, Kälber und Kängurus erstarrt in der Hitze, wie Standbilder.

Stundenlang fahren wir, schweigend inzwischen, kraftlos. Haben irgendwann die Befürchtung, auf dem falschen Weg zu sein und sinnlos durch riesige Viehweiden zu kurven. Endlich und unvermutet stoßen wir wieder auf den Great Northern Highway, dieses geteerte Stückchen Zivilisation, das wir wieder beinahe als Rettung empfinden.

Und dann Fitzroy Crossing, verlorene Siedlung im flachen Land. Häuser, irgendwie verstreut. Wandernde Aborigines, allein oder in Gruppen. Ein Junge sammelt Zigarettenkippen vom Boden auf. Wir fahren hinunter zum Fluss und beziehen ein heruntergekommenes Zimmer im Crossing Inn – angeblich das älteste Pub in den Kimberleys. In der Kloschüssel wohnen winzige bunte Frösche, die aussehen wie Plastiktiere. Auch auf dem Duschkopf sitzt einer, andere klettern an der Wand hoch wie Geckos. Egal, das laue Wasser ist trotzdem eine Erlösung von Klebrigkeit und Hitze.

«Die Tropen», sagt Paul, ehe er vor Erschöpfung auf dem zu weichen Bett einschläft.

Natürlich. Im Grunde befinden wir uns seit Broome in den Tropen. Nur sind sie unmerklich intensiver geworden, die Luft feuchter und schwerer, die Tage kürzer. Zwölf Stunden Tag, zwölf Stunden Nacht.

Ich kann nicht schlafen und lese etwas über diesen unbehausten Ort. In Fitzroy Crossing landeten viele Aborigines, die zuvor bei den Viehzüchtern gearbeitet hatten. Sie landeten hier, nachdem ihnen endlich die gleiche Bezahlung garantiert worden war wie den Weißen. Doch damit wurden sie den Farmern zu teuer, also wurden sie entlassen. *Collateral damage* des Fortschritts. Wieder mal. Lange lebten sie als arbeitslose Sozialhilfeempfänger, denen ihr eigenes Land nicht mehr gehörte, aber inzwischen ist es besser geworden. Mindestens sechs Großfarmen gingen in den Besitz der Bunuba über. Viele Geschäfte werden zumindest zur Hälfte von Aborigines betrieben.

Ich lasse Paul schlafen, will zum Fitzroy River hinunter. Vor dem Crossing Inn sitzen Aborigines unter den Bäumen und trinken Bier. Eine Frau um die fünfzig spricht mich an. Sie ist barfuß, trägt ein weites Kleid mit buntem Blumenmuster. Die schwarzen Frauen tragen immer Kleider und Röcke, wie mir in diesem Augenblick auffällt. Ich habe noch nie eine Aborigine gesehen, die eine Hose trug.

«Kannst du reingehen und uns 'n Taxi rufen?» Sie hält mich am Arm fest. Ihr Atem riecht nach Bier.

«Ein Taxi?»

«Ja, ist schon spät. In 'ner Viertelstunde isses dunkel. Wir sind alle müde, und nach Hause brauchen wir mindestens eine Stunde. Ich meine, zu Fuß. Wir wohnen auf der anderen Seite von Fitzroy, musst du wissen.»

«Gibt's denn hier ein Taxi?»

«Klar gibt's hier 'n Taxi. Nur eins zwar, aber immerhin!» Sie kichert.

«Warum gehst du nicht selbst rein?»

«Weil das nicht geht, Schwester. Die lassen mich nicht da rein. Die verkaufen da hinten Bier an uns, aber vorn in den Pub lassen sie uns nicht rein.»

«Okay, ich geh rein und bestell ein Taxi für euch.»

«Danke, Schwester.»

Im Pub ist es dämmrig. Am Tresen sitzen drei Weiße und trinken ebenfalls Bier. Fette Männer mit roten Gesichtern. Der Mann hinterm Tresen ist auch nicht gerade untergewichtig. Er zapft eben ein frisches Bier und sieht mich erstaunt an, auch die andern wenden sich mir zu. Ich fühle mich unsicher, wünschte, Paul wäre hier.

«Was kann ich für dich tun?»

«Ich brauche ein Taxi.»

«Ein Taxi? Ist euer Auto kaputt?»

«Nein, aber ich brauch trotzdem ein Taxi!»

«Doch nicht für die da draußen, oder?» Alle grinsen ein bisschen unangenehm.

«Doch, genau für die da draußen.»

«Gibt kein Taxi. Tut mir leid. Heute ist Feiertag, da gibt's kein Taxi.»

«Was für ein Feiertag?»

«Feiertag eben.»

«Also kein Taxi?»

«Nein, kein Taxi!»

«Was wäre, wenn ich ein Taxi bräuchte? Würde dann eins kommen?»

Der Mann hinterm Tresen zuckt die Achseln und schüttelt dann den Kopf.

«Keine Chance. Ist Feiertag!»

Ich warte irgendwie darauf, dass alle in brüllendes Gelächter ausbrechen, stehe da wie das totale Greenhorn, der naive Gutmensch aus Europa. In diesem Pub wird für angetrunkene Aborigines kein Taxi bestellt. Alles klar?!

«Danke für deine Hilfe!», sage ich so ironisch und würdevoll wie möglich und geh wieder raus zu den anderen.

«Er will keins rufen, was?», sagt die Frau im geblümten Kleid, ein wütendes Funkeln in den Augen.

«Nein, er will keins rufen. Behauptet, es wäre Feiertag und an Feiertagen gäb's kein Taxi.»

«Verdammter Lügner! Er ist ein verdammter Lügner! Trotzdem danke, Schwester.»

Sie dreht sich um und geht zu den Männern und Frauen hinüber, die zwischen den Wurzeln der Bäume sitzen. Eine Weile diskutieren sie ziemlich heftig miteinander, dann rappeln sie sich auf und wandern langsam an der Straße entlang Richtung Fitzroy Crossing. Im Gänsemarsch.

Und ich? Ich bin zu feige, um den Wagen zu holen und sie nach Hause zu fahren. Stattdessen kehre ich in unser Zimmer zurück und wecke Paul. Er hat so tief geschlafen, dass er lange braucht, um meine Geschichte zu begreifen.

«Du hättest nicht rausgehen sollen», sagt er schließlich.

«Ich wollte aber rausgehen.»

«Dann hast du jetzt was kapiert. Als Taxifahrer würde ich übrigens weder besoffene Weiße noch besoffene Schwarze besonders gern transportieren.»

«Sie waren nicht sehr betrunken.»

«Okay. Dann ist es der normale Rassismus.»

«Genau!»

«Dann hast du auch was kapiert.»

«Ja, ich hab's kapiert, und es gefällt mir nicht.»

«Trotzdem hab ich jetzt Hunger.»

«Ich hab keine Lust, in diesem Pub was zu essen.»

«Es ist aber das einzige weit und breit, und ich brauche jetzt ein Steak und ein kaltes Bier!»

«Ich gönn diesem ekelhaften Typ keinen Cent! Außerdem grinsen seine rotgesichtigen Säufer wahrscheinlich die ganze Zeit über mich blöde Ausländerin.»

«Biete ihnen die Stirn und komm!»

Mein Magen knurrt laut, und ich gebe meinen Widerstand auf. Als ich in das winzige Bad gehe, um mir die Hände zu waschen und die Haare zu bürsten, stürzen sich fünf Fröschlein mit Hechtsprüngen in die Kloschüssel.

Das Essen im Nebenraum des Pubs überstehe ich ziemlich gut. Zwar sitzen die drei Säufer noch immer am Tresen, doch sie können mich nicht sehen und ich sie auch nicht. Das Essen ist halbwegs genießbar – ein Fetzen Fleisch, Pommes und ein paar Salatblätter. Was anderes gibt's hier nicht. Das Bier ist kalt und teuer.

Ich hatte mich auf eine Nacht in einem richtigen Bett gefreut, doch in dieser Nacht schlafe ich wieder nicht besonders gut, denke zu viel nach, schwitze und stelle mir vor, dass die Frösche zu uns ins Bett hüpfen.

Am Morgen weckt uns heftiges Klopfen. Wir haben beide verschlafen, die Putzfrau steht vor der Tür. Eine schlecht blondierte Weiße mit scharfen Gesichtszügen, aber freundlichen Augen.

«Lasst euch nur Zeit», sagt sie. «Ich putz erst die andern Zimmer. In 'ner halben Stunde komm ich wieder.»

Und das macht sie auch. Freut sich, dass wir noch da sind, zieht die Betten ab, während wir packen, und erzählt gleich ihre Lebensgeschichte. Sie will hier weg, das sei kein guter Ort. Aber manchmal bleibe man eben irgendwo hängen. Natürlich wegen 'nem Kerl. Der sei jetzt aber fort, und sie müsse sehen, wie's weitergeht.

«Trotzdem», murmelt sie und wirft die Bettbezüge auf einen Haufen, «gibt auch interessante Sachen hier, von denen ich vorher nichts wusste. Die alten Aborigines, die können Unwetter wegsingen. Stellt euch das vor! Die setzen sich zusammen, singen, schlagen Holzstücke gegeneinander ... und dann verschwindet das Gewitter. Zieht woanders hin. Ich hab das selbst erlebt und nicht nur ein Mal. Manchmal denk ich, die wissen mehr als wir ...» Nachdenklich wischt sie über den wackligen Tisch in der Ecke. «Ich komm gut mit denen klar. Sind ja hier in der Überzahl. War 'n komisches Gefühl am Anfang.»

Als wir abfahren, winkt sie uns nach. Sieht aus, als würde sie gern mitkommen, irgendwohin.

Wolfe Creek Crater

Wir haben den ganzen Tag herumgetrödelt, kleine Spaziergänge in den Busch gemacht. Der Busch hilft dabei, ungute Gefühle loszuwerden. Zuvor hatte der alte Maler in der Kunstgalerie von Fitzroy Crossing Pauls Frage, ob er ein Foto von ihm machen dürfe, mit einem klaren und nicht besonders freundlichen *No* beantwortet. Und plötzlich waren wir uns vorgekommen wie Eindringlinge.

Vor dem Supermarkt rücken die herumhängenden Aborigines nur widerwillig zur Seite, um uns einzulassen. Als wir unsere Vorräte in den Wagen laden und weiterfahren, fühlen wir uns, als spucke man hinter uns her. Der ganz normale Rassismus.

Viel zu spät erreichen wir Halls Creek. Es ist längst dunkel, und wir landen in einer der Trinkhallen, die auch für Aborigines geöffnet sind. Sie sind alle gleich: klebrig, ungemütlich, von grellen Neonröhren beleuchtet. Nicht zum Wohlfühlen, nur zum nackten Saufen. Endstationen.

Wir entscheiden uns für eine Nachtfahrt Richtung Wolfe Creek Crater, wissend, dass wir uns auf ein Abenteuer einlassen.

140 Kilometer Holperstraße liegen vor uns, und es beginnt zu regnen. Nach kurzer Zeit verschwinden die Lichter von Halls Creek hinter uns, wir fahren auf dem Great Northern Highway ein Stück zurück und erreichen endlich die Abzweigung des Tanami Tracks. Der Track ist Teil einer berühmten Outback-Straße, der Canning Stock Route, auf der man in Teufels Küche geraten, verlorengehen, verdursten, stecken bleiben kann. Man sollte diesen Abenteuerweg nur im Konvoi von mindestens drei Four-Wheel-Drives befahren und das Handbuch *Überleben im Outback* immer bei sich führen. Aber wir wollen ja nur einen kleinen Teil befahren, nur bis zum zweitgrößten Meteoritenkrater der Erde.

Es ist stockdunkel da draußen, absolute Finsternis, keine Sterne, kein Licht. Es regnet. Große Pfützen füllen die vielen Löcher in der Straße. Ab und zu springen Rinder durch die Kegel unserer Scheinwerfer, erscheinen riesenhaft, absurd verzerrt.

Auf halbem Weg zum Krater streikt unser Wagen – zum ersten Mal, unvermutet. Er wird langsamer, röchelt, stottert und steht. Erstaunlicherweise weiß Paul sofort, was los ist.

Nach kurzen und kräftigen Flüchen erklärt er mir, dass es der Dieselfilter sei. Er habe schon eine Weile damit gerechnet, dass genau das eintreten würde, was jetzt eingetreten sei. Nur habe er gehofft, dass es nicht bei Regen und nicht in völliger Dunkelheit passieren würde.

«Wo kriegen wir jetzt einen Filter her?», frage ich.

«Im Werkzeugkoffer sind zwei.»

«Zwei?»

«Ich dachte mir, dass wir sie vielleicht brauchen könnten.»

Die Weisheit der Männer.

Kurz darauf liegen wir beide auf einer Plastikplane im roten Matsch. Ich halte die Taschenlampe, und Paul baut den neuen Dieselfilter ein. Abgesehen davon, dass wir beide eine schwarze, stinkende Dusche abkriegen, verläuft diese Outback-Reparatur ohne weitere Zwischenfälle. Hinterher sind wir schmutzig, in Diesel gebadet und stolz.

Weiter durch die Finsternis. Kurz vor Mitternacht erreichen wir endlich die Gegend um den Krater. Plötzlich flackert ein Licht, irgendwo links von uns im Busch, erlischt, als wir uns nähern. Fast gleichzeitig fällt uns der Film *Wolfe Creek Crater* ein, und wir wünschen uns, wir hätten ihn nicht gesehen, diesen Horrorfilm nach einer echten Begebenheit.

Die Geschichte ist denkbar einfach: Irrer Truckie bringt harmlose Backpacker in seine Gewalt und foltert und tötet einen nach dem andern. Nur einem gelingt die Flucht, er wird von deutschen (!) Touristen gerettet. Schauplatz ist ein altes Haus ganz in der Nähe des Kraters. An einem alten Haus fahren wir gerade vorbei. Einem verlassenen alten Haus, dessen Fenster dunkle Höhlen sind. Jetzt blinkt das Licht wieder auf, ganz kurz nur – dann ist es wieder pechschwarz da draußen, am Rand der Tanamiwüste.

Zum ersten Mal auf dieser Reise empfinde ich wirkliche Angst. Paul will sie weglachen, doch auch er gibt nach einer Weile zu, dass ihm nicht ganz wohl ist. Uns ist sehr bewusst, dass wir allein sind. Allein in der Dunkelheit. 140 Kilometer entfernt von der nächsten menschlichen Ansiedlung, abgesehen von der vagen Möglichkeit, dass irgendwo in der Nähe eine Community der Djaru liegt, die wir vermutlich niemals finden würden. Immer wieder verschwinden Menschen im Outback und tauchen nie mehr auf. Was, wenn dieses Licht …

«Bullshit!», sagt Paul. «Wahrscheinlich sind es Jäger oder ein paar Aborigines, die nicht gesehen werden wollen. Deshalb haben sie die Lampe ausgemacht, als sie unsere Scheinwerfer gesehen haben!»

Seine tapferen Worte helfen nicht viel gegen das flaue Gefühl in meinem Magen. Draußen ist kein Licht mehr zu sehen. Die Scheinwerfer unseres Hilux zeigen nichts Beruhigendes, öffnen nur einen winzigen hellen Tunnel durch die Finsternis.

Lange nach Mitternacht erreichen wir endlich den Parkplatz unterhalb des Kraters, verrammeln die Türen unseres Wagens von innen, versuchen zu schlafen.

Es geht nicht.

Lauschend liegen wir, bis das erste fahle Licht die Welt um uns herum wieder sichtbar werden lässt. Jetzt erst geben wir beide zu, dass wir dringend auf die Toilette müssen, dass wir den Gang zum Klohäuschen in der Dunkelheit nicht gewagt haben. Jetzt erst können wir wieder lachen. Über unsere Feigheit, die Kinderängste, das Herzklopfen. Lärmen gegen die Stille, klappern mit den Blechtassen, ehe wir Tee trinken und Bananen essen.

Auf zittrigen Beinen machen wir uns endlich an den Aufstieg zum Kraterrand, erschöpft vom mangelnden Schlaf und der furchtsamen Wachsamkeit. Doch dann wird all das einfach weggewischt.

Vor uns liegt im ersten Morgenlicht Wolfe Creek Crater,

ein gigantisches, perfektes Rund. In seiner Mitte, fünfzig Meter unter uns, wächst ein kreisrundes Wäldchen. Die Sonne wird spürbar, dann brechen ihre Strahlen über den Kraterrand, hüllen uns ein, blenden uns. Die Wolken verdampfen, der Himmel wird durchsichtig.

Lange stehen wir da, staunen wortlos.

Vor einer Million Jahren schlug hier ein Meteorit auf die Erde. Möglich. Für die Djaru hat hier die Regenbogenschlange ihr Haupt aus der Erde erhoben. Auch möglich. Eine Vorstellung ist so überwältigend und schlüssig wie die andere.

Der Krater hat einen Durchmesser von 850 Metern. Richtung Westen, Norden und Süden erstreckt sich die Tanamiwüste. Wir stehen im großen Nichts am Rand eines Kraters. Noch immer vollkommen allein. Plötzlich erscheint es vorstellbar, dass außer uns keine Menschen mehr existieren. Beinahe gleichzeitig haben wir das dringende Bedürfnis, nach Halls Creek zurückzufahren und Menschen zu sehen, einen Kaffee zu trinken, mit anderen zu reden.

Als wir nach zwei Stunden wieder zum Wagen hinunterklettern, sind wir nicht mehr allein. Ein fröhliches Paar aus Sydney ist gerade angekommen, und selten habe ich mich so über den Anblick von Mitmenschen gefreut. Die junge Frau stülpt ein grünes Fliegennetz über ihren Kopf und zieht Stiefel an.

«Okay», sagt sie. «Jetzt wollen wir mal sehen, ob sich das frühe Aufstehen und diese Fahrerei durch die Einöde gelohnt haben! Ihr wart doch schon oben – was meint ihr?»

«Es lohnt sich.»

«Hört sich aber nicht so an.» Sie hebt ihren grünen Schleier und betrachtet mich prüfend.

«Doch wirklich! Wir sind nur sehr müde, weil wir die ganze Nacht nicht geschlafen haben.»

«Ach, wieso denn nicht?»

«Wir haben Sternschnuppen gezählt.»

Sie lässt das Fliegennetz wieder fallen und dreht sich kurz zu ihrem Freund um, der bereits am Fuß des Kraters steht.

«Habt ihr die Nacht hier verbracht? Auf diesem Parkplatz?»

Ich nicke.

«Kennst du den Film …»

«Klar!»

«Deshalb wollte ich auf keinen Fall hier draußen übernachten. Wir hatten Krach deswegen.»

«Hat dein Freund den Film nicht gesehen?»

«Doch, hat er. Aber er meinte, das sei bloß ein Film und ich solle mich nicht so hysterisch benehmen. War wohl nicht gut hier draußen?»

«Nein, war's nicht.»

«Na, dann. Ich werd's ihm erzählen.» Sie winkt mir zu und steigt hinter ihm zum Krater hinauf.

Auf halbem Weg zurück nach Halls Creek überwältigt uns die Müdigkeit mit solcher Gewalt, dass wir unter einem zerzausten Baum anhalten, Fliegennetze überziehen und sofort einschlafen. Geweckt werden wir von den jungen Leuten aus Sydney, die mit erschrockenen Gesichtern vor unserem Wagen stehen. Wolfe Creek Crater – oder die Kraft der Filme.

Während ich dies aufschreibe, sitze ich noch immer an der Theke der Outback-Bar unter dem Wellblechdach in Sandstone. Es sind immer noch 42 Grad, und ich denke an den Ausflug, den Paul und ich gestern gemacht haben. Chris, der Besitzer unserer kleinen Lodge, der gleichzeitig der Automechaniker des Dorfes ist, hat gelacht, als wir ihn nach Sehenswürdigkeiten fragten. Abgesehen von der London Bridge natürlich, einem Naturphänomen aus rotem Basalt. Eine perfekte Brücke, von der aus man weit ins Land schauen kann.

«Gibt da draußen 'ne Lehmplatte, die bei Regen ein See ist. Aber es hat schon seit zehn Monaten nicht geregnet. Also wird es jetzt nur 'ne rote Lehmplatte sein. Außerdem gibt's noch eine verlassene Schafstation, die mal von Leuten der Naturschutzbehörde benutzt wurde. Die haben versucht, die natürliche Vegetation wiederherzustellen. Jetzt ist da niemand mehr. Aber wenn's euch interessiert ...»

«Wie weit?», fragte Paul.

«Zur Lehmpfanne vierzig Kilometer, zur Schaffarm ungefähr sechzig.»

Wir fuhren wirklich raus. Eigentlich völliger Wahnsinn. Alles in Australien ist viel zu weit entfernt, und wer fährt schon vierzig Kilometer durch den Busch, um einen ausgetrockneten See zu sehen, eine Lehmpfanne? Bei 40 Grad Hitze? Wir fuhren trotzdem, schimpften und lachten aber die ganze Zeit vor uns hin, und als wir die verdammte Lehmpfanne nicht gleich fanden, schimpften wir noch mehr. Dann war es wie immer: Wir waren beeindruckt. Eine geschlagene Stunde verbrachten wir auf dieser riesigen, kreisrunden, roten Lehmplatte, die von unzähligen Sprüngen durchzogen, von der Hitze zerrissen vor uns lag. Wir wanderten hinaus zu Häufchen weißer Tierknochen, Kaninchenschädeln, Kängururippen.

Wie kann ich erklären, was uns so beeindruckte? Es war die Stille, die Erbarmungslosigkeit, die Lust am Entdecken – am allein Entdecken, am Spüren des Ausgesetztseins.

Wir trennen uns fast immer beim Entdecken, gehen in verschiedene Richtungen. Sehen verschiedene Dinge, nehmen anderes wahr. Tauschen uns erst später aus, behalten manches für uns. Phantasien. Die plötzliche Angst angesichts der zersprungenen roten Erde, die heiß ist wie eine Quelle gefährlicher Strahlung. Die Vorstellung vom Verdursten, vom Verlorengehen. Verlassenwerden.

Innere Reisen, Urängste.

Wenn es nicht mehr auszuhalten ist, treffen wir uns wieder. Irgendwie zufällig. Erleichtert. Kehren zum Wagen zurück, trinken viel Wasser und fahren weiter.

Auch die Schaffarm war eine Entdeckung. Verlassene Häuser, ein Windrad, Stallungen, das Kühlhaus. Der leise Schreck, wenn der Wind eine Tür zuschlug, und gleichzeitig ein Gefühl von Zutrauen, denn Chris hatte gesagt, dass man hier draußen sicher sei. Chris mit seinem fransigen Biker-Bart, der am liebsten Motorräder repariert und dessen Frau verletzte Wildtiere aufpäppelt. Hinter ihrem Haus lebten gerade zwanzig Kängurus in friedlicher Symbiose mit einer Hühnerschar.

«In Sandstone gibt's nicht mal 'n Polizeirevier. Wir regeln alles selbst!», sagte Chris grinsend. Die nächste Polizeistelle sei 150 Kilometer entfernt, die könne man vergessen. Deshalb sei es auch überhaupt kein Problem, im Pub ein paar Bier zu trinken und dann nach Hause zu fahren. Abgesehen davon, dass es hier ohnehin kaum Verkehr gebe.

Trotz der Sicherheit, die Chris ausstrahlt, hatte ich in Sandstone vor ein paar Jahren ein Erlebnis, das mich sehr erschreckte. Nicht weit vom Dorf, das einst eine Goldgräberstadt war, fanden wir am Rand der alten Mine ein verfallenes Holzhaus. Als wir einen Blick hineinwarfen, prallten wir erschrocken zurück. In dem leeren Zimmer lagen fünf tote Kängurus, bizarr verrenkt und teilweise skelettiert. Wir haben nie herausgefunden, was geschehen war, wie die Tiere in dieses Haus geraten waren. Auch Chris wusste keine Antwort. Für eine Weile fiel ein Schatten über Sandstone, als wäre ein Mord geschehen, ein Massaker verübt worden.

Es ist lange her, doch ich habe es nicht vergessen. Nie sind wir an diesen Ort des Schreckens zurückgekehrt, stattdessen klettern wir fast jeden Morgen auf der London Bridge herum, um zu erleben, wie der Sonnenaufgang die weite Landschaft noch weiter erscheinen lässt.

Während ich schreibe, freue ich mich auf den Abend im Hotel an der Hauptstraße. Freue mich auf das Essen in dem altmodischen Speisesaal, in dem auch ein paar moderne Goldgräber sitzen. Verschwitzt und hungrig schaufeln sie ihre Riesensteaks mit Pommes rein, die Ellenbogen auf dem Tisch, mit dem Handrücken den Mund abwischend und noch immer ihre neonfarbenen Sicherheitswesten am Leib.

Es fühlt sich jedes Mal so an, als wäre die Zeit stehengeblieben unter dem vielarmigen Leuchter mit den Lampenschüsseln aus Milchglas. Aber die junge Frau, die wochentags kocht, ist eine deutsche Backpackerin, genau wie das Mädchen hinter der Theke im Pub. Die beiden lieben Sandstone, arbeiten hier schon seit ein paar Monaten.

Was lieben sie an diesem Dorf mit seinen knapp 120 Einwohnern und seinen sechs Straßen?

Echtes Australien sei das, sagen sie. Echtes Outback mit guten Typen.

Vor hundert Jahren, während des Goldrauschs, wohnten in Sandstone über 6000 Menschen. Es gab vier Hotels und eine lange Ladenstraße. Überlebt haben nur das National Hotel und das Postgebäude. Der Rest ist zerbröckelt, abgetragen und vom Busch zurückerobert worden. Wer heute in Sandstone wohnt, gehört zum harten Kern der Outbacker, zu denen, die eine bestimmte Form der Freiheit brauchen, die man in den Städten nicht mehr findet.

Und was sagt Chris? «Hier kann ich so leben, wie ich

will. Mein eigenes Tempo bestimmen. Vorher hab ich ein paar Jahre in den Goldminen weiter nördlich gearbeitet. Aber da herrschen inzwischen derart wahnwitzige Sicherheitsbestimmungen und Arbeitsvorschriften, dass ich mir wie im Knast vorkam. Nix für mich!»

Australia light

Später am Abend setzen wir uns in die Küche unserer Outback-Unterkunft, um ein bisschen fernzusehen. Manchmal brauchen wir das nach den intensiven Erlebnissen von Einsamkeit. Der Kontrast zwischen Fernsehprogramm und Outback ist extrem. Gnadenlos bricht das Geschrei der Welt über uns herein. Fürs australische Fernsehen braucht man starke Nerven, denn alle Sendungen werden alle drei, vier Minuten von langen Werbeblöcken unterbrochen. Nach einer Weile löst das bei uns totale geistige Verwirrung aus, und wir haben keine Ahnung mehr, wovon der Film handelt, den wir eigentlich sehen wollten. Australische Werber schreien noch lauter als deutsche, und beinahe jeder Unternehmer legt Wert darauf, persönlich in Erscheinung zu treten. Was – um es höflich auszudrücken – nicht immer gut fürs Geschäft sein kann.

Zwischen die plärrenden Spots schiebt das Gesundheitsministerium Gesundheitserziehung der besonderen Art. So erscheint etwa ein verschüchterter Mann um die vierzig, der auf der Veranda seines Hauses heimlich eine Zigarette raucht und verdächtig hustet. In sich zusammengesunken, kauert er auf den Stufen, ein bedauernswertes Opfer seiner Sucht. Alles in Schwarzweiß, depressiv, unheilvoll. Hinter den Fenstern der Verandatür erscheinen kurz die traurigen

Gesichter zweier Kinder. Dazu der Text: *Möchtest du dich so sehen? Sollen deine Kinder dich so sehen?*

Verdammte Schwächlinge, diese Raucher – das ist die Botschaft, die sich in den Köpfen festsetzt. Funktioniert fast noch besser als die Abbildungen von zerfressenen schwarzen Raucherlungen, die überall an Plakatwänden prangen. Als ich selbst vor ein paar Jahren noch rauchte, fühlte ich mich in Australien wie eine Verbrecherin und potenzielle Selbstmörderin. Geächtet selbst von Freunden. Damals habe ich mir manchmal aus reinem Protest gegen diese eifernden Fundamentalisten eine angesteckt.

Eindrücklich sind auch die Anti-Fett-Spots, bei denen wabernde gelbe Fettmassen gezeigt werden, die in den gewaltigen Bäuchen sehr vieler Australier vor sich hin wuchern. *Toxic Fat!* Giftiges Fett, das die Organe einhüllt und zerstört. Eine Nation wird dazu gezwungen, sich selbst unter die Haut zu schauen. Täglich. Vermutlich führen diese Bilder bei einem großen Teil der Bevölkerung zu heftigem Selbstekel und Scham, denn immerhin sind etwa 60 Prozent der Australier übergewichtig oder sogar adipös. Nach so einem Anti-Fett-Erziehungsspot essen die Betroffenen wahrscheinlich aus reiner Verzweiflung tafelweise Schokolade und spülen sie mit Cola hinunter.

Im Grunde genommen sind diese Spots nichts anderes als die brutale Diskriminierung von Menschen, die noch nicht mitbekommen haben, dass die gesellschaftlichen Normen sich verändert haben. Und sie verschleiern die tieferen Ursachen der Süchte. Mike Daube, Professor für Gesundheitspolitik, benennt die Gründe ganz klar: «Es gibt kaum effektive Maßnahmen, mit denen sich die Folgen unseres wohlhabenden, bequemen, von Autos dominierten Lebensstils reduzieren und die Macht der Lebensmittelkonzerne einschränken ließen. Es droht ein Gesundheits-

Tsunami, der vollkommen vorhersehbar ist, und doch werden alle Warnungen missachtet.»

Neueste Untersuchungen sagen voraus, dass im Jahr 2020 drei Viertel der erwachsenen Australier und ein Drittel der Kinder übergewichtig sein werden und dass die Lebenserwartung aufgrund dieser Entwicklung wieder sinken wird. Die sportbegeisterte Nation Australien verhält sich also nicht viel anders als Amerikaner, Briten und Deutsche. Alle hocken Chips fressend vor der Glotze und konsumieren, was ihnen vorgesetzt wird – in der Glotze, in den Supermärkten und den Abfütterungsschuppen der Fastfood-Industrie. Besonders komisch wirkt vor diesem Hintergrund der Versuch, Schlankmachendes zu vermarkten. In den australischen Supermärkten findet man kaum ein Produkt, das nicht *frei von* irgendetwas ist, also etwa: *99 Prozent fettfrei* oder *92 Prozent zuckerfrei*. Man sagt nie: Dieses Produkt enthält ein Prozent Fett – andersrum wirkt es einfach besser. Und *light* oder *lite* ist sowieso beinahe alles.

Nachdem wir zum dritten Mal den Spot der *Good Guys* gesehen haben, diesem wunderbaren Team, das uns wunderbar beraten wird und eine Lösung für jedes Problem hat, und *Harvey Norman* zum fünften Mal beteuern hören, dass er die besten Angebote von fast allem hat, und wir dem uralten Bond-Film überhaupt nicht mehr folgen können, obwohl wir ihn eigentlich kennen, schaltet Paul den Fernseher aus.

«Ich hasse Harvey Norman!»

«Und ich die Good Guys!»

Plötzlich ist es ganz still. So still, dass wir das Flattern der großen Nachtfalter vor den Fliegengittern hören können.

Wir gehen spazieren, unter riesigen Sternen. Überall in

den kleinen Häusern flackern die Lichter der übergroßen Flachbildschirme, schreit die Glotze gegen die Stille des Outback an. Niemand begegnet uns, kein Auto fährt an uns vorüber. Es ist kurz nach zehn in Sandstone.

Weit ist der Weg

Szenenwechsel. Wir haben Wolfe Creek Crater überlebt und sind auf dem Weg nach Norden. Der Purnululu Nationalpark ist geschlossen, die Straße unpassierbar. Die berühmten Bungle Bungles, dieses seltsam gestreifte Felsenmeer, fällt also aus. Irgendwie sind wir ganz froh darüber, vom Schauen erschöpft.

Jetzt nähern wir uns dem Diamantenland. Aber Diamanten sind hier im Norden nicht alles. Der Norden ist fruchtbar, und es gibt mehr Wasser als im Rest des großen Bundesstaats Westaustralien. Fast an der Grenze zum Northern Territory wurde 1969 der Ord River zu einem riesigen See aufgestaut, dem Lake Argyle. Mit diesem gewaltigen Wasserreservoir werden seither große landwirtschaftliche Flächen bewässert. Alles Mögliche wurde hier bereits ausprobiert: Obstanbau, Gemüsepflanzungen, und das Aktuellste sind Sandelholzplantagen. Die duftenden Hölzer versprechen sich zu neuen Goldgruben für unternehmungslustige Pflanzer zu entwickeln.

Mir fällt eine knappe Information auf. Der Lake Argyle war nur einmal wirklich bis zum Rand gefüllt, nämlich ganz am Anfang, als noch kein Wasser entnommen worden war und man ihn einfach volllaufen ließ. Danach fiel nie mehr ausreichend Regen, immer nur gerade genug. Welch fragiles Gleichgewicht.

Wir haben uns viel vorgenommen, wollen zum Uluru und durch die große Wüste wieder nach Westen zurück. In Australien kann man nicht einfach eine Abkürzung nehmen und querdurch fahren. Jedenfalls nicht, wenn man noch ein bisschen länger leben will. Längst sind wir zu weit im Norden, und es gibt nur einen Weg: nach Katherine und dann über Alice Springs zum großen Felsen. Weit ist dieser Weg.

Wir fahren.

Ich lese Paul aus der Zeitung vor, und wenn wir Empfang haben, dann hören wir Radio. In Westaustralien herrscht gerade Regionalwahlkampf und im ganzen Land Vorwahlkampf für die Parlamentswahlen. Da tauchen natürlich Wahlkampfprojekte auf, zum Beispiel: Die wirtschaftliche Entwicklung des Nordens! Mit aller Kraft voraus! Eine Idee des Führers der Liberalen Partei, Tony Abbott.

«Was will er denn? Noch mehr Sandelholzplantagen? Oder Uranminen, Diamanten? Mehr Rinder? Wahrscheinlich war er noch nie im Norden!», vermutet Paul.

Auch in Australien hat sich – wie fast überall – eine Art Verachtung für die politische Klasse ausgebreitet, und es ist erstaunlich, wie unbeliebt sowohl Premierministerin Julia Gillard als auch Oppositionsführer Tony Abbott sind. Allein der breite ostaustralische Dialekt der Premierministerin löst bei vielen Australiern geradezu allergische Reaktionen aus.

In der Presse und den Diskussionen landauf, landab taucht deshalb immer wieder der Name des Ex-Premiers Kevin Rudd auf – sozusagen als möglicher Retter aus diesem Dilemma. Doch auch Rudd war bei seinem erzwungenen Rücktritt 2008 nicht besonders populär. Zu intellektuell fanden ihn die Leute, zu weit weg von den Menschen. Er scheiterte im Kampf um eine höhere Besteuerung der Bergbaugesellschaften. In einer brutalen Anzeigenkampagne wurde der Untergang Australiens an die Plakatwände gemalt, das Ende der Minenindustrie. Rudd wurde von der eigenen Labour Party abgesetzt, unter anderem von seiner Nachfolgerin Julia Gillard. Die Geschichte erinnert ein bisschen an Helmut Kohl und Angela Merkel. Fliegende Hunde überall.

Julia Gillard handelte dann einen ziemlich flauen Kompromiss aus, und die großen Konzerne beruhigten sich wieder. Gillards Umfragewerte sind katastrophal, die ihrer Labour Party ebenfalls – aber Tony Abbott, den Liberalen, will auch keiner. Beinahe italienische Verhältnisse. Dabei geht es Australien so gut wie noch nie in seiner Geschichte. Die Arbeitslosigkeit ist gering, der Dollar stark, der Wohlstand erstaunlich groß. Vielleicht liegt der Unmut genau daran. Ungebremster Materialismus führt vermutlich zu permanenter Unzufriedenheit, löst ständig neue Wünsche und Bedürfnisse aus, die nie endgültig befriedigt werden können.

Radio hören und die Landschaft an sich vorbeiziehen lassen. Erstaunliche Dinge erfährt man so nebenbei. Hier im Norden werden Versuche durchgeführt, die zum Thema ungebremster Materialismus passen: Kühe sollen künftig zwei Kälber pro Jahr austragen. Ich hoffe, sie treten in Gebärstreik.

Und dann ist die Idee des Fracking natürlich auch in Australien angekommen. Fracking, das bedeutet, dass dichte Gesteinsformationen aufgesprengt werden, indem mit hohem Druck Wasser, vermischt mit Sand und Chemikalien, hineingepresst wird, kombiniert mit horizontalen Bohrungen. In Queensland und South Australia gibt es sogar eine Protestbewegung dagegen. Dort ist das Grundwasser bereits in einigen Gegenden mit Chemikalien verseucht, und Farmer fürchten um ihr Vieh, um das kostbare Trinkwasser des trockensten Kontinents der Erde. Auch im Northern Territory will man nun – zwecks Entwicklung – Probebohrungen durchführen, um später mit Hilfe des umstrittenen Fracking bisher unerreichbare Gasvorkommen zu erschließen. Angeblich ist das gesamte Landesinnere bereits zwischen Förderfirmen aufgeteilt, darunter auch amerikanische Firmen.

Ein Elder aus dem Arnhemland, ganz im Norden, sagte in einer Radiodiskussion dazu einen schönen Satz: «Wir brauchen kein Gas und auch kein Öl, was wir brauchen, ist unser Land!» Und das Wasser, denn unter der Mitte des Kontinents ruht das Große Artesische Becken, Australiens Grundwasserreservoir. Wer das gefährdet, spielt mit der Zukunft aller Australier. Aber Fracking ist gerade groß in Mode, soll den Ausweg aus der Energieknappheit bringen – in Amerika, Australien und selbst in Deutschland.

Auf die Kollateralschäden können wir warten.

Rosskuren

Australien ist ein Kontinent, der es Reisenden leicht macht, sich mit allen möglichen Arten von Phobien zu konfrontieren – um dann mittels einer Radikaltherapie geheilt zu werden. Dieses Phänomen beobachten wir auf dem Campingplatz des Victoria River Roadhouse hautnah an einer jungen Amerikanerin. Susan und ihre Freundin Megan sind außer uns die einzigen Camper auf einer großen Grasfläche hinter dem Rasthof. Nebeneinander schlagen wir unsere Zelte auf, rücken instinktiv zusammen, angesichts brausender Wolken großer Insekten, die sich in der Dämmerung um die hohen Lampen am Rand des Platzes sammeln, als planten sie einen Angriff. Immer wieder schauen wir hinüber, scherzen, lachen über Humphrey Bogart und Katherine Hepburn, die in *African Queen* beinahe von Moskitos gefressen werden. Wir beschließen, gemeinsam zum Pub im Roadhouse zu rennen – falls sie kommen sollten.

Susan stammt aus Seattle, findet Australien *amazing* und *terrific* – wie könnte es auch anders sein. Allerdings, so schränkt sie ein, fürchte sie sich entsetzlich vor all dem Kriech- und Krabbelzeug, das es in diesem Land gebe. Im Süden sei es ja nicht so schlimm, aber je weiter sie und Megan nach Norden kämen, desto größer würde ihr Schrecken.

Wir trinken Wasser und Wein, es ist inzwischen dunkel geworden, und Susan beschließt zu duschen. Sie ist die Erste von uns, die – mit Handtuch, Kosmetiktasche und frischer Kleidung unterm Arm – das Gebäude mit den Gemeinschaftsduschen betritt.

Von diesem Augenblick an beginnt ein Hörspiel der nonverbalen Ausdrucksformen: spitze hohe Schreie, Stöhnen, Gebrabbel, das nach Flüchen klingt, wieder Schreie, kurze, lange.

Paul geht zur Tür des Waschraums.

«Brauchst du Hilfe?»

«No, oh my god, no!» Ihre Stimme klingt, als wäre sie in einen heftigen Kampf verwickelt.

«Ist alles in Ordnung?»

«No!»

«Soll ich Megan reinschicken?»

«No!» (Wieder ein spitzer Schrei.)

«Was dann?»

«Nichts! Ich schaff das!»

«Okay. Aber wenn du Hilfe brauchst, dann ruf einfach. Wir sind ganz in der Nähe!»

«Danke!»

Es folgt ein Schrei, der halb vom Rauschen der Dusche ertränkt wird. Danach ist es still. Wir lauschen. Wieder rauscht Wasser, ziemlich lange, dann wieder Stille. Noch ein Schrei, und endlich erscheint Susan – oder vielmehr ihre Silhouette – vor den erleuchteten Fenstern der Waschräume.

Erhobenen Hauptes kommt sie auf uns zu, baut sich vor uns auf und verkündet: «Das war die aufregendste Dusche meines Lebens! Ich war ganz sicher, dass ich vor Entsetzen sterben werde!»

«Was war's denn? Schlange? Spinne? Krokodil?»

Susan greift nach der Weinflasche und trinkt einen kräftigen Schluck, dann atmet sie tief durch: «Erst saß mitten im Gang vor den Duschkabinen eine riesige Kröte. Sie war sooo groß!» Ihre Hände beschreiben einen sehr großen Körper.

«Agakröte», murmelt Paul.

«Sie ist irgendwohin verschwunden. Dann rannten mindestens zwanzig Kakerlaken in den Abfluss der Dusche, auf dem Wasserhahn saß eine knallgrüne Riesenheuschrecke, und überall waren Frösche. An den Wänden, auf dem Boden, an der Decke!»

«Warum bist du denn nicht weggelaufen?», fragt Megan. «Du rennt doch sonst schon bei der kleinsten Spinne weg!»

«Ich bin nicht weggelaufen, weil ich duschen wollte. Mir war brutal heiß, und mir war plötzlich klar, dass ich in diesem Land nie mehr duschen werde, wenn ich jetzt wegrenne.»

«Das hast du wirklich gedacht?»

«Nein, natürlich nicht. Aber gefühlt hab ich's. Ich wollte einfach duschen!»

«Und was haben die Viecher gemacht?»

«Überhaupt nichts. Plötzlich waren sie alle weg. Ich habe geduscht, und jetzt bin ich hier.»

«Und, wirst du wieder duschen? Ich meine, in diesem Land?», fragt Paul.

«Wahrscheinlich!» Susan lässt sich in einen Campingstuhl fallen, als hätte sie plötzlich weiche Knie. Sie kämmt mit den Fingern ihr feuchtes Haar und wirkt zufrieden.

Gemeinsam kochen wir an diesem Abend Spaghetti mit frischen Tomaten und Zwiebeln. Viel später duschen wir. Die Viecher sind alle wieder da, doch wir schreien nur ganz leise.

Am nächsten Morgen boxen auf der Wiese hinter unseren Zelten zwei Kängurus, und die fliegenden Hunde lassen sich in den Bäumen nieder und streiten um die besten Plätze. Der neue Tag kann beginnen.

Die riesige Agakröte hat übrigens ein kaltes Ende gefunden. Der Mann, der am Morgen die Duschen reinigte, packte sie in eine Plastiktüte und steckte sie in die Tiefkühltruhe. Er vollstreckte damit eine der offiziell empfohlenen Methoden zur Bekämpfung der glubschäugigen Monster. Agakröten gehören zu den Kollateralschäden menschlichen Denkens.

1935 wurden sie aus Südamerika eingeführt, um Zuckerrohrschädlinge in Queensland zu bekämpfen. Sie waren ein kompletter Fehlschlag, verbreiteten sich jedoch mit rasender Geschwindigkeit, da sie in der neuen Umgebung keine Fressfeinde hatten. Agakröten sondern auf dem Rücken einen giftigen Schleim ab, der Angreifer aus dem Tierreich tötet und auch Menschen verätzen kann. Zu fressen finden sie in Australien reichlich: Insekten, kleine Beuteltiere – alles, was in ihr ziemlich großes Maul passt. Das einzige Tier, das bisher mit den Kröten fertig wird, ist der Magpie, mit dem romantischen deutschen Namen

Schwarzrückenflötenvogel. Im Grunde ist er eine ziemlich stabil gebaute Elsternart mit sehr kräftigem Schnabel und erstaunlich bezauberndem Gesang. Auf geradezu verführerische Weise flöten diese Vögel landauf, landab – was jedoch nicht bedeutet, dass sie friedliche Zeitgenossen wären. Nein, sie werfen Agakröten mit einem Schwung auf den Rücken und picken ihre Eingeweide heraus. Auf diese Weise entgehen sie dem Gift und sind wichtige Helfer bei der Bekämpfung der Plage.

Menschen haben neben dem Einfrieren noch eine zweite Methode entwickelt – sie funktioniert so ähnlich wie *wheelies*: Man überfährt so viele Agakröten wie möglich. Auf dem Land im Osten und Norden ist das inzwischen eine Art Volkssport. Trotzdem sind die Kröten noch immer auf dem Vormarsch – hier passt das militärische Wort –, haben den besonders artenreichen Kakadu Nationalpark im Norden erreicht und auch Westaustralien.

Abenteurer und Teufelsmurmeln

Längst haben wir die Grenze Westaustraliens überschritten, lange vor dem Victoria River. Unmöglich, dieses Land in Worte zu fassen. Ich kann nicht immer von Weite, Endlosigkeit, Entgrenzung schreiben. Aber es ist Entgrenzung. Ich habe ein Gefühl von nie gekannter Freiheit, ganz allein deshalb, weil diese Straße nie zu enden scheint, immer weiter führt, meist geradeaus, und meist beginnt der Horizont knapp über dem Asphalt.

Begegnungen mit anderen Autos sind erfreulich, ganz anders als in Europa. Man grüßt sich, hebt eine Hand vom Steuerrad oder wenigstens ein paar Finger.

Wir fahren. Manchmal ist es wie ein Rausch. Nur in Katherine halten wir an, gehen in ein Internetcafé, trinken eiskaltes Zitronenwasser, kaufen Zeitungen und fahren schon wieder.

Rund 800 Kilometer sind es auf dem Stuart Highway bis Tennant Creek, dem einzigen etwas größeren Ort vor Alice Springs. Auf halber Strecke geraten wir in den verrückten Pub von Daily Waters. Wir wollen nur einen Kaffee und Wasser, vielleicht ein Sandwich. Dann stehen wir plötzlich inmitten einer eindrucksvollen Sammlung von Büstenhaltern, Autokennzeichen, Geldscheinen, Polizeimarken, Führerscheinen und Stickern aller Art am Tresen des angeblich ältesten Pubs im Northern Territory. Außer dem Tresen gibt es noch ein paar Holztische und Bänke, einen Billardtisch und ein paar dicke Holzpfähle, die das Wellblechdach abstützen. Es ist heiß. Mit dumpfen Donnerschlägen dehnt sich das Blechdach in der Sonne. Ein paar seltsame Männer hängen herum, obwohl es keineswegs Zeit ist, ein Bier zu trinken, und Paul flüstert mir zu, dass die wahrscheinlich vom Tourismusverein hier abgestellt wurden. Als typische Kerle des Outback.

«Und die Büstenhalter?»

«Na, die hat wahrscheinlich auch der Tourismusverein aufgehängt. Damit das hier ein bisschen verrucht aussieht.»

«Gibt's hier überhaupt Frauen?»

«Keine Ahnung.»

Wir trinken Kaffee, was bei den wenigen Anwesenden mitleidige Seitenblicke zur Folge hat.

«Bleibt ihr über Nacht?», fragt einer von ihnen, der eine Art Stetson auf dem Kopf trägt. Der große Hut lässt sein Gesicht ganz klein und schrumplig aussehen.

Paul schüttelt den Kopf.

«Solltet ihr aber. Freitagabend ist hier schwer was los!» Er grinst vielsagend.

«Kommen dann auch Frauen her?», frage ich.

«Na, und ob, Lady.» Kurz hebt er die Augen zu den Büstenhaltern, zwinkert mir zu und grinst noch vielsagender.

«Sorry, *mate*, aber wir müssen weiter. Haben 'ne Verabredung in Tennant Creek.» Paul trinkt seinen Kaffee aus und stellt die Henkeltasse mit Nachdruck auf den Tresen.

«Tennant Creek? Da ist doch nichts los. Bleibt lieber hier.»

Ich würde gern, doch Paul will auf keinen Fall. Draußen erklärt er mir, warum, obwohl ich es schon wusste.

«Saufgelage. Hier passiert nichts anderes als ein Saufgelage. Wenn alle total besoffen sind, dann spenden vielleicht ein paar Ladys ihre Unterwäsche, und als Zugabe prügeln sich noch ein paar Kerle.»

«Ja, ist mir schon klar. Aber ich frage mich immer wieder: Wo kommen die Leute her? Hier gibt's genau fünf Häuser, und die sehen ziemlich leer aus.»

«Die Rancher, die hier überall Schafe und Rinder züchten, die Viehhirten, die Straßenarbeiter, Touristen, die hier übernachten, Vertreter auf dem Weg nach Norden oder Süden, Geschäftsleute. Die treffen sich alle hier, wenn's dunkel wird, und dann geht's los.»

«Und wo kommen die Frauen her, die ihre BHs verteilen?»

«Ach, was weiß ich: Kindermädchen oder Köchinnen auf den Ranches, britische Touristinnen …»

«Wieso britische?»

«Weil Briten und Iren sich gern ausziehen, wenn sie trinken, Australier übrigens auch. Das kennst du doch vom Oktoberfest in München.»

«Warum ziehen die sich aus?»

«Das hast du mich schon oft gefragt. Ich weiß es immer noch nicht!»

«Aber du bist Australier.»

«Ja, aber ich zieh mich nicht aus, und ich weiß auch nicht, warum sich andere ausziehen. Es ziehen sich ja schließlich nicht alle aus, wenn sie was getrunken haben.»

Es ist heiß vor dem Pub von Daily Waters, zu heiß für tiefschürfende Gespräche über strippende Angelsachsen. Wir fahren weiter, hängen feuchte Tücher in die Fenster des Hilux, greifen auf die Methode der Kühlhäuser im Outback zurück, um keinen Hitzekoller zu bekommen. Aber jetzt fängt Paul plötzlich an, Fragen zu stellen.

«Wieso gibt es in den riesigen Biergärten in Bayern eigentlich keine Massenschlägereien? Was ist mit den Deutschen los?»

«Natürlich gibt es Schlägereien.»

«Ich hab noch keine gesehen!»

«Ist auch eher selten.»

«Siehst du! Hier brauchst du nur die Freundin von einem Kerl ein bisschen anmachen, und los geht's.»

«Immer?»

«Meistens. Aber ich habe noch nie so viele Leute friedlich trinken gesehen wie in Bayern. Mir war das am Anfang echt unheimlich, und ich habe mich immer nach Polizisten umgeschaut, die hinter Bäumen lauern oder zwischen den Biertischen patrouillieren.»

«Findest du es nicht normal, dass Menschen in Ruhe Bier trinken?»

«Inzwischen hab ich mich daran gewöhnt.»

«Warum prügeln sich Engländer, Australier und Iren so gern?»

«Ich glaube, es macht ihnen Spaß. In Oxford gibt es sogar einen Club von Elitestudenten, die jedes Mal einen Pub zu Kleinholz machen, wenn sie feiern.»

«Ich habe einen Artikel im *West Australian* gelesen, in dem steht, dass die Gewaltbereitschaft erschreckende Ausmaße angenommen habe und auf mangelnde emotionale Kontrolle zurückzuführen sei.»

«Und wie erlangt man emotionale Kontrolle?»

«Indem man sich gegenseitig respektiert und seinen Kindern freundlich, aber klar Grenzen setzt.»

«Dann ist bei mir schon alles versaut: Die Grenzen wurden meiner Generation in der Schule mit dem Rohrstock gesetzt. Und respektiert hat uns auch niemand.»

Halbwüste, Hitzeflimmern über der Straße, auf der roten Erde. Schimmernde Seen, die es nicht gibt. Die Abenteurer, die im 19. Jahrhundert den Weg durch das Landesinnere nach Norden suchten, müssen angesichts dieser Trugbilder verrückt geworden sein. Selbst Pferde haben hier draußen den Verstand verloren, blieben einfach stehen und starben. Wir fahren auf dem Stuart Highway, benannt nach John McDouall Stuart, einem absolut besessenen Entdecker, der drei Expeditionen leitete. Die ersten beiden waren erfolglos und brachten Mensch und Tier beinahe um. Während der zweiten wurde der kleine Schotte so krank, dass seine Kameraden ihn schließlich auf einer Bahre tragen mussten, 400 Kilometer weit. Das gleißende Sonnenlicht schädigte seine Augen so sehr, dass er doppelt sah. Man war sicher, dass er sterben würde. Doch nach der Rückkehr in die Zivilisation erholte er sich und bereitete gleich darauf die dritte Expedition vor. Und diesmal schaffte er es. Eine Quelle mit trinkbarem Wasser bei Daily Waters rettete die Abenteurer. Sie konnten sich erholen, ihre Vorräte auffüllen und erreichten im Juli 1862 die Timorsee. Neun Monate hatten sie von Adelaide bis zum nördlichen Rand des Kontinents gebraucht.

Stuart und seine Männer waren die Ersten, die erfolgreich einen Weg durch das Innere Australiens fanden. Doch während andere Entdecker wie Helden gefeiert wurden – vermutlich, weil sie ums Leben kamen –, wurde Stuarts Mut nicht besonders gewürdigt, und er kehrte verbittert nach Schottland zurück.

In den folgenden zehn Jahren wurde eine Telegraphenleitung nach Darwin gebaut, eine Straße, Siedlungen entstanden, Goldminen, Rinder- und Schaffarmen, und 1893 gab es in Daily Waters den ersten offiziellen Alkoholausschank des Northern Territory. Der Fortschritt war – wie man sieht – unaufhaltsam.

Stuarts Geschichte ist nur eine neben vielen anderen, die weitaus tragischer endeten. Unzählige Abenteurer wurden Opfer dieser eigenartigen Sucht nach dem Outback, die sie trotz aller Fehlschläge und unvorstellbarer Strapazen immer wieder hinaustrieb in dieses erbarmungslose Land. Einer von ihnen war der Deutsche Ludwig Leichhardt, der 1848 mit sechs Gefährten vermutlich irgendwo in der Simpsonwüste verschwand.

Tennant Creek scheint eines dieser australischen Landstädtchen zu sein, an die man sich, hat man sie erst wieder hinter sich gelassen, kaum noch erinnern kann. Doch es gibt eine Besonderheit, die uns anhalten lässt. Rechts an der Hauptstraße steht ein großzügiges modernes Gebäude mit viel Glas und hohem Dach. Es stellt sich als Kulturzentrum der Warumungu-Gemeinschaft heraus, die hier ein Café betreibt, einen Laden mit Kunsthandwerk und Gemälden und eine Dauerausstellung zu Geschichte und Kultur ihres Volkes. Vor den Gebäuden wurde ein botanischer Garten mit Pflanzen der Halbwüste angelegt sowie zwei Tanzkreise – einer für Männer, einer für Frauen. Hin und wieder gibt es traditionelle Tänze zu sehen, manchmal für Touristen, manchmal für die eigene Gemeinschaft.

Hier essen wir zum ersten Mal einen köstlichen Salat, mit Avocados, einfach so, in einem Café an der Straße, und nicht die fettigen *sausage rolls* und *meat pies*, die sonst immer angeboten werden. Und wir erfahren, dass sich nördlich von Tennant Creek ein Feld mit Granitblöcken befindet, die *pebbles*, ein spiritueller Platz der Frauen aus dieser Gegend. Eine *Songline* verbindet sie mit den Teufelsmurmeln, den berühmten *Devil's Marbles*. Wenn man sich respektvoll verhielte, sei es in Ordnung, diese Orte zu besuchen, sagt die Frau im Kulturzentrum. Die (weißen) Beamten vom Town Council wären vor ein paar Jahren mal auf die Idee gekommen, einen der *pebbles* im Park von Tennant Creek aufzustellen. Das hätte zu einer Art Aufstand der Warumungu geführt, die fürchteten, dass nun Unheil über ihr Volk kommen würde, dass die Kinder krank würden.

«Es war wie ein Schauder, der durch das Land ging, durch alle unsere Leute», sagt sie und schaut zu Boden.

«Was geschah dann?»

«Die vom Council haben den Stein zurückgebracht und an seinem ursprünglichen Platz wieder aufgestellt.» Jetzt lächelt sie und fügt hinzu, dass mit den *Devil's Marbles* etwas Ähnliches passiert sei, man hätte einen von ihnen nach Alice Springs transportiert – aber auch er musste zurückgebracht werden.

Neugierig fahren wir also die zwölf Kilometer zurück, finden die «Kiesel», die sich als recht beachtliche gerundete Felsen herausstellen. Sie sind dunkel, manche wirken, als hätte man sie geschwärzt. Möglicherweise raste irgendwann ein Buschfeuer über sie hinweg und verlieh ihnen diese unheilvolle Ausstrahlung. Weil der Tag allmählich zu Ende geht, überlegen wir, ob wir hier draußen unser Zelt aufschlagen sollen. Doch der Ort hat nichts Einladendes, und ich weiß genau, dass ich wieder nicht schlafen würde.

Also weiter zu den Teufelsmurmeln, und wieder ist der Weg weiter, als wir geschätzt hatten. Hundertzwanzig Kilometer, und der Himmel färbt sich dunkelblau und rot. Kängurus springen von rechts nach links und von links nach rechts. Sehr große Kängurus. Paul fährt erst 60 km/h, dann 40, flucht ziemlich laut, als eines beinah gegen seine Fahrertür prallt.

Als wir endlich den Parkplatz bei den Teufelsmurmeln erreichen, ist der Himmel schwarz, und der Mond geht gerade auf. Wieder einmal sind wir die einzigen Menschen auf diesem Planeten. Alle anderen sind vermutlich im Pub von Daily Waters und feiern. Kurz diskutieren wir, ob wir uns fürchten sollen oder nicht, ob es sinnvoller ist, im Zelt oder im Wagen zu schlafen. Irgendwie fühlen wir uns ein bisschen wie die alten Entdecker, obwohl gleich hinter den Granitblöcken der Stuart Highway vorbeiführt. Wie von Silber überhaucht liegen die *Devil's Marbles* im kühlen Sternenlicht, umgeben von sehr dunklen, sehr tiefen Schatten, in denen sich alles Mögliche verbergen kann.

Ich lese Paul vor, dass in den Höhlen unter den Felsen die Geister der Vorfahren leben, *ancestral beings*, und dass manche von ihnen gern Kinder anlocken und in die andere Welt mitnehmen.

«Bitte hör auf!», sagt Paul sehr entschieden. «Wir sind keine Kinder, und wir haben keine dabei.»

«Okay. Die Aborigines der Gegend hier nennen die *Marbles* übrigens *Karlwe Karlwe*, was ungefähr ‹runde Gegenstände› bedeutet.»

«Nicht besonders originell, oder? *Devil's Marbles* finde ich wesentlich anschaulicher.»

Gemeinsam gehen wir zum Klohäuschen, stehen abwechselnd Wache, schauen mit sanftem Schauder über das Tal der Riesenmurmeln, die jetzt vom zunehmenden Mond beleuchtet werden, lauschen dem Schrei einer Eule und kehren ziemlich schnell zum Wagen zurück. Paul setzt den Hilux ein paar Meter weiter, will sicher sein, dass wir vom Highway aus nicht gesehen werden können.

Wir essen Datteln und Nüsse, trinken ein bisschen Rotwein und viel kaltes Wasser aus unserem kleinen Kühlschrank. Dann überlegen wir noch mal, ob wir uns fürchten sollen, beschließen, es nicht zu tun, und rollen uns auf unseren Sitzen ein. Und erstaunlicherweise schlafen wir in dieser Nacht ziemlich gut. Die Geistwesen der Vorfahren scheinen kein Interesse an uns zu haben.

Wir erwachen früh, gehen sofort los, um diesen seltsamen Ort zu erkunden. Paul mit Kamera und Stativ, ich ganz frei und unbeschwert. Allein klettere ich zwischen den gewaltigen runden Granitfelsen herum. Sie sind von einem warmen Braun, ihre Oberfläche ähnelt der Kruste von frisch gebackenem Brot. Nach einer Weile habe ich tatsächlich den Eindruck, mich zwischen den Brotlaiben eines Riesen zu bewegen. Mit manchen hat er gespielt, Türme gebaut. Einen besonders großen hat er sauber in der Mitte durchgeschnitten.

Von ganz oben kann ich ins Land schauen, das grün und rot bis zum Horizont reicht. Aus einer kleinen Höhle schaut mir ein Falke entgegen, furchtlos betrachtet er mich aus seinen großen gelben Augen. Schmetterlinge sitzen am Rand kleiner salziger Pfützen, die längst eingetrocknet sind. Die Teufelsmurmeln sind eine fröhliche Versammlung, verführen zum Herumhüpfen, Klettern, zum Singen und Jubeln, doch das lasse ich bleiben, aus Respekt vor den Geistwesen.

Allerdings frage ich mich, weshalb der spirituelle Ort der Frauen so düster ist, der Ort der Männer aber so heiter. Als mögliche Antwort darauf fällt mir nur ein, dass Frauen auch bei den australischen Ureinwohnern keine sonderlich privilegierte Stellung einnahmen. Es gab eine klare Trennung zwischen den Geschlechtern, und Jungen durften ab einem bestimmten Alter nicht mehr mit den Müttern sprechen. Frauen sammelten Nahrung, Männer jagten. Wenn unbekannte Krieger in die Gegend kamen, dann mussten die Frauen zu ihnen gehen und mit ihnen kopulieren – sozusagen als Geste des guten Willens. Und die Initiation junger Mädchen sah häufig so aus, dass sie in einer nächtlichen Zeremonie mit dem halben Stamm Sex haben mussten. Vielleicht war das weniger schlimm, weil es in ein Ritualleben eingebettet war, weil alle Frauen das durchmachten. Schlimm war es vermutlich trotzdem.

Erst als die Sonne zu heiß wird, kehren wir zum Wagen zurück, sind völlig ausgetrocknet, schütten Unmengen Wasser in uns hinein. Kaltes Wasser. Erschrocken setzt Paul die Flasche ab.

«Verdammt, ich hab vergessen, den Kühlschrank auszuschalten!»

Er versucht, den Motor anzulassen. Es macht klick, und damit ist klar: Die Batterie ist leer. Paul versucht alle Tricks, die er kennt, doch der Motor springt nicht an.

«Doch böse Geister hier!», knurrt er und will sich auf den Weg zum Highway machen, um einen vorbeifahrenden Wagen anzuhalten. Im selben Augenblick biegt ein uralter amerikanischer Straßenkreuzer auf den Parkplatz ein, sechs junge Männer steigen aus und schauen sich neugierig um. Als Paul ihnen von unserem Problem erzählt, krempeln sie die Arme hoch und schieben ohne große Worte unseren Hilux an. Ein Hilux ist ein verdammt schweres Gefährt, doch die sechs bringen ihn in Schwung, wir rollen schneller, der Motor spuckt zweimal und springt tatsächlich an.

«Keine bösen Geister, gute Geister», sage ich. Dankbar winken wir den sechs guten Geistern zu und machen uns auf den Weg nach Alice Springs. Während der ganzen Fahrt leide ich unter unbändigem Appetit auf frisch gebackenes Brot.

The Rock

Wir bleiben nur eine Nacht in Alice Springs – die kälteste Nacht unseres Lebens. So jedenfalls fühlt sie sich an, denn wir haben das Wüstenklima nicht bedacht und statt des ganzen Zeltes nur das Insektennetz aufgebaut.

Tagsüber herrschten Temperaturen über vierzig Grad. Wir haben unsere Wäsche gewaschen, geduscht und neue Vorräte eingekauft. Die Batterie scheint wieder in Ordnung zu sein. Wir sind durch die Fußgängerzone von Alice gebummelt, wo jeder zweite Aborigine uns ein Bild verkaufen wollte. Die Stadt ist reich an Galerien und Kulturzentren des Arrernte Volks. Doch wir sind erschöpft vom Überangebot an Kunstwerken, wollen plötzlich nur noch Ruhe und verkriechen uns unter der Netzplane auf dem Campingplatz.

In der Ferne lärmen Betrunkene. Dann schleicht die Kälte heran, von allen Seiten. Wir raffen alle Decken und

Schlafsäcke zusammen und schaffen es trotzdem nicht, warm zu bleiben. Gegen drei Uhr gebe ich auf und flüchte in den Wagen. Paul folgt kurz darauf. Hochsommer im Zentrum Australiens.

Ist es verwerflich, etwas nicht zu besichtigen, obwohl es quasi vor einem liegt? Das naturhistorische Museum Zentralaustraliens, zum Beispiel. Wenn man nicht den berühmten Desert Park besucht, der alle Tiere und Vegetationszonen des Outback versammelt? Alice geht uns ganz schnell auf die Nerven: zu viele Autos, zu viele Menschen (fast 30000), zu viele Geschäfte. Wir sind inzwischen zu sehr daran gewöhnt, die einzigen Menschen auf der Erde zu sein, und flüchten auf dem Stuart Highway wieder nach Süden, sind endlich auf dem Weg zum großen, roten Felsen, Uluru.

Noch liegen mehrere hundert Kilometer vor uns. Paul fragt, warum man in seinem Land eigentlich immer so weit reisen müsse, um dann einen Felsen zu sehen oder eine Gruppe von Felsen. Er moniert den Mangel an Restaurants und Gasthäusern, hat genug von getrockneten Früchten, gebackenen Bohnen, Würstchen und Cheddar. Er beschwert sich über die Hitze, die Fliegen und die entgegenkommenden Autos, die seiner Meinung nach alle zu schnell fahren, und prognostiziert düster, dass wir erst westlich der großen Wüsten (er betont die Mehrzahl) ein halbwegs anständiges Essen und ein richtiges Bett bekommen werden. Reisekoller.

Ich löse ihn am Steuer ab, er trinkt ein Bier aus unserem kleinen Kühlschrank, klappt den Sitz nach hinten und zieht seinen Hut über die Augen, und gleich darauf höre ich leises Schnarchen.

Fahren durch die Halbwüste. Gelbrote Erde, flache Büsche, Spinifex. Als direkt vor mir fünf Dromedare den

Highway überqueren, halte ich sie nur kurz für eine Halluzination, sage mehrmals leise: Es gibt hier Dromedare!

Noch immer über zweihundert Kilometer. Paul schläft. Inzwischen liegt die Abzweigung zum Uluru hinter uns. Der Verkehr hat zugenommen. Als links von uns ein riesiger Tafelberg auftaucht, bremsen alle Fahrzeuge vor mir und halten am Straßenrand. Es ist nicht der *rock*, auch wenn einige es glauben und wild fotografieren. Es ist Mount Connor, das Überbleibsel eines uralten Gebirgsmassivs, das einst so hoch gewesen sein soll wie der Himalaya. Obwohl ihn die Zeit radikal gekürzt hat, sieht er noch immer eindrucksvoll aus. Doch letztlich interessiert sich niemand für ihn. Als sich herausstellt, dass dieser Berg nicht Uluru ist, springen alle wieder in ihre Fahrzeuge und donnern weiter. Ich warte, bis sie fort sind, und folge ihnen dann langsam, wünsche mir, beim nächsten Mal in die Falten des Mount Connor steigen zu dürfen. Diesmal ist dazu keine Zeit. In drei Wochen geht unser Flug zurück nach Deutschland.

Neue Bäume tauchen auf. *Desert Oaks*, Wüstenkasuarinen. Riesige Bäume, die nicht zu dem trockenen Klima und der Hitze zu passen scheinen. Ihre Äste hängen nach unten, als wollten sie die Sonne an sich abgleiten lassen. Aus der Ferne erscheinen sie saftig dunkelgrün. Die jungen Bäume ähneln einer Feder, sind luftig, fast durchsichtig, schimmern im Licht.

Ich bin von der Schönheit dieser Bäume so begeistert, dass ich ihn einfach übersehe, den großen Fels. Doch dann räuspert sich Paul, bittet mich anzuhalten, und da steht er.

Eigentlich hatte ich mir vorgenommen, Uluru einfach anzuschauen und sachlich zu überlegen, ob er wirklich so eindrucksvoll ist. Langsam steige ich aus dem Wagen und gehe zu einer roten Düne hinüber. Von hier oben habe ich freien Blick auf Uluru.

An diesem Nachmittag hat er sich entschlossen, lila zu sein, und er scheint in feinem hellblauen Dunst zu schweben. Dieser riesige Monolith sieht aus wie eine Erscheinung aus einer anderen Welt. Außerirdisch, metaphysisch. Eigentlich gibt es dafür keine Bezeichnung. Er macht Herzklopfen und ein bisschen Angst – so, als hätte man diese Erde verlassen.

Als wir bald darauf den Ort Yulara erreichen, landen wir ziemlich hart und schnell wieder auf der Erde. Busse, Autos, Menschenmassen, ein Hotelkomplex, ein Supermarkt, Restaurants, Cafés, Andenkenläden, ein total überfüllter Campingplatz. Dabei ist nicht einmal Hauptsaison.

Während Paul versucht, einen Platz für unser Zelt zu ergattern, wandere ich zwischen den geparkten Autos umher und versuche, Uluru zu entdecken, doch er ist nicht zu sehen.

Schon seit ein paar Minuten beobachtet mich ein Aborigine, vermutlich einer der Anangu, Hüter des großen Felsens, die seit Jahrtausenden nah bei ihm gelebt haben. Jetzt kommt er auf mich zu, grüßt, wirkt verlegen. Erst verstehe ich nicht, was er mir sagen will – seine Schneidezähne fehlen, doch er ist nicht alt, höchstens Mitte dreißig. Er spricht stockend, wiederholt die Sätze, hält mir plötzlich zwanzig Dollar hin. Jetzt verstehe ich. Er will, dass ich ihm *grog* besorge. Und er nennt mich Schwester. *Grog* ist in Australien ein anderes Wort für Alkohol.

«Das ist keine gute Idee, Bruder», antworte ich. «*Grog* ist verdammtes Teufelszeug.»

Er zuckt die Achseln und lacht, wirft sein langes krauses Haar zurück, zupft an seinem löchrigen T-Shirt.

«Ich zahle, du kaufst.»

«Nein, Bruder. Ich kaufe keinen *grog*.»

Offensichtlich klingt meine Stimme sehr entschlossen, denn er gibt auf, wirft mir noch einen dunklen, zornigen Blick zu und geht dann zwischen den Autos davon, um nach einem oder einer Willigeren Ausschau zu halten.

Erst später erfahre ich, dass die Anangu Community in der Nähe der Touristensiedlung eine «trockene» Gemeinde ist, dass die Anangu große Alkoholprobleme hatten. Seither darf kein *grog* mehr an sie verkauft werden, und Touristen werden gebeten, dieses Verbot einzuhalten.

All das passt nicht zu meinem ersten Eindruck von dem heiligen Felsen. Ich fühle mich unbehaglich, will eigentlich sofort wieder weg, raus in die Wüste, will Uluru erfahren und nicht stinkende Parkplätze.

Als Paul vom Büro des Campingplatzes zurückkehrt, schlage ich ihm vor, dass wir weiterfahren.

«Geht nicht. Entweder bleiben wir hier, oder wir müssen zurück. Der Nationalpark ist nachts gesperrt – eine Stunde nach Sonnenuntergang bis eine Stunde vor Sonnenaufgang.»

Das wusste ich nicht – ich hatte absichtlich nicht gelesen, was in den Reiseführern über Uluru steht, wollte mir keine neuen Bilder eingeben lassen, denn es erschien mir schwer genug, die alten halbwegs zu vergessen.

Also bleiben wir. Der uns zugewiesene Platz zwischen einem VW-Bus und einem Hauszelt ist gerade groß genug für unser kleines Iglu. Zum Kochen haben wir keine Kraft, deshalb erstehen wir in einem der Schnellimbisse eine große Tüte Pommes und einen Karton mit *chicken nuggets*. Was anderes gibt's leider nicht, jedenfalls nicht zu erschwinglichen Preisen. Es geht ein bisschen zu wie auf einem Jahrmarkt, friedlich, fröhlich und laut, und so bleibt es für den Rest der Nacht. Uluru unterscheidet sich nicht von anderen Pilgerstätten.

Noch ist es dunkel, als die Menschen in den Zelten und Wohnmobilen sich zu regen beginnen: Aufbruch zum Sonnenaufgang. Wer schnell ist, steht nicht so lange im Stau. Wir können es kaum fassen: Ein Bus nach dem anderen rollt von den Parkplätzen der nahegelegenen Hotels und Apartments, ein Four-Wheel-Drive nach dem anderen verlässt den Campingplatz, zwischen den Wohnmobilen die buntbemalten Kombis der Backpacker, und wir reihen uns ein, bewegen uns in dieser Prozession langsam hinaus in die Wüste.

Man sieht nichts, nur Autos und Scheinwerfer. Am Straßenrand ein paar Spinifexbüschel. Es dauert fast eine Stunde, bis wir den Schlagbaum am Eingang zum Nationalpark passieren. Am Horizont zeigt sich erstes Grau. Die Wagenschlange fährt jetzt schneller, schließlich droht der Sonnenaufgang vorüberzugehen, wenn man nicht rechtzeitig die Parkplätze auf der östlichen Seite des Uluru erreicht. Einige setzen zum Überholen an – vielleicht haben sie nur diesen einen Sonnenaufgang und müssen ihn nutzen, auch wenn Überholen verboten ist.

Jetzt sehen wir ihn wieder. Am Ende der Nacht ist Uluru ein rabenschwarzer Riesenpilz, der mit seiner gewaltigen Kappe gerade die Erde durchbrochen hat.

Vor dem Fels biegt die Wagenkolonne nach Osten ab, wir fahren nach Westen, haben noch einen zweiten Sonnenaufgang in Reserve. Langsam umrunden wir Uluru, beobachten seine Verwandlungen. Schrunden und Vertiefungen werden sichtbar, Falten, Täler. Im Süden lassen wir den Wagen stehen und gehen zu Fuß ein Stück in den Busch hinein. Erste Strahlen gleiten über den Fels, dann färbt sich der Himmel rot. Aus der Ferne hören wir Applaus und Jubel.

Hier im Süden nimmt der Fels eine braunrote Färbung

an, an manchen Stellen bleibt er grauschwarz, unnahbar. Seine Wände sind mit Zeichen bedeckt, deren Bedeutung nur die Anangu kennen. Plötzlich erklingt heiseres Bellen – schwillt an und wieder ab. Ein paar Minuten lauschen wir angespannt, dann fällt uns das Gebell in Shark Bay wieder ein, und erleichtert lachen wir über die Tricks der Ranger.

Als wir auf der Suche nach einem legalen Parkplatz die anderen wiedertreffen, gibt es ebenfalls viel zu staunen. Angesichts einer Gruppe von Japanern in dunklen Anzügen mit Sektgläsern in den Händen brechen wir in schallendes Gelächter über die Absurdität mancher Formen des Tourismus aus. Und noch erstaunlicher: Nachdem der Sonnenaufgang unwiederbringlich verblasst ist, steigen alle schnell in ihre Autos und fahren nach Yulara zurück. Sonnenaufgang konsumiert, jetzt ist vermutlich Shoppen dran oder der sofortige Rückflug nach Sydney. Für besondere Gäste gibt es inzwischen sogar ein paar Luxuszelte (fünf Sterne) in einiger Entfernung zum gemeinen Touristenvolk.

Die Anangu bekommen ein bisschen etwas ab vom großen Kuchen Uluru, veranstalten selbst Führungen. Neue Überlebensstrategien eben. Trotzdem betrachten sie den immer heftiger wachsenden Tourismus mit Sorge, befürchten, das heilige Zentrum könnte Schaden nehmen.

Es gibt ein seltsames Phänomen: Touristen, die Steine vom Uluru als Souvenir mitgenommen haben, schicken sie nach einiger Zeit wieder zurück. Sie behaupten, die Steine hätten ihnen Unglück gebracht.

Wir packen unsere Rucksäcke, Wasserflaschen, die Fotoausrüstung und machen uns auf den Weg rund um den Fels. Noch ist es nicht zu heiß, noch kann man gut wandern.

Jetzt sind wir so nah, dass wir Uluru berühren können. An manchen Stellen schält er sich wie verbrannte Haut, dann wieder ist er glatt wie Samt oder pockennarbig. Regengüsse haben Kaskaden geformt. Es gibt Höhlen und Tunnel, die geräumig sind wie große Hallen. Während wir gehen und immer wieder Neues entdecken, empfinden wir den großen Monolithen wie eine Art Schutz. Er bietet Schatten, kühle Rastplätze, Verstecke, atemberaubende Blicke ins Land hinaus.

In den Fels hinein sind die Legenden und Schöpfungsgeschichten geschrieben, in den Felsnischen ruhen die toten Krieger aus vergangenen Zeiten. Der Mythos über Uluru ist grausam, klingt wie die Vertreibung heldenhafter Völker aus dem Paradies, selbstverschuldet durch Hochmut, Selbstsucht, Rachsucht, Wollust und all die anderen Todsünden, die auch wir kennen. Die tödlichen Kämpfe zwischen den mythischen Völkern der Mala, Liru und Kunia führten zu so heftigem Schmerz, dass die Erde in Aufruhr geriet und Uluru aus ihr hervorbrach. Eigentlich gibt es keinen Grund, hier Champagner zu trinken.

Bei unserer Umrundung sind wir übrigens nur neun Wanderern begegnet. Doch am offiziellen Klettersteig zum höchsten Punkt sammeln sich die Konsumenten wieder, um sich an den Seilen hinaufzuhangeln. Von unten gleichen sie einer Ameisenstraße und für die Anangu vielleicht lästigen Fliegenschwärmen, gegen die man nichts ausrichten kann. Die Anangu bitten darum, Uluru nicht zu erklettern. Viele Touristen respektieren das, viele nicht. Man könnte dieses Verhalten vielleicht mit Abseiling am Petersdom in Rom vergleichen. Übrigens ist die Ersteigung des Uluru nicht ungefährlich. Jedes Jahr sterben hier Menschen an Herzinfarkt oder Hitzschlag.

Aber es gibt Möglichkeiten, den touristischen Schrecklichkeiten rund um Uluru zu entkommen. Am späten Nachmittag fahren wir in Richtung der Kata Tjuta, die einst Olgas hießen. Erstaunlich, wie schnell die kolonialen

Namen verblassen, wenn die echten wieder eingesetzt werden. Ayers Rock sagt in Australien kaum noch jemand zu Uluru. Wir fahren hinaus in die savannenartige Halbwüste mit ihren lichten Wäldern aus Wüstenkasuarinen. Die Formation der Kata Tjuta ist mindestens so eindrucksvoll wie Uluru. Anders eindrucksvoll. Sie ähnelt Tierleibern, den Rücken von halbbegrabenen Sauriern oder Elefanten, dem Sitz böser Geister. Kata Tjuta bedeutet «viele Köpfe» und ist ein spiritueller Ort der Männer. Die Frauen versammeln sich während ihrer geheimen Rituale in der Ebene, im Schatten der Kasuarinen.

Die Bedeutung des Wortes Uluru ist umstritten – es könnte «Sitz der Ahnen» heißen, aber auch «schattiger Platz». Uluru ist bei den Anangu sogar ein Familienname. Und das passt eigentlich.

Hier draußen sind wir wieder ganz weit weg vom Rummel, halten auf halbem Weg zwischen den beiden mythischen Felsformationen, warten auf den Abend. Der Wind ist warm, die nadelartigen Blätter der Wüsteneichen wehen silbern im Licht der tiefstehenden Sonne.

Und dann bietet uns Uluru ein unvergessliches Schauspiel, nimmt immer neue Farben an, je tiefer die Sonne sinkt. Alle Blautöne, alle Rottöne, endlich ein sanftes Lila, dann geht neben ihm der volle Mond auf. Ein riesiger Mond. Seltsamerweise sind wir allein in dieser Stunde und voll tiefer Dankbarkeit.

Wir bleiben lange, können uns nicht vom Anblick der beiden Felsskulpturen trennen. Die Kata Tjutas färben sich plötzlich smaragdgrün, das Land leuchtet unter dem Mond in warmen Brauntönen. Gern würden wir die Nacht hier draußen verbringen, doch plötzlich nähert sich ein Jeep, und eine sehr resolute Rangerin der Anangu fordert uns auf, den Nationalpark sofort zu verlassen und nach Yulara zurückzukehren. Sie gibt uns sogar Geleitschutz, um sicher zu sein, dass wir wirklich durch die Schranke fahren.

Noch erfüllt vom Mond, lassen wir am nächsten Morgen den Sonnenaufgang aus. Wir besorgen uns eine offizielle Erlaubnis zum Durchqueren der Aborigine-Territorien in den Wüsten Richtung Westen und erkundigen uns nach dem Zustand der Great Central Road. Derzeit gibt es keine Probleme, lautet die Auskunft, das könne sich jedoch bei Gewitter ändern. Wir füllen die Wassertanks, die Benzintanks, die Essensvorräte und machen uns auf zur Rückkehr nach Westen.

Die große Wüste

Eigentlich wollten wir das «Tal der Winde» in den Kata Tjuta durchwandern, doch es ist viel zu heiß: Über 40 Grad Außentemperatur zeigt das Thermometer unseres Wagens an. Ein Hitzschlag wäre uns sicher. Paul ist nicht besonders traurig über die ausfallende Tour, mir fällt der Abschied schwer, und als wir den Schlagbaum Richtung Westen passieren, nehme ich mir vor zurückzukehren.

Gleich darauf hat uns die Wüste fest im Griff.

Die Straße ist erstaunlich breit und scheint aus feinem roten Staub zu bestehen, doch darunter verbergen sich Querrillen, die ein Tempo von mindestens 80 km/h erfordern, weil die Vibration sonst den Wagen auseinanderfallen lässt.

Gewaltige rote Wolken hinterlassend, donnern wir also durch die Mitte des Kontinents. Wir drehen Abba auf und die Dire Straits, Queen und Beethoven, singen laut gegen das Geratter an.

Nur zwei Siedlungen liegen an der 1200 Kilometer langen Central Road: Docker River und Warburton, kleine Communities der Wüstenvölker. Docker River ist knapp zweihundert Kilometer von Yulara entfernt, und wir unterbrechen unsere wilde Fahrt, rollen langsam in die kleine Siedlung hinein. Kinder starren uns an, Hunde streunen an der Straße entlang, scharren in Zivilisationsmüll. Vor zwei Jahren herrschte hier eine so extreme Trockenheit, dass durstige Dromedare in Docker River einfielen und auf der Suche nach Wasser den halben Ort verwüsteten.

Wir halten vor dem *General Store*, wollen ein paar Dosen Baked Beans einkaufen – zur Tarnung unserer Neugier. Der *General Store* von Docker River ist ein Käfig. Durch eine Tür im Gitter geht es hinein, und dann kann man einkaufen wie in einem normalen Supermarkt. Das Angebot ist nicht sehr üppig, aber ausreichend. An der Kasse sitzt der unvermeidliche weiße Sozialarbeiter, der gestresst wirkt und nicht in Redelaune ist, nur durchblicken lässt, dass die Situation hier nicht ganz einfach sei. Dann kommt wieder ein Gitter. Ratlos stehen wir davor. Auf der anderen Seite fängt eine junge Frau an zu kichern. Offensichtlich findet sie es lustig, dass Weiße nicht aus dem Käfig finden, der offenbar für diebische Schwarze erdacht worden ist. Erst nach einer Weile wird der Mann an der Kasse aufmerksam, drückt auf einen Knopf, und die Gittertür lässt sich öffnen. Wir sind entlassen. Jetzt lacht die junge Frau schallend, und wir stimmen ein.

An der Wand verkündet ein Plakat, dass Känguruﬂeisch gesünder für Aborigines sei als Hamburger oder Dosenfleisch. Ein anderes ruft in großen Buchstaben dazu auf, sich bei häuslicher Gewalt Hilfe zu suchen. Wo? Vermutlich bei dem schweigsamen Sozialarbeiter und seiner Frau, falls er eine hat.

Draußen hängen die Menschen herum. Junge und Alte. Nichts zu tun in Docker River. Keine Arbeit, und die alte Lebensweise ist verloren. Alles riecht und schmeckt nach einer großen Depression. Nur das Lachen der jungen Frau erhellt diesen traurigen Ort.

Wir wollen vor Dunkelheit Warburton erreichen, ohne so recht zu wissen, weshalb. Manchmal ist es besser, Wegmarken gegen die Endlosigkeit zu setzen.

Knallrote Erde, schwarz verkohlte Stämme und Äste von Wüsteneichen, rote Dünen mit Wellenmustern, Windhosen am Horizont, Dromedare wie Scherenschnitte, Berge, die auch eine Fata Morgana sein könnten. Alles zusammen wird zu einer Komposition unwirklicher Schönheit.

Auf einer Strecke von vierhundert Kilometern begegnen wir zwei Autos, einmal werden wir überholt. Die Wölkchen am blauen Himmel bleiben weiß und flauschig, kein Gewitter in Sicht. Unser alter Hilux fährt auf einmal so ruhig dahin, dass Pauls Zorn auf ihn verraucht, er ihm den Namen «Hi-mate» verleiht und ihn damit als Kumpel anerkennt. Ab und zu halten wir an und gehen ein Stück in die Wüste hinein. Die Stille ist absolut.

Noch immer sind wir im «roten Herzen» Australiens, das die Siedler früher das «tote Herz» genannt haben. Dort, wo man gerade noch überleben konnte, begann das «Never Never», ein Gebiet des ständigen Kampfes mit den Kräften der Natur. Ein früher Australier, der Dichter und Viehtreiber Barcroft Boake, fasste diese Schrecken im neunzehnten Jahrhundert in einfache und klare Verse:

Out on the wastes of the Never Never –
That's where the dead men lie!
There where the heat-waves dance forever –
That's where the dead men lie!

Auch an unserem Weg liegt einer, der Entdecker Lasseter, dem seine Dromedare wegliefen. Und dann ist da noch der Namensgeber der Gibsonwüste, der mitsamt seinem Pferd im *Never Never* verschwand. Der traurige Dichter Boake erhängte sich übrigens mit seiner Viehpeitsche. Es waren und sind harte Zeiten im Outback.

In Warburton stehen die Zapfsäulen der Tankstelle ebenfalls in Käfigen, als könnten sie plötzlich davonlaufen. Aber natürlich hat es ganz andere Gründe. Hier draußen war das Benzinschnüffeln lange Zeit die billigste Methode, sich aus der Wirklichkeit zu verabschieden. Unzählige junge Aborigines haben damit ihre Gesundheit ruiniert und die Funktion ihres Gehirns. Inzwischen kann man hier draußen nur noch Benzin tanken, das nicht schnüffelbar ist. Es heißt Opal und hat vermutlich viele Leben gerettet.

Gleich hinter der Tankstelle liegt der Campingplatz von Warburton, der ebenfalls einem Käfig mit Stacheldraht gleicht. Das Tor steht allerdings offen, denn gerade kehren die Minenarbeiter zurück, die offensichtlich hier wohnen: ein Pick-up mit rotem Wimpel an einer langen Stange nach dem anderen. Minen überall. Hier draußen wird nach Kupfer und Nickel gegraben.

Wir wagen uns ebenfalls hinein, fahren an Wohncontainern vorbei zum Haus des Managers, klopfen. Drinnen schlägt ein Hund an. Wir warten. Als sich nach einer Weile die Tür öffnet und ein Hüne von Mann heraustritt, weichen wir beide instinktiv einen halben Schritt zurück. Selten habe ich in ein so wildes, zernarbtes, verwahrlostes Gesicht gesehen. Halblanges dunkles Haar hängt bis auf seine Schultern, das T-Shirt ist zu kurz und zeigt seinen behaarten Bauch. Er stinkt nach Zigaretten, als würde er sie essen.

Was wir wollten, fragt er mit rauer Stimme.

«Einen Platz fürs Zelt», antwortet Paul, nachdem er sich von seinem Schreck erholt hat.

«Sucht euch einen. Zwanzig Dollar die Nacht. Waschräume sind da drüben.»

Paul zahlt. Grußlos dreht der Mann sich um und verschwindet im Haus.

«Wenn den eine Schlange beißt, dann stirbt die Schlange», knurrt Paul.

Wir finden einen erstaunlich grünen Wiesenfleck für unser Zelt, sogar Strom für den Laptop. Doch das Duschen wird zum Abenteuer, ähnlich wie am Victoria River. Diesmal sind es keine Kröten, Frösche und Grashüpfer, es sind unzählige Einmalseifen, die den Boden der Duschbecken verkrusten – benutzte Einmalseifen. Und sie hüpfen nicht weg, sie bleiben. Kreative Lösung: in Gummilatschen duschen, nichts berühren. Geht auch.

Als es dunkel wird, verschließt der wilde Manager das Tor mit einer dicken Kette. Nun sind wir wirklich im Käfig. Gegen Mitternacht dröhnt von der Community laute Rockmusik herüber. Gegen zwei Uhr wandert eine Prozession von Aborigines am Zaun entlang und verschwindet singend in der Wüste. Welch seltsame Nacht.

Retterin Kunst

In Warburton gibt es ein beachtliches Kulturzentrum, das Tjulyuru Cultural & Civic Centre. Und hier, inmitten der Wüste, leben offensichtlich besonders begabte Künstler. Die Bilder und Skulpturen sind von hoher Qualität, haben Preise gewonnen. Und die Menschen in Warburton sind stolz darauf, denn sie haben dieses Zentrum geschaffen, um endlich selbstbestimmter leben zu können.

Wer behauptet, Australien sei ein Land ohne Kultur, der irrt gewaltig. Das Erstaunliche dabei ist, dass die stärksten Impulse von der alten Kultur ausgehen, einer Kultur, die eigentlich ausgelöscht werden sollte. Doch sie entfaltet eine ungeheure Kraft, und das nimmt auch die weiße Gesellschaft zur Kenntnis, ebenso wie die Tatsache, dass man diese Kunst zu Geld machen kann – nicht immer zum Vorteil der Künstler.

Wir stehen, mitten in der Wüste, staunend vor den Werken Unbekannter, die sich offensichtlich die Seele aus dem Leib malen. Kunst wird hier zur Retterin vor der Sinnlosigkeit eines Lebens in Abhängigkeit von Sozialhilfe, gibt neue Strukturen und Motivation. In Warburton malen schon die Kinder, lernen von den Älteren. Niemand sollte sich also darüber wundern, dass es überall im Land Galerien mit Aborigine-Kunst gibt. Es ist eine Form des Aufbegehrens, hier manifestiert sich der Stolz auf die eigenen Fähigkeiten. Natürlich sind nicht alle große Künstler, gemessen an manchen Kunsthandwerkern der Weißen ist die Abwesenheit von Spießigkeit und Kitsch jedoch auffällig.

Wieder liegen 600 Kilometer vor uns. Diesmal gibt es zwei Sandstürme, ein Buschfeuer in der Ferne und am Straßenrand viele verrostete Autoleichen. Bei Kilometer 300 steht tatsächlich das Tjukayirla Roadhouse, das auf der Karte eingezeichnet ist, und es ist wunderbar, frischen Kaffee zu trinken.

Eine junge Aborigine mit einem winzigen Baby auf dem Arm schaut sich suchend um, kommt dann an unseren Tisch.

«Kannst es mal halten? Ich muss aufs Klo.»

«Ja, klar.»

Schon habe ich das Kleine im Arm, und sie verschwindet in Richtung Waschräume. Außer uns sind im Gastraum nur zwei alte Aborigines und eine rosige, fette Familie aus Alice Springs, Vater, Mutter und drei halbwüchsige Kinder. Alle fünf starren jetzt zu uns herüber. Warum nur läuft es immer so ab? Am liebsten würde ich ihnen die Zunge herausstrecken.

Das Baby ist höchstens drei Wochen alt, sehr zierlich und nur mit einer Windel und einem T-Shirt bekleidet. Es mustert mich aus riesigen dunklen Augen, sieht altersweise aus.

Paul geht tanken. Ich wandere mit dem Baby auf und ab. Es weint nicht, schaut mich nur an. Zehn Minuten vergehen, eine Viertelstunde. Paul kommt zurück und grinst.

«Vielleicht bleibt es uns erhalten.»

Als er bezahlt, sagt die Frau an der Kasse leise: «Der Vater ist einer von den Alten. Armes Ding. Die Alten in den Communities nehmen sich immer so junge Frauen.»

Zwanzig Minuten. Das Baby studiert weiterhin geradezu stoisch mein Gesicht. Es wirkt völlig gelassen.

Fünfundzwanzig Minuten. Ich bin kurz davor, zum Vater hinüberzugehen und ihm das Kind in den Arm zu drücken. Er dagegen hat mich höchstens zweimal mit einem kurzen Blick gestreift.

Dreißig Minuten. Sie kommt, lächelt, dankt mir, nimmt ihr Kind und geht zu den Männern hinüber. Unterdessen verlässt die dicke Familie aus Alice Springs das Rasthaus, wirft uns noch ein paar abschätzige Blicke zu und steigt mit Armen voll Colaflaschen in einen dicken Jeep. Ein einprägsames Bild nicht ohne Symbolkraft.

Noch mal dreihundert Kilometer bis Laverton. Gewitter ziehen auf, verdunkeln den Himmel und regnen weit draußen in der Wüste ab. Einmal bricht die Sonne durch, und es sieht aus, als falle goldener Regen. Ein altes Auto kommt uns entgegen, der Fahrer winkt heftig. Nebeneinander halten wir in der Mitte der roten Straße. Ungefähr acht Aborigines haben sich in die verrostete Limousine gequetscht. Alle Fenster sind kaputt und mit Plastikfolie notdürftig verklebt.

Wie die Straße weiter östlich sei, will der Fahrer wissen. Ob es da schon geregnet habe?

«Noch nicht», antwortet Paul. «Könnte aber bald passieren.»

«Dann los. Bei Regen fährt die Karre keinen Meter mehr! Danke, Bruder!»

Und weg sind sie, schwarze Arme winken aus allen Fenstern, verschwinden in einer Staubwolke.

Noch zweihundert Kilometer bis Laverton.

Ich habe inzwischen das Gefühl, in einer anderen Welt unterwegs zu sein. Das weiße Australien, die «nach Pommes riechende Kruste der großen Städte» vor dem Meer, scheint nicht mehr zu existieren. Die Welt der Hochhäuser, Suburbs, Villen und Pools ist in der großen roten Wüste verschwunden wie eine Hitzespiegelung.

Goldene Räusche

Laverton ist klein, und es hilft uns dabei, in die andere Welt zurückzukehren. Das brausende Alice Springs hatte uns in die Flucht geschlagen. Laverton hat menschlichere Dimensionen und nur knapp tausend Einwohner. Es ist das östlichste der vielen Bergbaustädtchen in den berühmten Goldfeldern Westaustraliens.

Wir finden eine Fish & Chips-Bude, ein altes Hotel aus der Frühzeit der Goldgräber, trinken eiskaltes Bier, während wir auf unseren Fisch mit Pommes warten. «Zwanzig Minuten», hatte der Koch gesagt, Gesicht und Arme hochrot vor Hitze. Nein, die Englischstämmigen haben ihr Traditionsgericht nicht aufgegeben und essen es, gnadenlos mit sich selbst, auch bei 44 Grad im Schatten. Heute sind zum Glück nur 35 Grad. Auch Fish & Chips helfen beim Zurückkehren aus der anderen Dimension.

In der Mitte von Laverton steht das Denkmal seines Helden – erstaunlicherweise ein Mann mit Fahrrad. Sein Name ist Dr. Charles Laver. Das Denkmal macht uns neugierig, und während wir im Telecenter unsere E-Mails herunterladen, erkundigen wir uns nach seiner Geschichte.

Dieser Charles Laver zaubert Glanz in die Augen der freundlichen Damen. Sie zeigen uns alte Fotos, und ich kann sie verstehen. Laver war ein ausgesprochen schöner Mann, und er war der Inbegriff des gebildeten Abenteurers: Arzt, Menschenfreund und leidenschaftlicher Goldsucher. Obwohl er in Victoria geboren wurde, also im Osten, erfasste ihn der westliche Goldrausch und ließ ihn nicht mehr los. Charles Laver war der Sohn eines jener Sträflinge, die nach Australien verbannt wurden. Allerdings brachte der es nach seiner Freilassung zu Erfolg und Ansehen als Besitzer eines großen Hotels in Castlemaine.

Schon mit sechzehn wollte Charles Medizin studieren, die Universität Melbourne wies ihn jedoch als zu jung ab. Daraufhin zog er in den Norden, half, eine große Viehherde in die Kimberleys zu treiben, leitete eine Schaffarm, trieb wieder Rinder, kehrte 1890 schließlich nach Melbourne zurück und studierte dort endlich Medizin, später auch in England. Nach seiner Rückkehr eröffnete er für kurze Zeit eine Praxis in Melbourne, doch in Westaustralien war der Goldrausch ausgebrochen, und Laver konnte nicht widerstehen.

Offensichtlich hat es sich bei Charles Laver um ein frühes Multitasking-Talent gehandelt, denn er war als Arzt unermüdlich im Einsatz, unterstützte aber gleichzeitig die Erkundung von Goldvorkommen, suchte Geldgeber, behandelte zwischendurch kranke Aborigines (alles unentgeltlich), kaufte ein Fahrrad und fuhr mit demselben dreihundertsechzig Kilometer (und zurück!) durchs Outback, um eine mögliche Goldmine zu besichtigen. Er heiratete in England, produzierte mit der tapferen, hübschen Edith Attewell sechs Kinder, zog unzählige Male mit ihr um, von Goldmine zu Goldmine, eröffnete eine Praxis in Perth und eine bei Bunbury, war stolzer Anteilseigner an Goldminen, behandelte weiter Arme und Reiche, wurde selbst durchaus wohlhabend und starb 1937 im Alter von 73 Jahren – möglicherweise an Erschöpfung, aber nicht, ohne für seine Verdienste um die Medizin zuvor mit der King's Jubilee Medal ausgezeichnet worden zu sein. Laverton wurde schon zu seinen Lebzeiten nach ihm benannt, denn es verdankt seine Existenz den Goldminen, die Dr. Laver mit seinen Mitstreitern ins Leben rief.

Solch geballte Energie und Zielstrebigkeit löst schon beim Lesen geradezu Stress aus. Es gibt sogar ein Gedicht über ihn. Wenigstens ein paar Zeilen seien hier zitiert:

He cured the suffering under-dog
Nor thought of recompenses.
Enough, he felt some weary heart,
A-quiver and a-quaver;
So say we, while from him we part –
«Vale, Charlie Laver!»

Laverton hat seither schlechte und bessere Zeiten erlebt, es ging sozusagen mit dem Goldpreis auf und ab. In den 60er Jahren wäre es aufgrund des niedrigen Goldwerts beinahe zur Geisterstadt geworden, doch dann entdeckte man große Nickelvorkommen, und es ging wieder aufwärts. Alle Minenstädte leben in dieser Abhängigkeit. Sobald Minen geschlossen werden, erlischt die Existenzgrundlage. Die Goldfelder sind voll von Geisterstädten, die einst Tausende von Menschen beherbergten.

Eigentlich wollten wir diese Nacht in einem richtigen Bett verbringen, doch alle Betten sind bereits von Bergwerksarbeitern besetzt. Gerade scheint wieder ein Rausch ausgebrochen zu sein. Also noch eine Nacht im «Hi-mate», in einer Parkbucht an der Straße Richtung Leonora. Wenigstens mussten wir die Strecke nicht mit dem Fahrrad zurücklegen und: Wir werden mit einem flammenden Sonnenuntergang belohnt. *Vale, Charlie Laver!*

Stadt der Geister

Am Morgen feiern wir Wiedersehen mit Leonora. Wirbelsturm Rusty hat offensichtlich keine Schäden angerichtet, seine Regenfluten sind inzwischen versickert und verdunstet. Leonora wirkt grün und aufgeräumt. Die Hauptstraße mit den schönen Häusern aus der Zeit des ersten Goldrauschs liegt still vor uns. Wir lassen den Wagen stehen und gehen zu Fuß weiter. Der einzige Mensch weit und breit ist an diesem Morgen ein alter Aborigine, der auf einer Bank im Sitzen eingeschlafen ist. Hinter ihm steht an der Außenwand einer roten Backsteinkirche in großen weißen Lettern: *Jesus is the Way!* Als wir an ihm vorübergehen, schrickt der Alte kurz auf, grüßt freundlich und schläft weiter. Seit unserem letzten Besuch vor vier Jahren scheint sich in Leonora nichts verändert zu haben. Alles ist noch da, die Backsteinkirche, das alte Theater, das Central Hotel. Sollte der westaustralische Boom ausgerechnet an Leonora vorbeigegangen sein?

Nein, ist er nicht. Ein paar Minuten später tauchen aus allen Seitenstraßen die unvermeidlichen Four-Wheel-Drives und Pick-ups der Minenarbeiter auf und fahren hinaus zu den Bergwerken rund um Leonora. Wieder versuchen wir ein Zimmer zu bekommen, und wieder ist alles voll: das Central Hotel, das Motel, in dem wir vor vier Jahren zur Begrüßung zwei Flaschen Bier bekommen haben, sogar der Campingplatz. Nein, es sind keine Touristen eingefallen, sondern die Arbeiter der großen Minen. Wieder mal.

Diesmal bin ich sauer. Da gibt uns die Kassiererin an der Tankstelle den entscheidenden Tipp: «Versucht's mal im Hoover House oben im Museum von Gwalia. Könnte sein, dass da noch was frei ist. An Arbeiter vermieten die jedenfalls nicht. Ist ziemlich teuer, aber dafür wird auch was geboten!»

Also auf zum Hoover House, quer durch die Geisterstadt Gwalia, den Berg hinauf, keuchend in den Museumsladen, der so dunkel ist, dass wir zunächst blind sind. Die Frau hinter der Kasse lässt uns Zeit und betrachtet uns prüfend. Wir wagen kaum zu fragen, fürchten uns vor dem nächsten Fehlschlag.

«Wir suchen ein Zimmer.»

Warum zögert sie so lange, stimmt mit uns etwas nicht? Wir haben seit zwei Tagen nicht geduscht, aber noch riecht man's nicht. Unsere Kleidung ist einigermaßen in Ordnung, Wir schwitzen, aber das tun hier alle, sogar die Frau hinter der Kasse. Endlich schaut sie von ihrem Bildschirm auf.

«Ihr habt Glück. Es hat jemand abgesagt. Ein Zimmer ist frei. Es kostet 140 Dollar die Nacht inklusive Frühstück. Wollt ihr das Zimmer sehen?»

Ja, wollen wir, und sofort sind wir vom Hoover House überwältigt. Diese historische Traumvilla steht hoch über dem tiefen Schlund des Goldbergwerks *Sons of Gwalia*, erbaut im Jahre 1898 für dessen ersten Manager Herbert Hoover (ja, für ebenden Herbert J. Hoover, der später Präsident der Vereinigten Staaten wurde). Wir folgen der Museumsverwalterin über den weichen Cricket-Rasen zu der großzügigen Veranda und in den breiten Flur, vorbei am Hoover-Zimmer, das belegt ist, zum nächsten. Sie schließt auf, und wir stehen ungläubig vor diesem unwirklichen Traum: ein riesiges Bett mit Seidenkissen und Volants, schwere Brokatvorhänge, Seidentapete, Teppiche, ein Frisiertisch, frische Blumen, ein antiker Schrank und ein Badezimmer aus Marmor mit goldenen Wasserhähnen – und all das richtig geschmackvoll. Ja, hier bleiben wir!

Als wir frisch geduscht auf dem Bett liegen und immer noch diese prachtvolle Umgebung bestaunen, öffnet sich plötzlich die Terrassentür. Ein Mann schlüpft herein und macht sich an der Klimaanlage zu schaffen. Offensichtlich hat er uns nicht bemerkt, denn als Paul sich räuspert, fährt er zusammen, starrt uns ein paar Sekunden lang geradezu entsetzt an und verschwindet blitzartig und stumm zwischen den Vorhängen.

«Interessant», sagt Paul lachend. «Ist dir eigentlich klar, dass wir in einem Museum übernachten? Das Hoover House ist Teil des Museums. Vielleicht kommen morgen früh die ersten Besucher zu uns ins Schlafzimmer und halten uns für Teile des Inventars. *Mister und Misses Hoover returned!* Wahrscheinlich hat der Typ eben so was Ähnliches gedacht!»

«Der wollte nur die Klimaanlage kontrollieren.»

«Hoffentlich hat er sich nicht zu Tode erschreckt.»

Mittagsschlaf in einem kühlen, hohen Raum mit Stuck an der Decke und Lüster. Ohne Fliegen. Auf dem Nachttisch eine Art-déco-Leselampe. Draußen herrschen 40 Grad Hitze. *Vale Herbert Hoover!*

Aber natürlich handelt es sich bei diesem Traumhaus um eine kapitalistische Unverschämtheit, denn die Minenmanager thronten im wahrsten Sinne des Wortes über ihren Arbeitern.

Nachdem wir geschlafen haben, erkunden wir die Villa, die für immerhin 24 Stunden quasi uns gehört. Den Schlafzimmern gegenüber liegt ein großer Speisesaal, in dem früher repräsentative Diners abgehalten wurden. Hoovers Nachfolger, ein gewisser Harry James, ließ den Esstisch gern mit Goldbarren dekorieren ... ein origineller Einfall.

Überall hängen alte Fotos des berühmten Managers, der später Präsident wurde. Dabei hat er nicht einmal die Fertigstellung seines Hauses abgewartet, sondern war längst nach China weitergezogen, der Karriere wegen. Noch so ein Rastloser, der 1902 zum reichsten 28-Jährigen der Welt ernannt wurde. Dafür musste er später Präsident der Weltwirtschaftskrise sein – eine Art gerechter Ausgleich.

Die kapitalistische Unverschämtheit ist jedenfalls das einzige Wohnhaus in Westaustralien von «internationaler historischer Relevanz», wie es in einem Reiseführer heißt. Und es ist schlicht wunderschön. Die historischen Schlafzimmer zu vermieten, war eine geniale Idee. Es hilft dem Museum und bringt Leben ins Haus. Die große Küche wurde zum gemütlichen Frühstücksraum, in dem die Gäste sich selbst versorgen können. Um das gesamte Gebäude herum führt eine breite, schattige Veranda, und im Garten gibt es sogar Bäume.

Kurz fühlen wir uns wie König und Königin. Und dann steigen wir in die Niederungen der Arbeiterklasse hinab.

Es gibt nämlich noch ein zweites Museum, eines ohne Zaun und Eintrittsgeld. Die Geisterstadt am Fuß des Museumshügels: Gwalia. Als wir das Städtchen vor einigen Jahren entdeckten, waren wir so begeistert, dass wir einen ganzen Tag durch die verlassenen Arbeiterhäuschen streiften, eine Art Zeitreise machten und das Museum auf dem Hügel darüber vergaßen. Gwalia nahm uns völlig gefangen, ließ uns den Atem anhalten, lauschen, ob nicht die Arbeiter nach Hause kommen, ob nicht irgendwo Frauen lachen, Geschirr klappert oder Kinder spielen.

Die Geisterstadt wirkte, als hätten die Bewohner plötzlich aus irgendeinem Grund beschlossen wegzugehen. Als wären sie geflohen oder von einer geheimnisvollen Krankheit dahingerafft worden, sodass alles zurückblieb. Möbel, Kleidungsstücke, Küchen, Betten, Kinderspielzeug – alles war noch da. Heiligenbildchen, ein Gasthaus, der *General Store*. Das Behandlungszimmer des Arztes, sein Klavier, die Werkstatt des Automechanikers, verrostete Autos aus den 50er Jahren.

Überall winzige, rührende Häuschen, alle aus Wellblech, die Innenwände mit Sackleinen bespannt oder mit Zeitungen tapeziert. Im Sommer muss es darin unerträglich heiß gewesen sein, im Winter bitterkalt.

Wir fanden damals heraus, dass Bürger aus Leonora die Geisterstadt behüteten, Patenschaften für einzelne Häuser übernommen hatten. Gwalia war tatsächlich fast von einem Tag auf den anderen verlassen worden, 1963, als die Goldmine geschlossen wurde, weil sie erschöpft war.

Über Gwalia könnte ich tausend Geschichten erzählen. Davon, dass es ein kleines Italien war – fast alle Arbeiter waren Italiener. Davon, dass Signora Petronis Gasthaus immer voll war, weil sie so gut kochte. Dass ihre Töchter kreative Schneiderinnen waren und auch die Damen in Leonora ausstaffierten. Dass die italienischen Arbeiter und ihre Familien während des Zweiten Weltkriegs in Internierungslagern ausharren mussten, danach aber zurückgerufen wurden, weil sie so gute Arbeit leisteten. Dass der Manager Hoover und seine italienischen Arbeiter nicht gut miteinander auskamen, denn er war gegen Wein und Gesang – sie aber dafür.

Damals ist uns Gwalia ans Herz gewachsen. Auch deshalb sind wir nach Leonora zurückgekehrt, wollen noch einmal den seltsamen Zauber dieser verwunschenen Geisterstadt erleben – mit etwas schlechtem Gewissen diesmal, schließlich haben wir das Haus des Managers bezogen. Doch Gwalia hat sich verändert, Vandalen haben gehaust, Stürme die fadenscheinigen Vorhänge zerrissen. Petronis Guesthouse ist nicht mehr betretbar, weiße Termiten haben das Holz zerfressen. Traurig streifen wir umher, finden nicht, was wir damals fanden, lieben es aber noch immer. Gwalia erscheint mir wie eine kostbare Erinnerung, die man nicht berühren darf, weil sie sonst zu Staub zerfällt. Nur ein Gebäude hat eine Art Wiederauferstehung erlebt: das Hotel. Es war das stabilste Gebäude in Gwalia. Zwei Stockwerke hoch, mit umlaufenden Balkonen. Man hat es renoviert – Trinkhallen waren schon immer die wichtigsten Gebäude einer Minenstadt.

Das Goldbergwerk ist heute wieder voll in Betrieb. Jetzt wird unterirdisch gegraben. Aber der Manager thront nicht mehr auf dem Hügel, und die Arbeiter wohnen nicht mehr in kleinen Wellblechhütten, sondern im Motel, oder sie fliegen nach ihren Schichten ins ferne Perth.

Auf dem Höhepunkt des Goldrausches zu Beginn des

20. Jahrhunderts hatte Leonora-Gwalia einen erstaunlichen Bürgermeister, der eine Infrastruktur inklusive Wasserversorgung, Straßenbeleuchtung, Krankenhaus und Tram aufbaute. Dieser Bürgermeister, William Snell, schlug Dr. Laver im Fahrradfahren übrigens um Meilen. Er radelte tatsächlich in 26 Tagen von Leonora nach Melbourne, heiratete und radelte wieder zurück. Seine Frau durfte ein Schiff nehmen. Kein Wunder, dass damals die Menschen nicht an Übergewicht litten. Die Nullarbor Ebene zu durchqueren war noch in den 50er und 60er Jahren des letzten Jahrhunderts ein Abenteuer, selbst mit dem Auto. Und auch heute ist es zumindest eine Herausforderung. William Snell wurde später Schafzüchter, und leider ist er einer von denen, die im *Never Never* den Tod fanden. Offenbar hat er im Alter bei der Suche nach Schafen seine Kräfte überschätzt.

Noch mehr Gold

Von den meisten Goldgräberstädten ist heute nicht mehr viel übrig. Ein paar Mauerreste, ein sogenanntes Hotel vielleicht, zum Beispiel in Kookynie. Es ist rührend zu sehen, wie sich viele Westaustralier um die Überreste dieser Zeit bemühen. Wir alten Europäer sollten darüber nicht lächeln. Unsere Freundin Diana hat diese innere Verfassung wunderbar ausgedrückt: «Es gibt ja hier kaum Geschichte, und was an historischer Substanz da ist, wird häufig zerstört. Nichts hat Bestand, immer soll alles vorwärtsgehen – bloß wohin?»

Dieses Bedürfnis, die Geschichte des eigenen Landes erfahrbar zu machen, hat zur Entstehung des *Golden Quest*

Discovery Trail geführt. Dieser Entdeckungspfad führt über fast tausend Kilometer kreuz und quer durch die Goldfelder, von einer alten Mine und Geisterstadt zur anderen und auch in die modernen Zeiten, denn wir erleben wieder einmal einen Goldrausch. Nur kann heute niemand mehr in den Busch ziehen und seine eigene Goldmine aufmachen oder einen Claim anmelden. Der größte Teil des Landes ist unter den großen Bergwerksgesellschaften aufgeteilt, auch wenn es wie unberührter Busch aussieht.

Wir folgen ein Stück dem berühmten Discovery Trail und müssen bei der nächsten Station doch lachen, denn den historischen Ort Menzies kennen wir schon lange, und viel gibt's dort nicht zu sehen – es sei denn, man lässt sich voll auf ihn ein. Zum Beispiel das alte Menzies Hotel, das heute noch genauso aussieht wie vor zwanzig Jahren. Ein bisschen heruntergekommener vielleicht, aber in jedem Fall sehr echt. Original goldenes Outback. Wir sind so mutig, nach einem Zimmer zu fragen.

«Geht nach oben und schaut sie euch an!»

Wir gehen.

«Das klingt nicht gut», sagt Paul.

Und er behält recht: Es ist sehr lebendige Geschichte, die wir besichtigen. Tapeten hängen von den Wänden, die Teppichböden sind mindestens 50 Jahre alt, die Betten und Tagesdecken ebenfalls. Die Armaturen der Badezimmer sind verrostet, die Kacheln verkrustet. Sinnbild einer verlorenen Zeit, für 90 Dollar die Nacht.

«Nein, lieber nicht», sagen wir am Tresen freundlich, trinken einen Kaffee und hören ein bisschen den Einheimischen zu, die sich hier schon am Nachmittag versammelt haben. Ein junger Minenarbeiter erzählt, dass er letzte Nacht in Leonora war. Im Central Hotel, weil die eine Skimpy-Session hatten.

«Hot Sheilas!», sagt er und schnalzt mit der Zunge. Skimpy-Abende sind in den Minensiedlungen jedes Mal ein Ereignis, dann bedienen hinterm Tresen sehr spärlich bekleidete Mädchen, und die Männer können sich an ihnen sattsehen – selten mehr. An Frauen herrscht im Outback chronischer Mangel, und auch die Farmer bleiben häufig Singles.

Eigentlich wollten wir in Menzies übernachten und sehr früh am Morgen zum Lake Ballard aufbrechen, um die berühmte Installation eines britischen Bildhauers zu sehen, aber der Kontrast zwischen Hoover House und dem vermoderten Hotel ist entschieden zu krass. Deshalb machen wir uns bereits am Spätnachmittag auf den Weg, erkunden aber zuvor noch den Friedhof von Menzies.

Und der ist eine wirkliche Entdeckung. Auf harter, roter Erde stehen im Busch die alten Grabsteine. Ameisenstraßen queren die Wege, von verrosteten Kreuzen hängen vergilbte Kunststoffblüten. Jung sind sie gestorben, die Goldsucher – an Bergwerksunfällen, an Typhus, an Durst, Hitze, Hunger oder sogar Blitzschlag. Alle waren sie auf der Suche nach einem neuen Leben, einem besseren, aber vor allem nach Reichtum und Abenteuer. Engländer, Iren, Deutsche, Österreicher, Polen, Italiener ließen hier draußen ihr Leben, weit weg von der Heimat. Nur wenige wurden wirklich reich.

Auch den Aborigines dieser Gegend brachten die Goldsucher nichts Gutes. Ihr Land wurde besetzt, heilige Stätten zerstört. Als sie sich wehrten und die Eindringlinge mit Speeren attackierten, wurden viele erschossen. Andere starben an den neuen Krankheiten, und da die Europäer Schafe und Rinder züchten wollten, verloren die Ureinwohner auch noch ihre Jagdgebiete. Gegen die Gier nach Reichtum kommt niemand an. Der *Golden Quest Trail* kann durchaus Melancholie auslösen.

Weiter also, auf roter, staubiger Holperstraße, wieder hinaus in das unbewohnte Land. Die Sonne geht unter, es wird dunkel. 51 Kilometer sind es von Menzies zum Lake Ballard.

Auf die australischen Behörden kann man sich wirklich verlassen – am Seeufer finden wir Toilettenhäuschen, Tische und Bänke. Inmitten dieser finsteren Einsamkeit hat diese Fürsorge etwas Beruhigendes, denn natürlich sind wir wieder einmal die einzigen Menschen auf der Welt, niemand hat hier sein Lager aufgeschlagen, kein Auto steht auf dem Parkplatz.

Wir übernachten auf einem großen Holztisch und einer Bank. Es ist hart, aber wenigstens können wir uns ausstrecken. Warmer Wind streicht über uns hin, und in der Ferne grollen Gewitter. Die ganze Nacht schauen wir den Blitzen zu. Gewaltigen Blitzen, die beinahe senkrecht in die Erde schießen. Manchmal sind es so viele, dass die Nacht hell wird und der See weiß leuchtet. Es riecht nach unbekannten Kräutern, und die Zweige der Mulgabäume peitschen im Wind. Wir fühlen uns völlig im Einklang mit dieser wilden Erde.

Der Lake Ballard ist ein riesiger Salzsee, der nur voll Wasser ist, wenn ein tropischer Wirbelsturm das Land überschwemmt oder im Winter unerwartet viel Regen fällt. Dann tauchen plötzlich Wasservögel auf und brüten. Die Menschen können es kaum fassen, fragen sich, woher die Vögel kommen in diesem ausgedörrten Land. Woher sie wissen, dass die Wüste wieder ein See wurde.

Jetzt im Sommer ist der See reines Salz, weiß mit roten Schlieren. Nahe dem Ufer ragt eine dunkle Insel auf, geformt wie ein Zuckerhut. Bei Sonnenaufgang wandern wir hinaus zu den Figuren des Antony Gromley, die wie Strichmännchen und Strichweibchen auf der riesigen Fläche stehen. Bizarr heben sie sich vom rosafarbenen Himmel ab, bewegende Zeichen menschlicher Kreativität in der Endlosigkeit des Kontinents.

Inside Australia hat Gromley seine Installation genannt. Die 51 Skulpturen wurden nach den Laser Scans der 51 Einwohner von Menzies gestaltet. Da stehen sie nun seit dem Jahr 2003, alle ziemlich weit voneinander entfernt, und wir müssen uns anstrengen, sie zu erreichen. Salzschlamm bleibt an unseren Stiefeln kleben und macht das Gehen mühsam. Kaum ist die Sonne da, kehren die Fliegen zurück, und mit ihnen die Hitze. Ein schwieriges und trotzdem eindrucksvolles Kunsterlebnis, ein echt australisches, obwohl der Künstler Brite ist.

Achtzig Kilometer südwestlich von hier liegt eine verlassene Mine namens Siberia, deren Geschichte ein schönes Beispiel ist für das ziemlich hirnlose Verhalten von Menschen, wenn es um Gold geht. Im Oktober 1893 kehrte ein Goldsucher in die Stadt Coolgardie zurück. Er trug einen Goldklumpen bei sich, den er 70 Kilometer nordwestlich gefunden hatte. Zwar warnte er, dass es dort draußen absolut kein Wasser gäbe, doch Hunderte rasten los, mit Pferden, zu Fuß, mangelhaft ausgerüstet, ohne Wasser und ausreichende Vorräte.

Dieses Wettrennen der menschlichen Lemminge endete in einem Desaster. Viele kamen ums Leben, der Rest konnte nur durch eine Rettungsaktion der Regierung und eines afghanischen Kamel-Transport-Unternehmers vor dem sicheren Tod bewahrt werden.

«Am Golde hängt, zum Golde rennt doch alles», könnte man sagen, sehr frei nach Goethe. Doch nicht nur nach Gold drängen manche Menschen.

In einem Ort namens Yalgoo versuchte uns vor ein paar Jahren ein Meteoritensucher zu einem gemeinsamen Geschäft zu überreden. Wir saßen bei einem Bier im Pub, dem einzigen von Yalgoo, und er gesellte sich dazu, zeigte uns sein Ledersäckchen voll geschmolzener Klumpen, die er im Busch gefunden hatte. Das sei eine Sache der Zukunft, Meteoriten! Wissenschaftler würden jede Menge Geld dafür bezahlen. Aber erst müsste man investieren. Klar! In Suchgeräte, Ausrüstung und all das. Super Investition. Also, wie wär's? So ein Angebot bekämen wir nicht alle Tage.

«Interessant», sagte Paul damals todernst. «Aber leider haben wir schon woanders investiert. Klingt aber gut. Mach weiter, Kumpel.»

Der *prospector*, wie er sich selbst nannte, zog zum nächsten Tisch, erntete dort Gelächter und versuchte es sogar noch beim Wirt, ehe er es für diesen Abend schließlich aufgab und sich betrank.

Im Zentrum des Rauschs

Die berühmte Goldene Meile ist das Zentrum der Goldförderung in Westaustralien. Sie liegt zwischen Kalgoorlie und seiner Zwillingsstadt Boulder. Dort öffnet sich die gigantische Aushöhlung des *Kalgoorlie Consolidated Gold Mines Super Pit*, kurz KCGM Super Pit, der wohl größten Goldgrube der Erde. Noch ehe wir uns ein Zimmer suchen, fahren wir die Schotterstraße hinauf zur Aussichtsplattform für Besucher.

Jedes Mal, wenn ich an den Rand dieser Höllengrube trete, ängstigt mich die menschliche Fähigkeit, die Erde auszubeuten. Jedes Mal ist dieses riesige Tagebaugebiet noch tiefer, noch breiter, auch die Haulpaks, die Kipplaster, werden immer größer, sind inzwischen hoch wie Häuser. Selbst Dinosaurier dürften neben diesen Schaufelbaggern klein erscheinen. Schicht um Schicht wird hier weggesprengt und abgetragen. Terrassenförmig verjüngt sich die Grube zum Erdmittelpunkt hin. Derzeit ist sie ungefähr 350 Meter tief, Zielmarke 500 Meter. An die 700 000 Unzen Gold werden hier pro Jahr herausgeholt. Tankfahrzeuge besprengen die staubigen Straßen mit Wasser, und von oben gesehen wirkt diese Maschinerie, als blicke man auf Metropolis.

In der Ferne ragt winzig klein der Turm des Rathauses von Kalgoorlie auf, viel kleiner als der Schlot der Schmelzanlage im Norden, aus dem eine gewaltige Rauchwolke in den blauen Himmel steigt. Der Super Pit aber beherrscht alles, wird immer länger und breiter, als stülpe sich die Erde nach innen, wie ein gigantisches Sinkloch. Schätzungsweise drei Kilometer lang ist er derzeit und einen Kilometer breit. Viele kleinere Bergwerke hat er verschlungen, und es ist kaum zu glauben, dass hier vor etwas über hundert Jahren ein paar Goldsucher die ersten Klümpchen aufgelesen haben.

Paul will diesmal endlich eine große Sprengung fotografieren. In den nächsten Tagen soll es eine geben. Wann ist ungewiss, es hängt von Windrichtung und Windstärke ab. Also zurück nach Kalgoorlie.

Die alte Goldgräberstadt brummt nur so vor Lebendigkeit, und sie dröhnt, denn jeder zweite Bergwerksarbeiter fährt einen Ute, eine Art Sportwagen mit acht Zylindern, der sich in einen Pick-up verwandelt hat.

Langsam rollen wir die berühmte Hannan Road entlang, die nach Paddy Hannan benannt ist, der hier 1893 den ersten Goldklumpen fand. Noch heute manifestiert sich in der Hannan Street der frühe Reichtum dieser Stadt. Viktorianische und edwardianische Häuser reihen sich an wilde Phantasiebauten. Am eindrucksvollsten sind natürlich die Hotels voller Veranden, Türme und Schnörkel. Die Hannan Street macht fröhlich, ist richtig guter Kitsch.

Wir lassen den Wagen stehen und bummeln unter den Holzarkaden entlang. Doch so quirlig die Stadt erscheint, so voll die Straßen sind – es stehen zahlreiche Geschäfte leer, und jedes dritte ist zu verkaufen. Ein seltsamer Widerspruch. Gleichzeitig finden wir zum ersten Mal seit langer Zeit Cafés, die auch in Rom stehen könnten, und die Speisekarte einiger Restaurants sieht fast nach einem Stern aus – die Preise auch.

Auf dem Campingplatz, der uns von früher vertraut ist, mieten wir eine Hütte, die sich nach dieser langen Reise anfühlt wie ein Stück Heimat. Außer der Pächterin hat sich hier nichts verändert. Rosakakadus krakeelen in den Eukalyptusbäumen und werfen Blätter und Früchte auf unser Dach. Ein paar andere Bewohner grillen vor ihren Häuschen und Wohnmobilen. Duftender Rauch steigt auf. Fast Heimat, eben.

An diesem Abend essen wir in einem der neuen schicken Lokale an der Ecke Hannan Street/Lionel Street auf der Veranda im ersten Stock. Unter uns donnern die Utes vorbei, über uns leuchten Sterne, Essen und Wein sind köstlich, die Gäste aufgebrezelt. Die Zivilisation hat uns wieder. Später wandern wir durch die Stadt, wundern uns, dass die Pubs der alten Hotels so leer sind. Auch das ist neu. Der neue Luxus zieht die alten Kunden ab, ein Hotel nach dem anderen stirbt einen langsamen Tod. Kaum zu glauben, dass um die Wende zum zwanzigsten Jahrhundert in Kalgoorlie-Boulder neunundsiebzig Pubs florierten. Die Goldgräber waren sehr durstig und reichten ihr hart verdientes Geld gern an die Wirte weiter. 60 000 Menschen lebten damals in dieser goldenen Stadt, heute sind es nur noch halb so viele.

Aus Jux fahren wir langsam die sündige Meile der Stadt entlang. Kalgoorlie war immer eine der wenigen Städte mit offiziellen Bordellen, aber auch damit sieht's inzwischen ziemlich mager aus. Dafür wird auf großen Plakaten eine tägliche Führung durch das historische Freudenhaus angepriesen. Also ist die Lust inzwischen auch Museum. Vor knapp zwanzig Jahren war hier noch ziemlich viel los, aber moderne Minenarbeiter schauen sich wahrscheinlich lieber Pornofilme an und praktizieren Cybersex.

Warten auf die große Sprengung, den *big blast*. Paul ruft die Nummer der Information an. Könnte sein, ist die Auskunft. Wahrscheinlich gegen zwei, halb drei.

Wir verbringen die Wartezeit in Boulder, der Zwillingsstadt von Kalgoorlie. Auch hier steht jedes zweite Geschäft zum Verkauf, ein knallrosa Süßigkeitenladen zum Beispiel, eine Boutique, ein Schreibwarengeschäft. Wir entdecken einen richtigen Tante-Emma-Laden, der von Griechen betrieben wird, kaufen Wasser und Kaugummis, einfach weil der Laden so schön ist und uns an die Kindheit erinnert.

Dann lernen wir Shelley kennen. Schlank und rothaarig, mit transparenter Bluse und langem rosa Wickelrock steht sie vor dem größten Trödelladen, den ich jemals gesehen habe. Es ist sozusagen ein Super Pit von Trödelladen, eine Halle. Shelley zieht uns herein, und wir verschwinden mit ihr in einem Sammelsurium von gebrauchten Möbeln, Klamotten, Büchern, Haushaltswaren, Schmuck, Tand aus China, Indien und Indonesien, unausgepackten Warenbergen, Musikinstrumenten, Antiquitäten. Die Halle ist ungefähr dreißig Meter lang, zehn Meter hoch und total vollgestopft. Shelley begleitet uns, nimmt hier ein Stück in die Hand, macht uns dort auf schönen Silberschmuck aufmerksam. Und nach kurzer Zeit beginnt sie zu erzählen. Seit zwei Jahren will sie schon dieses ganze Zeug samt Halle verkaufen und mit ihrem Partner eine Reise in die USA machen. Bloß will es keiner.

Was sie nach der Reise machen will?

«Ach, irgendwas. Ein anderes Geschäft, mal sehen. Ich hatte immer ein Geschäft. Man muss nur Ideen haben!» Shelley lacht und verstrubbelt ihre kurzen roten Haare. Sie stammt aus Victoria, wohnte mit ihren Eltern und Großeltern ganz nah an der Great Ocean Road, der mit den zwölf Aposteln, von denen inzwischen einer ins Meer gefallen ist.

«Das Meer dort ist so verdammt gefährlich», erzählt sie und streicht das Fell eines Fuchspelzes glatt. «Ich habe meinen Großvater, einen Onkel und einen Neffen ans Meer verloren. Sie sind ertrunken. Alle drei auf einmal. War eine schlimme Zeit.»

Irgendeiner ihrer Vorfahren sei übrigens Deutscher gewesen, deshalb habe man sie in der Schule Nazi genannt – manchmal auch Wog, das sei der Spitzname für Italiener. Da habe es nämlich auch ein paar gegeben in ihrer Familie.

«Nicht offiziell.» Sie lacht. «Da sind wohl ein paar über den Zaun geklettert, und plötzlich hatten ein paar Nachkommen dunkle Augen und schwarze Haare.»

«Immer noch besser als ein Pom», grinst sie. «Oder?»

«Aber sicher», grinst Paul zurück.

Als Poms bezeichnen Australier nämlich die Engländer, es bedeutet *Prisoner of Her Majesty*. Die Deportation der Strafgefangenen und deren schlechte Behandlung hat man ihnen noch immer nicht verziehen.

Ich kaufe Shelley einen kleinen Silberring ab – für ihre Zuversicht, dass irgendwas im Leben immer geht und eines Tages jemand kommt, der ihren Plunder kauft.

Vor dem historischen Verwaltungsgebäude von Boulder steht ein Gebilde aus der Zukunft, das aussieht, als wäre es von Aliens dort abgestellt worden. Eine silberglänzende, vollautomatische, öffentliche Toilette. Auf Knopfdruck öffnet sich die Tür, auf Knopfdruck schließt sie sich. Innen besteht alles aus rostfreiem Stahl. Ich zucke zusammen, als eine sehr männliche Stimme mich darauf hinweist, dass mir genau zehn Minuten zur Verfügung stehen. Falls ich länger bliebe, würde sich die Tür automatisch öffnen – aus Sicherheitsgründen. Dann erklingt leise Jazzmusik. Die Spülung funktioniert nur, wenn man sich die Hände wäscht. So erzieht man seine Bürger. Die wundersame Toilette ist eindeutig das Modernste an Boulder. Der historische Teil bröckelt eher vor sich hin, hat in seiner Nachlässigkeit geradezu etwas Mediterranes, Entspannendes.

Doch auf zum Super Pit. Genauere Informationen gibt es immer noch nicht. Zwei Stunden lang warten wir auf der Plattform und schauen zu, wie die Sprengmeister einen Zünder nach dem anderen in einer Schotterfläche versenken. Lauter kleine helle Punkte auf graubraunem Grund. Die Schlange der Kipplaster kriecht weiterhin unermüdlich über die steilen Straßen der Grube, und solange sie unterwegs sind, wird nicht gesprengt werden. Also Fehlanzeige.

Auch am nächsten Tag geschieht nichts. Paul fotografiert in Kalgoorlie, ich bleibe in unserer Wohnkiste und schreibe. Die Klimaanlage summt vor sich hin, und ich denke über den neuen Goldrausch nach, der seit der Bankenkrise 2008 ausgebrochen ist. Kleine Bergbaugesellschaften buddeln inzwischen auch auf den wenigen freien Flächen der Goldfelder, die nicht von den großen besetzt sind. Zumindest im Outback ist Australien noch immer ein Land der Pioniere und Abenteurer. Was aber, wenn Gold plötzlich wieder an Wert verliert, wenn der Bedarf an Nickel, Kupfer und Eisenerz schrumpft? Australien ist vom Export seiner Bodenschätze so abhängig wie Deutschland von der Autoindustrie. Immer wieder stieg die Arbeitslosigkeit bei schwächelnder Weltwirtschaft dramatisch. Diesmal konnte Australien von der Krise profitieren, und seine Manager und Wirtschaftsbosse feiern mindestens so ausgelassen wie die Banker in Europa und den USA vor 2008. Sie feiern allerdings nicht in Kalgoorlie, sondern in Perth, das inzwischen zur teuersten Stadt Australiens avanciert ist. Was sagte unsere Freundin Diana? «Immer soll alles vorwärtsgehen – bloß wohin?»

Die Goldfelder überstanden übrigens auch die Große Depression in den 30er Jahren ziemlich unbeschadet, denn auch damals war Gold die letzte Rettung für schwindende Vermögen. Der Rest Australiens aber litt schwer unter der Weltwirtschaftskrise, und viele Arbeitslose strömten nach Kalgoorlie, um einen der begehrten Jobs in den Goldminen zu ergattern. Im Januar 1934, ausgerechnet am Wochenende des Australia Day, kam es dann zu Rassenunruhen, die als «das lange Wochenende der Schande» in die Geschichte Westaustraliens eingingen.

Damals wurde aus einer Rauferei im Wirtshaus ein Feldzug der Angloaustralier gegen Italiener, Griechen und Jugoslawen, die allerdings längst australische Staatsbürger waren. Italienische Hotels und Cafés, griechische Geschäfte wurden von einem riesigen betrunkenen Mob niedergebrannt. Italiener und Griechen flohen mit ihren Familien in den Busch, bewaffneten sich aber später, um wenigstens ihre Wohnsiedlung nahe der Goldmine zu verteidigen, doch gegen die wütende Meute kamen sie nicht an. Wilde Kämpfe entbrannten, und lange Zeit hatte die Polizei keine Chance, die Lage unter Kontrolle zu bringen. Vier Tage und Nächte dauerte dieser Bürgerkrieg. Zurück blieben ein paar Tote, zerstörte Straßenzüge und zerstörtes Vertrauen – Traumata, die bei den Älteren der Opfer noch heute lebendig sind.

Stella Villa, die damals ein junges Mädchen war, sagte in einem Radiointerview aus dem Jahr 1993: «Es hat mich völlig vernichtet, dass Leute, die sich menschliche Wesen nennen, so unmenschlich mit anderen Leuten umgingen, die nichts Falsches getan hatten.» Die Flughunde jedenfalls behandeln ihre Artgenossen bei ihren Territorialkämpfen erheblich weniger brutal.

Inzwischen scheinen sich die verschiedenartigen Menschen in den Goldfeldern einigermaßen aneinander gewöhnt zu haben – nur die alten Schimpfnamen sind noch lebendig.

Wir wollen nicht länger warten, verlassen unsere Zwischenheimat in Kalgoorlie und machen uns wieder auf den Weg. Ein letztes Mal fahren wir zum Super Pit hinauf, in der leisen Hoffnung, dass wir den großen Knall doch noch erleben. Tatsächlich hat sich etwas verändert: Die Kipplaster wurden aus der Grube abgezogen und die riesigen Maschinen in sicheren Abstand zu dem Areal gebracht, das für die Sprengung vorbereitet wurde. Eine fast unheimliche Stille liegt über dem Super Pit.

Wieder warten wir eine Stunde. Plötzlich kreischt eine sehr laute Sirene aus den Lautsprechern, so unvermutet, dass alle Wartenden zusammenzucken, instinktiv die Köpfe einziehen und sich die Ohren zuhalten. Eine dumpfe Explosion erschüttert die Grube, das Gestein hebt sich, grauer und schwarzer Staub steigt auf und sinkt dann ungeheuer langsam an den Felsen und Terrassen hinab in die Tiefe, wie ein Wasserfall in Zeitlupentempo. Der *big blast*.

Stürme

Südlich und westlich von Kalgoorlie breiten sich lichte Eukalyptuswälder von erstaunlicher Artenvielfalt aus. Am auffälligsten sind die lachsfarbenen Stämme der Salmon Gums, hoher, anmutiger Bäume mit ausladenden Kronen. Nach den langen Tagen in der Wüste genießen wir die schattigen Wälder.

Und wir genießen sie umso mehr, als das hier eine Erfolgsgeschichte der Natur ist. Beinahe hätte die Wüste sich nämlich auch hier ausgebreitet. Zwischen 1900 und 1965 wurden in den Goldfeldern drei Millionen Hektar Wald radikal abgeholzt. Man brauchte das Holz für die Goldminen, zum Bau der Eisenbahn, zum Hausbau und zum Heizen im Winter.

Zurück blieb verwüstetes Land. Doch die Bäume waren nicht besiegt, sie entwickelten sich aus Samen, trieben aus Wurzelballen. Über hundert Eukalyptusarten wachsen in diesen neuen Wäldern, alle angepasst an das extreme Klima, an wenig Regen, Hitze im Sommer und Kälte im Winter. Selbst Buschbrände überstehen sie und treiben sofort wieder aus.

Nachts und am Morgen riecht es in diesen Wäldern ganz wunderbar, die Luft ist voll vom Duft ätherischer Öle. Doch wenn wir zwischen den Bäumen ein bisschen wandern, spüren wir die Härte dieser Lebensbedingungen. Es ist kein erholsamer Waldspaziergang, eher knisterndes

Stolpern über abgeworfene Rindenstücke und tote Äste. Jetzt im Sommer ist alles erbarmungswürdig trocken, und wir bleiben immer wieder stehen, horchen und prüfen den Geruch. Buschfeuer brüllen förmlich, man kann sie meilenweit hören und riechen.

Auf dem Great Eastern Highway fahren wir weiter, immer entlang der Rohrleitung, die Kalgoorlie-Boulder mit Wasser aus einem Reservoir nahe Perth versorgt. 556 Kilometer lang ist diese Pipeline, und ihre Geschichte ist hochdramatisch. Ohne ausreichendes Wasser wäre eine erfolgreiche Goldproduktion im trockenen Outback nicht möglich gewesen. Bereits 1898 entwickelte der Ingenieur Cy O'Connor den Plan, eine Wasserleitung von der Küste nach Kalgoorlie zu bauen. Gegen heftige Widerstände der Politiker und der Öffentlichkeit – niemand glaubte an den Erfolg der Idee, zumal die Goldfelder 400 Meter höher liegen als Perth – setzte er sich durch, und die Leitung wurde gebaut. Doch zunächst sah es so aus, als würde das Wasser nicht fließen.

O'Connor, entnervt von den Kämpfen und verzweifelt über sein vermeintliches Scheitern, beging auf spektakuläre Weise Selbstmord: Er ritt nahe Fremantle ins Meer und erschoss sich. Kurz nach seinem Tod kam das Wasser in Kalgoorlie an, und der Jubel war groß. Man hatte nicht daran gedacht, dass es lange Zeit brauchen würde, um die Strecke und die Steigung zu überwinden. Anständigerweise errichtete man dem angefeindeten Helden am Ort seines Todes ein Denkmal.

Da ich gerade beim Wasser bin: Westaustraliens kostbares und knappes Wasser wird zu zwei Dritteln von Bergbauindustrie und Landwirtschaft verbraucht. 1800 Gigaliter waren das 1998, 2400 Gigaliter im Jahr 2005, und heute sind es schon beinahe 3000. So steht es im Umweltbericht der westaustralischen Regierung. Vielleicht wird O'Connor ja wiedergeboren und hat einen neuen Einfall. Man könnte ihn brauchen. Übrigens besagt dieser Umweltbericht auch, dass eine nachhaltige Strategie im Bergbausektor bisher auf sich warten lasse. Nur einige individuelle Minengesellschaften unternähmen überhaupt Anstrengungen.

Weiter nach Westen. *Positive thinking.* Was allerdings nicht ganz leichtfällt, denn bei drei großen Kreuzen am Straßenrand hält Paul den Wagen an.

«Das ist die Stelle, an der drei Truckies in ihren Lastern verbrannt sind», sagt er und steigt mit düsterer Miene aus. Ich erinnere mich an das verheerende Buschfeuer, das hier vor fünf Jahren über den Highway hinweggerast ist. Im Konvoi wollten die drei es wagen, vor dem Feuer durchzukommen. Doch das Feuer war schneller. Noch heute sieht man die Spuren der ungeheuren Hitze, selbst die Rohre der Wasserpipeline sind noch geschwärzt, im Gebüsch liegen angeschmolzene Alufelgen. Bunte Sträuße aus Plastikblumen schmücken die Kreuze.

Und als wir weiterfahren, sehen wir am Straßenrand auch noch ein totes Känguru nach dem andern. Manchmal kommt es ein bisschen sehr dick in diesem aufregenden Land.

Während ich dies schreibe, sitze ich auf der Veranda eines Holzhauses ganz im Südwesten, dort, wo der Indische und der Pazifische Ozean aufeinandertreffen. Ich schaue auf weite strohfarbene Wiesen und grüne Eukalyptusbäume, aus deren Kronen tote weiße Äste ragen. Unzählige Kängurus grasen da draußen, weit weg von den gefährlichen Straßen. Magpies flöten in den Bäumen, winzige blaue Zaunkönige schwirren durchs Gebüsch. Es ist einer der Paradiesorte, die noch nicht von Investoren oder Minengesellschaften zerstört wurden. Obwohl die Investoren vermutlich bereits aktiv sind, denn Augusta liegt nicht weit entfernt von Margaret River, dem Zentrum des Tourismus, des Weinanbaus und der Surfer.

Der Südwesten, dieses grüne Juwel Westaustraliens, ist hochgefährdet. Das schützende Buschland hat sich zwischen 1996 und 2004 um 64 Prozent verringert. Noch immer ist in den kostbaren Wäldern die Holzindustrie aktiv, die unter anderem Japan mit Holzspänen für die Verpackungsindustrie versorgt. Auch der Südwesten mit seinen traumhaften Nationalparks ist Boomland – es herrscht Bauboom, Immobilienboom, Weinanbau-Boom und Spekulationsboom. In Augusta am Blackwood River gibt es 1000 Häuser, von denen 250 zum Verkauf stehen. Alles Spekulationsobjekte.

Aber trotz alledem gibt es noch immer unberührte Schönheit. Einsame Buchten, Zauberwälder voller Bäume, die 80 Meter hoch aufragen, die anmutigen Karries, die knorrigen Jarrahs und die lustigen Graspalmen. Und es gibt den Schriftsteller Tim Winton, der die Haie verteidigt und ihr Existenzrecht in den Ozeanen, die nicht zum Territorium der Menschen gehören.

Auch im Südwesten sollte man die verborgenen Plätze suchen, um die Geheimnisse der Wälder zu erforschen. Seitenwege führen immer zum Abenteuer, und hier ist es nicht ganz so gefährlich, sich zu verirren, wie im Outback.

Man kann sogar zu Fuß von Perth nach Albany wandern, dem alten, wiederbelebten Aborigine-Pfad folgend, dem Bibbulmun Track. Viele hundert Kilometer führt er durch Wälder, Moore, am Meer entlang, über Klippen und Berge. In dem kleinen Dorf Walpole trafen wir eine junge Frau, die ganz allein auf diesem Pfad wanderte. Von Albany zurück nach Perth. Sechzig Tage hatte sie dafür angesetzt. In dem

Gasthaus in Walpole aß sie ein Steak-Sandwich und trank Kaffee – ein seltener Luxus auf dem Weg durch die Wildnis.

Weshalb sie sich zu dieser einsamen Wanderung aufgemacht habe, fragte ich sie.

Sie lächelte und antwortete: «Ich wollte mich selber finden und wissen, ob ich es allein mit mir aushalte. Und ob ich es überhaupt schaffe!»

Meinen fragenden Blick beantwortete sie wieder mit einem Lächeln. Erst nach einer langen Pause sagte sie: «Ich hab schon eine Menge herausgefunden. Es lohnt sich. Wahrscheinlich werde ich ganz traurig sein, wenn ich in Perth ankomme.»

Ob sie denn keine Angst habe, so allein in den Wäldern?

«Natürlich habe ich Angst, doch das gehört dazu. Die Angst wird immer kleiner, die Kraft wächst.»

Dann trank sie ihren Kaffee aus, wuchtete ihren schweren Rucksack auf die Schultern, griff nach ihrem Wanderstock und nickte uns zu. Dreihundert Kilometer lagen vor ihr.

Aber zurück zum Great Eastern Highway und den überfahrenen Kängurus. Auf den Wiesen vor meiner Veranda zähle ich an diesem Nachmittag einundvierzig lebendige Kängurus, und in meinen Aufzeichnungen finde ich ein kleines Gedicht, das ich nach diesen traurigen Begegnungen auf den Highways Australiens geschrieben habe.

Keiner stellt Kreuze auf
oder legt Blumen nieder
für die toten Kängurus
am Straßenrand.
Nur Krähen versammeln sich,
die hungrige Trauergemeinde
der Leichenfledderer.

Ich habe es auf einer anderen Reise geschrieben, auf der Fahrt durch die Nullarbor Ebene. Damals fanden wir ein schwerverletztes Tier am Straßenrand, das bei lebendigem Leib von den Krähen angefressen wurde. Paul hat es damals von seinen Leiden erlöst. Danach haben wir beide geweint.

Kurz vor Southern Cross werden die Wälder schütter, gehen langsam wieder in Felder über. Wir nähern uns dem Weizengürtel. Weil uns der Highway auf die Nerven geht und wir außerdem die Rückkehr nach Perth hinauszögern wollen, biegen wir in Southern Cross in eine schmale Straße Richtung Bullfinch ein.

«Bullfinch», grinst Paul. «Klingt richtig aufregend. Wer oder was zum Teufel ist Bullfinch?»

«Wir werden's bald wissen. Wahrscheinlich gibt es dort Bullen und Finken.»

Nach fünfunddreißig Kilometern präsentiert sich die Ortschaft Bullfinch als ein wirklich gottverlassenes Fleckchen Erde mit vier Häusern und einem kleinen Pub. Ein paar stämmige Männer sitzen auf klapprigen Plastikstühlen vor dem Pub, trinken Bier und starren uns an, als wären wir die ersten Menschen, die jemals in Bullfinch vorbeikommen.

«Sollen wir anhalten?», frage ich.

«Besser nicht. Die sehen nicht besonders einladend aus. Was kommt nach Bullfinch?»

«Warralakin, das ist vermutlich noch trostloser als Bullfinch, und dann kommt Mukinbudin. Ich finde, der Name klingt vielversprechend.»

«Wie weit ist es nach Mukinbudin?»

«Ein bisschen über hundert Kilometer.»

«Gibt es in diesem Land irgendwas, das nicht mindestens hundert Kilometer entfernt ist?»

«Ja, Bullfinch von Southern Cross. Das waren nur fünfunddreißig Kilometer!»

Paul fährt vor Verzweiflung Schlangenlinien – beinahe sind es *wheelies* – und brüllt: «*Boring*, langweilig, *boring*!»

Auf der Weide rechts von uns flüchten erschrockene Schafe.

Kurz darauf ist es überhaupt nicht mehr langweilig. Von Westen her färbt sich der Himmel auf einmal rot. Eine knallrote Wolke rast auf uns zu. Böen schütteln unseren «Hi-mate», Äste fliegen durch die Luft, knallen gegen die Windschutzscheibe.

«Fenster zu, Lüftung aus!» Paul bringt den Wagen zum Stehen.

Gleich darauf verschwinden Bäume, Felder, Schafe und Straße, die Welt wird rot. Rot prasselt gegen die Scheiben, Rot fliegt an uns vorüber, Rot wird durchsichtig, Rot sinkt zu Boden, und rot ist alles, was Rot hinter sich gelassen hat: Schafe, Bäume, Felder, die Straße, unser weißes Auto.

Paul fotografiert. Ich habe Herzklopfen.

«Was war das?»

«Ein roter Staubsturm, oder wofür hast du es gehalten?»

«Aber wieso? Woher kommt so was? Woher kommt der Staub?»

«Na ja, wir sind hier im Weizengürtel, hier ist die Erde rot. Die Felder sind abgeerntet, die Erde liegt ziemlich schutzlos da. Nichts hält sie fest. Bei der Hitze entstehen dann plötzliche Stürme, und die nehmen die feine Erde mit sich. Schon hast du einen Staubsturm, und die Farmer sehen ihre Erde davonfliegen.»

«Danke, das war sehr eindrucksvoll.»

«Was wir jetzt brauchen», erwidert Paul, «ist ein Gewitter mit sehr viel Regen, damit unser Wagen wieder halbwegs weiß wird.»

Doch der Himmel strahlt wieder sehr blau über einem sehr roten Land und seinen leeren Stoppelfeldern.

In Mukinbudin gibt es ein altes Freiluft-Kino. Unter der Leinwand grasen Pferde, und der letzte Film wurde vor zwanzig Jahren gezeigt. An der Hauptstraße stehen das alte Hotel, ein kleiner Supermarkt und sonst nicht viel. Die Rezeption des Campingplatzes hat geschlossen, und wir rufen die Handynummer an, die an der Scheibe angeschlagen ist – für unerwartete Gäste. Gleich darauf braust ein etwas klappriger Wagen heran, und wir lernen Dawn kennen.

Dawn ist klein, stämmig, um die fünfzig, hat kurze graublonde Locken und ist unglaublich freundlich. Fröhlich zeigt sie uns eine beinahe luxuriöse, blitzblanke Hütte unter hohen Eukalyptusbäumen. Zwei Zimmer, Bad, Veranda.

«Ich vertrete nur die Pächter», sagt sie. «Solange die im Urlaub sind. Ich mache alle Jobs, die ich kriegen kann. Mein Mann und mein Sohn auch. Seit fünf Jahren sind wir jetzt hier.»

«Wo kommt ihr her?», frage ich.

«Zimbabwe. Wir hatten dort eine Farm. Sie haben uns davongejagt wie die Hunde, die Verbrecherbanden von Mugabe. Wir konnten wirklich nur unser Leben retten.»

«Seid ihr direkt nach Australien gekommen?»

«Nein. Erst haben wir versucht, in der Stadt zu überleben. Aber wir fanden keine Arbeit. Es gab ja für niemanden Arbeit, und alle waren unvorstellbar arm. Achtmal wurde bei uns eingebrochen, obwohl wir fast nichts mehr besaßen. Von der Farm konnten wir gerade mal mitnehmen, was ins Auto passte – die haben uns nur ein paar Minuten gelassen, um zu verschwinden.» Dawn presst die Lippen zusammen und schaut auf den Boden. «Wir hatten solche Angst, dass wir es nicht mehr aushielten und mit Hilfe von englischen Verwandten Asyl in Australien beantragten.»

Dann erzählt sie mit strahlenden Augen, dass Australien

ihr noch heute wie ein Paradies vorkomme. Plötzlich gab es genügend zu essen, der Überfluss habe sie und ihre Familie regelrecht umgehauen. Man habe sie gleich nach Mukinbudin gebracht, und hier warteten sie nun seit fünf Jahren auf eine permanente Aufenthaltserlaubnis. Sie würden gern australische Staatsbürger werden.

«Die Leute in Mukinbudin sind sehr nett!» Dawn nickt entschieden. «Sie geben sich auch Mühe zu verstehen, was wir durchgemacht haben. Aber das können sie gar nicht. Einmal hatte ein Auto an der Hauptstraße eine Fehlzündung. Als es knallte, haben wir uns alle drei auf den Boden geworfen – mein Mann, mein Sohn und ich. Die Leute hier haben uns für verrückt gehalten, aber für uns war das eine normale Reaktion. Wenn es in Zimbabwe knallte, musste man sich auf den Boden werfen, falls man überleben wollte.»

Drei Tage bleiben wir in Mukinbudin, drei wunderbare Tage. Im Wäldchen hinterm Campingplatz lebt eine Kolonie schwarzer Kakadus, die morgens unter Getöse auffliegen und am Abend unter Getöse zurückkehren. In den Bäumen über unserer Hütte rasten Rosakakadus, und hinter uns liegt das öffentliche Schwimmbad, in dem wir umsonst schwimmen dürfen.

Im Postamt, das gleichzeitig Andenkenladen und Zeitungskiosk ist, empfiehlt man uns das hervorragende Essen im einzigen Hotel und im Telecenter einen Besuch des Rabbit-Proof Fence und des Baladjie Felsens, der es beinahe mit Uluru aufnehmen könne.

Wir befolgen sämtliche Anregungen. Es wird ein denkwürdiger Abend im Hotel. Das Restaurant ist gleichzeitig ein Pub, und an der Theke sitzt ein alter Mann, vor sich ein kleines Glas Bier. Außer ihm sind wir die einzigen Gäste.

Der Wirt freut sich so offensichtlich über unser Erscheinen, dass wir ganz gerührt sind.

Ja, natürlich bekämen wir etwas zu essen! Er ruft Frau und zwei erwachsene Töchter. Es gibt Steak oder Huhn mit Salat und Kartoffelbrei. Man könnte auch Fish & Chips … nein, nicht nötig. Huhn und Beilagen, das sei ganz in Ordnung.

Die Frauen eilen in die Küche, der alte Mann schaut auf, schüttelt dann den Kopf.

«Ich denke, du solltest jetzt nach Hause gehen», meint der Wirt und klopft dem Alten auf den Arm. «Deine Frau wartet sicher schon auf dich. Wenn du nicht gehst, dann macht sie sich Sorgen.»

Da setzt der Alte brav sein Hütchen auf, rutscht vom Barhocker und tapst auf unsicheren Beinen zur Tür. Das halbvolle Glas Bier lässt er stehen. Der Wirt kommt hinter dem Tresen hervor, hält ihm die Tür auf und schaut ihm nach.

«Jeden Tag sitzt er hier, der gute Josuah. Leidet an Alzheimer. Noch findet er nach Hause, aber wir passen alle auf, dass er sich nicht verläuft. Ich ruf jetzt schnell seine Frau an, dann kann sie ihm entgegengehen.»

Während er telefoniert, schauen wir uns im Pub um. Die Dielen sind aus dunkelbraunem Jarrah-Holz, die Täfelung ebenfalls. An den Fenstern stehen einfache Tische und Stühle. Es riecht nach einer Mischung aus Bohnerwachs, Bier und Geschichte. Jetzt sind wir die einzigen Gäste.

Edward, der Wirt, freut sich noch immer über uns. Füllt unsere Biergläser besonders sorgfältig, wischt den Schaum mit einem Holzspachtel weg. In Australien ist nur ein Bier fast ohne Schaum ein richtiges Bier.

«Here you go!», sagt er dann, stellt das Bier vor uns hin und beugt sich zu uns herüber. Ed ist Ende fünfzig, hat rote

Wangen, sehr blaue Augen und spricht diesen wunderbar breiten Dialekt der Farmer. «Tja, so sieht's hier in den letzten Jahren fast immer aus. Nur freitags ist es voller, manchmal auch samstags. Ein Farmer nach dem andern gibt auf, und diejenigen, die noch da sind, haben so viele Schulden, dass sie sich kaum ein Bier leisten können.» Er schenkt sich selbst ein Bier ein, wirft einen kurzen Blick zur Küchentür und prostet uns zu, trinkt, wischt sich mit dem Handrücken den Mund ab und erzählt weiter. «Manche gehen einfach weg, rufen die Bank an und sagen: Nehmt euch die Farm, wir können nicht mehr.»

«So schlimm? Ich erinnere mich daran, dass die Farmer hier richtig viel Geld hatten. Jedenfalls war das in meiner Jugend so. Was ist denn passiert?» Paul wischt sich ebenfalls mit dem Handrücken den Schnurrbart ab.

«Die haben uns vergessen. Es geht ja nur noch um Eisenerz und Gold und all das Zeug. Aber fressen kann man das nicht. Wir hatten hier in den letzten zehn Jahren zwei Jahrhundertdürren und zwei Jahrhundertfröste. Da wächst nichts. Die Ernten werden immer schlechter, und jetzt dürfen wir unsere Schafe nicht mal mehr an die Araber verkaufen – wegen irgendwelcher Tierschutzbestimmungen. Die Viecher verhungern entweder, oder wir müssen sie erschießen. Ist das Tierschutz?» Ed redet sich in Rage, seine Wangen röten sich noch mehr. «Und das Allerschlimmste ist, dass die Chinesen das Land aufkaufen. Unser Farmland!»

«Bitter. Und die Regierung lässt das zu?»

«Die unterstützen das noch. Dann sparen sie sich die Subventionen, die wir sowieso nie bekommen haben. Dann arbeiten die Farmer als Angestellte und sind ihre Sorgen los. So sehen die das! Aber sie sehen nicht, dass unser Land weg ist. Ich hatte auch mal eine Farm, hab sie vor vier Jahren verkaufen müssen. Bin bis heute nicht drüber weg!»

«Und das Hotel? Läuft es?»

«Ach was! Wahrscheinlich werden wir's verkaufen. Falls es einer haben will. Die ganzen Gemeinden hier im Weizengürtel schrumpfen zusammen und sind wahrscheinlich bald Geisterstädte. Es ist ein Jammer.»

Frau und Töchter erscheinen strahlend mit hoch beladenen Tellern. «Lass unsere Gäste jetzt mal in Ruhe essen», sagt die Wirtin. «Reden könnt ihr hinterher!»

Ed grinst und lehnt sich an die Wand hinter der Theke, wartet, bis wir unser Huhn mit Kartoffelbrei, brauner Soße, gerösteten Zwiebeln und Salat gegessen haben. Dann beugt er sich wieder über die Theke und erzählt, dass er einen Komödianten eingeladen habe. Fürs nächste Wochenende. Einen, der ziemlich schlüpfrige Sachen draufhätte. Mit so was könne er sein Hotel wenigstens einmal im Monat vollkriegen.

Wir wünschen ihm Glück mit seinem Komödianten und schleppen unsere sehr vollen Bäuche Richtung Campingplatz.

Und wieder ein Felsen, der letzte auf unserer Reise. Der Baladjie Felsen ist ein Uluru, den wir erklettern dürfen. Aber ich bin mir sicher, dass auch er ein spiritueller Ort der Ureinwohner dieser Gegend ist. Der verwitterte Basalt unter den weichen Sohlen unserer Schuhe ist rau und weist erstaunliche Muster auf – Spiralen, Wellen, kleine spitze Kegel. Ganz oben springen ein paar Kängurus auf, haben wohl aus den Pfützen mit Süßwasser getrunken, die von einem kurzen Gewitterregen zurückgeblieben sind. Am Rand des steilen Abbruchs zum salzigen Baladjie See liegen riesige Basaltblöcke wie gestrandete Wale. Schweigend schauen wir auf das trockene weiße Flussbett hinunter und hinaus auf das dürre Farmland, das die Menschen nicht mehr ernähren kann. Im Telecenter von Mukinbudin haben sie uns erzählt, dass unter dem Flussbett Uran gefunden wurde. Der Rabbit-Proof Fence, von dem sie letztes Mal gesprochen haben, hält übrigens keine Kaninchen mehr ab. Er ist ein morsches Denkmal vergeblicher Mühe. Vielleicht ist ja das Scheitern eine der sympathischeren menschlichen Eigenschaften. *Vale Mukinbudin!*

Wir haben uns vorgenommen, nach Mukinbudin zurückzukehren, im westaustralischen Frühling, wenn die Wildblumen blühen, und wir hoffen, dass ein paar Farmer durchhalten, dass sie Bäume pflanzen und anders mit dem Land umgehen als bisher. Nur dann werden sie eine Chance haben. Als wir Mukinbudin Richtung Westen verlassen, steht eine bedrohliche schwarze Unwetterwand am Himmel. Paul ist begeistert, gibt Gas und jagt den Sturm. Zwischendurch hält er immer wieder an, fotografiert, rast weiter. Wir fahren mitten in die schwarze Wand hinein, Wasserschwaden fallen vom Himmel, Hagelkörner donnern auf das Wagendach, der Hi-mate wird zum Boot, die Welt ersäuft, die rote Erde wird von den Feldern gespült und fließt in roten Strömen davon.

Wir sind durch das Unwetter hindurchgefahren, kehren mit halbwegs sauberem Wagen nach Perth zurück und verkaufen unseren Kumpel für dreitausend Dollar an einen Gebrauchtwagenhändler. Für ein besseres Geschäft reicht die Zeit nicht mehr. Unser Freund Joe fährt uns zum Flughafen, die Liberalen haben die Wahlen in Westaustralien gewonnen und werden sicher dafür sorgen, dass sämtliche Arten von Booms erhalten bleiben und dass der Klimawandel per Gesetz verboten wird.

Allerletzte Nachricht von Hank aus Tom Price: 25 Kilometer von Tom Price entfernt wird eine neue Eisenerzmine eröffnet. Ein weiterer Berg wird abgetragen. Außerdem warnt die UNESCO die australische Regierung vor einer möglichen Aberkennung des Titels Weltnaturerbe für das Great Barrier Reef – in den letzten Jahren wurde nicht genug getan, um dieses größte und schönste Korallenriff der Erde zu schützen.

Ach, dieses Land ist von so großer Schönheit und Weite, dass die Menschen vermutlich vergessen, es zu beschützen. Sie glauben vielleicht, dass Weite, Schönheit und Reichtum unvergänglich seien. Wenige haben bisher verstanden, dass es nicht so ist. Wir fliegen davon, erschöpft, begeistert und besorgt.

Vale, Western Australia! Auf Wiedersehen, ihr fliegenden Hunde!

Give me a home amongst the gumtrees
and the plumtrees
a shepp or two and a kangaroo,
a clothesline in the back
veranda at the front
and an old rocking chair.

Wally Johnson / Bob Brown

Danksagung

Allen Menschen, die uns aus ihrem Leben erzählt haben, möchte ich meinen Dank aussprechen. Ganz besonders Diana und Jozef Van Hamersveld, den Freunden in Tom Price, deren Namen ich verändert habe, und all denen, die uns auf dieser Reise begegnet sind, inklusive fliegender Hunde, Kängurus, Ameisen und Kakerlaken. Danken möchte ich auch meiner Lektorin Dr. Nicole Seifert und Ulrike Beck und Silke Jellinghaus vom Kindler Verlag, die dieses Projekt unterstützt haben. Ganz besonders auch meinem Mann Paul Mayall, der mit mir durch alle Härten ging und fast immer seinen Humor bewahrte.

Bibliographie (Auch zum Weiterlesen …)

Stuart Macintyre, *A Concise History of Australia,* Cambridge University Press, Melbourne, 2010

Merton G. J. Fitzpatrick, *Daurie Creek,* Access Press, Bassendean, WA, 2004

Aboriginal Australia – Guide to Indigenous Australia, Lonely Planet, Melbourne, 2001

David Mowaljarlai, Jutta Malic, Yorro Yorro, *Everything Standing up Alive, Spirit of The Kimberley,* Magabala Books, Broome, WA, 1993

Golden Quest Discovery Trail, Guide Book, first published by Golden Quest Trails Association Inc., 2003

Das Gedicht «Vom Abschlachten verwilderter Tiere» stammt aus: Les Murray, *Ein ganz gewöhnlicher Regenbogen, Gedichte,* aus dem Englischen von Margitt Lehbert, Carl Hanser Verlag, München, Wien, 1996

Empfehlen kann ich auch die Werke der westaustralischen Autoren Tim Winton und Archie Weller, die sehr zum tieferen Verständnis des Landes beitragen.

Die Zeitung *The West Australian* war eine unerschöpfliche Quelle von Informationen.

MIX
Papier aus verantwortungsvollen Quellen
FSC® C083411

Das für dieses Buch verwendete FSC®-zertifizierte Papier
Munkenprint Cream liefert Arctic Paper Munkedals, Schweden.